中央高校基本科研业务费资助（Supported by "the Fundamental Research Funds for the Central Universities"）《地市级公安情报指挥中心指挥人员核心能力研究》（批准号：2022JKF02055）、教育部人文社会科学研究《外国人分类管理与涉外警务现代化》（批准号：21YJAGJW007）成果。

| 博士生导师学术文库 |

A Library of Academics by
Ph.D. Supervisors

面向警务实战的
生成课程开发理论与实践

何伏刚　著

光明日报出版社

图书在版编目（CIP）数据

面向警务实战的生成课程开发理论与实践 / 何伏刚
著 . -- 北京：光明日报出版社，2022.6
ISBN 978 - 7 - 5194 - 6675 - 6

Ⅰ.①面… Ⅱ.①何… Ⅲ.①警察—训练—中国—教
材 Ⅳ.①D631.15

中国版本图书馆 CIP 数据核字（2022）第 107479 号

面向警务实战的生成课程开发理论与实践
**MIANXIANG JINGWU SHIZHAN DE SHENGCHENG
KECHENG KAIFA LILUN YU SHIJIAN**

著　　者：何伏刚			
责任编辑：杜春荣		责任校对：房　蓉　龚彩虹	
封面设计：一站出版网		责任印制：曹　净	

出版发行：光明日报出版社

地　　址：北京市西城区永安路 106 号，100050

电　　话：010 - 63169890（咨询），010 - 63131930（邮购）

传　　真：010 - 63131930

网　　址：http：// book. gmw. cn

E - mail：gmrbcbs@ gmw. cn

法律顾问：北京市兰台律师事务所龚柳方律师

印　　刷：三河市华东印刷有限公司

装　　订：三河市华东印刷有限公司

本书如有破损、缺页、装订错误，请与本社联系调换，电话：010-63131930

开　　本：170mm×240mm

字　　数：270 千字　　　　　　印　　张：15.5

版　　次：2024 年 1 月第 1 版　　印　　次：2024 年 1 月第 1 次印刷

书　　号：ISBN 978 - 7 - 5194 - 6675 - 6

定　　价：95.00 元

前　言

　　警务实战化建设是当前公安改革中的一项重要内容，在"基础工作信息化、警务实战化、执法规范化、队伍正规化"四项建设中居于全局性、基础性、战略性的地位。对警察训练活动及规律的探讨，研究警务实战训练的理论和实践问题，对于提高警察的教育训练质量、培养适应现代条件的警察、增强警务能力，具有十分重要的作用。警务实战训练离不开"课程"，只有开发出课程才能更好地开展教育训练。

　　在知识经济时代，伴随着网络的蓬勃发展，大量的境遇化知识方便传递成为可能。本书的研究者承担着眼于提高警务人员执法办案能力的实战课程开发工作。这类课程实践性强、无知识体系、内容日新月异，注重对学生实战技能的培养。在课程开发时，研究者面临实战内容的多变性与课程设置的稳定性，以及教师知识的专业性与实训内容的综合性的矛盾，需要获取实践及其参与者的经验来生成课程。

　　文献研究表明：目前的课程开发理论，包括课程开发的理念、模式、方法技术等研究，主要适用于工作过程确定、岗位清晰，或者知识体系清晰、培养目标明确的情况。现有的课程开发理论虽然不能直接为本研究的课程开发提供合适的模式，但其中的一些方法技术仍值得借鉴。另外，本研究吸收和发展了生成课程的相关研究思想，并赋予网络环境下的生成课程新的内涵。联通主义理论的发展为本研究奠定了理论基础，实践呼唤产生生成课程开发模式。

　　本研究把儿童教育领域生成课程的理念引入成人教育课程开发领域，采用基于设计的研究（Design-Based Research，简称 DBR）范式，强调利用教育数据挖掘和学习新技术来分析提取实践者在"学习空间"中的经验，而这个经验也是联通主义理论中的生成性知识。本研究旨在实训教学中生成一门面向应用领域（实践领域）的培训课程，并形成其他同类课程可以借鉴的生成课程开发模式。在这一过程中既实现了实训教学又实现了课程的开发。

本研究的具体工作包含：1. 在文献综述和理论基础上，明确了本研究的价值取向，即教学过程也是课程开发过程的教学观，学习即链接的学习观，社会性软件支持的网络学习环境观；构建了生成课程开发流程，该流程从课程培养目的开始，包括"课程/活动设计—课程准备/预设—课程实施/生成—课程反思/提炼"四个循环迭代的阶段，遵循联通主义学习理论的过程实施教学，即按照"社会联通—经验反思—信息汇聚—协作创新"的流程直到每轮课程活动完成。2. 研究选取了一门网侦实战课程实例进行课程生成迭代；通过课程提炼，经过三轮迭代，研究者完成了对课程开发模式的修订，同时该课程实例主题从起步到成熟也发生了演绎，从《网上作战》到《web2.0与网络技战法》，再到《信息化侦查措施》，最后是《从网上作战到信息化合成作战》（未实施）。3. 验证生成课程的开发模式：课程实例经过设计、准备、实施和生成的几个阶段，在生成阶段会获取到三类数据，包括资源与链接、案例与经验、关系与数据；这三类数据通过找核心参与、凝练新概念、选择优案例、提取好经验、筛资源链接、反思佳活动等课程提炼方法，生成了活动、资源和网络，从而生成一门课程实例，充分证明了该模式的科学性。4. 最后得出研究总结：本研究突破了传统意义上对课程的界定，经过实践中的应用、修正，在生成了一门课程实例的同时完善了生成课程开发的模式。

主要的研究结果包括生成课程开发模式以及网侦实战课程实例。该模式的理念先进，体现了联通主义的学习观；模式中的"课程实施/生成"环节凸显了联通主义的"生成性"和"联结"的特点；课程实施的"社会联通—经验反思—信息汇聚—协作创新"的活动设计体现了联通主义的学习过程。网侦实战课程内容来自一线实践"经验"，在课程参与过程中不断地生成和提升；该课程诞生之初就拥有"网络"的基因，它既提供了方便学习的网络渠道，也为"寻径和意会"提供了丰富的网络"连接点"；该门课程的成熟也为本研究"生成课程开发模式"提供了一个最佳的范例。

本研究创新之处在于：为模糊知识目标下的生成课程，大量知识主要来自实践情境、知识体系不清晰类课程提供一套生成课程开发模式；同时利用这套模式进行生成课程开发的设计研究，提供了这套模式中方法技术的操作示范，总结课程生成的规则，丰富了课程开发的实践方法。该模式的理念反映了联通主义学习观，其流程具有推广至其他相似情境的一般性，技术工具与活动方法具有应对本研究情境的特殊性，应用该模式开发课程还需要选择合适的方法以探索更多的工具。

　　当前，联通主义影响下的开放网络课程迅速发展。在普通高等教育课程中，每门课程都有其基本的原理和方法，课程内容的排列都有其内在的逻辑顺序。在面向应用领域的培训课程中，警务人员除了掌握学科中心培养的已有知识基础外，还需要提升自己的工作技能，需要把有限的实践有效地转化成课程。因此，在实训教学的同时生成课程就显得非常必要。本研究探索了针对模糊知识目标下的生成课程的开发模式，该模式对于解决面向实战的，课程内容来源于实践者的"经验"的课程开发提供了一个范例。研究成果网侦实战课程获得了师生的一致好评。该课程开发模式为其他同人在相似情境下开发实战课程提供了理论借鉴，也为中国人民公安大学警务指挥与战术专业警察训练方向的建设以及警务实战教学的开展提供理论支撑。

目　录
CONTENTS

第一章

警务实战训练理论基础

第一节　警务实战

改革开放初期，社会秩序遭到严重破坏，社会治安形势恶化，大批的"打砸抢"分子、抢劫犯、杀人犯、盗窃犯和流氓团伙犯罪分子活动猖獗。在此情势下，公安机关开展了数次严打斗争，有效遏制了此类犯罪活动的高发态势。但是，在取得辉煌成绩的同时伴随着流血牺牲，上万名公安民警倒在了执法战斗一线，这应该是国内"警务实战"的缘起。

一、警务实战的内涵

"实战"一词在汉语中的解释是真实的、现实中人与人之间的打斗，以及国家之间的战争、战斗。实战不同于体育、竞技、运动这些虚拟场景的行为，而是有真实行动和相应结果的行为。面向实战，即为了实战，一切公安工作都必须围绕实战展开，必须为实战服务。一切为了实战是公安机关进行警务改革的根本目标，为了达到这一目标，必须始终坚持警务实战化建设。换句话说，服务实战是目的，实战化建设是手段。自公安部在 2014 年全国公安厅局长会议上部署警务实战化建设任务以来，基层公安机关不断探索实战化建设的具体策略。总体而言，开展实战化建设不仅在组织结构、训练内容上要符合实战化要求，而且在训练方法、工作制度等方面要凸显实战化的思想。对于刑警而言，实战就是刑事案件侦破；对于治安警而言，实战就是维护社会治安秩序、降低发案率；对于特警而言，实战就是处置突发案事件等。不同实战主体对于"实战"的理解不同，开展实战化建设的具体做法同样存在差异，但是实战化作为一种哲学思想指导公安工作的一般规律不会改变。因此，厘清公安实战化的基本内

1

涵是开展警务实战训练的前提。

（一）警务实战的实践历程

1. 军事实战化理论的渊源

最早是在军事领域提出"实战化"的概念。军事实战化以打赢现代化、信息化军事战争为目标，坚持"仗怎么打，兵怎么练"的基本原则，主要是指以实战化的军事教育训练促进我军实战化水平的提升。军事实战化理论的发展历程如下：

首先，杨旭光、王海洋（2015）在《实战化的军校教育》一书中提出了实战化军事训练的整体构想，认为军校教育要推进"战、建、训"一致相融，重新审视现代化战争的作战样态，以队伍建设、装备发展为支撑，不断加强实战化的军事训练。

其次，不同学者就教学环境、课程内容、训练手段和训练方法的实战化问题展开了不同角度的研究。①教学环境建设。肖学祥、郭梅初（2013）提出军校教育要模拟实战情境，使得学员在实战化情境中形成对实战的直接感知①。②教学内容设置。陈南生、刘莉等人（2019）以能力素质培养为中心，提出基于"人本战斗力思想"，开展体能、技能、智能等"人本"因素为一体的全要素特种训练②。和丽秋（2014）以课程设计为中心，指出将主干课程与基础理论课程相结合，在基层消防指挥员培养中，要融入化学、燃烧学等基础理论课程③。③训练手段创新。Kunjal Ahir（2019）提出使用虚拟现实技术（Virtual Reality，简称VR）通过模拟真实战场情境来培养单兵作战能力与小队战术能力④。杨志奎、聂志勇等人（2016）将VR技术与核生化实战训练相融合，解决了核生化医学救援实战训练的成本、空间、风险问题⑤。黄勇（2016）将VR技

---

① 肖学祥，郭梅初. 基于信息技术的院校实战化教学条件建设 [J]. 国防科技，2013，34（03）：78-80.

② 陈南生，刘莉，盛莉，等. 我军特种部队实战化体能训练体制变革的基本思想研究 [J].中国体育科技，2019，55（08）：9-19.

③ 和丽秋. 以实战化教学提升学员任职能力研究 [J]. 湖北警官学院学报，2014，27（06）：183-185.

④ AHIR K, GOVANI K, GAJERA R, et al. Application on Virtual Reality for Enhanced Education Learning, Military Training and Sports [J]. Augmented Human Research, 2020, 5（7）.

⑤ 杨志奎，聂志勇，张志伟，等. 核化生医学救援实战化训练探讨 [J]. 军事医学，2016，40（04）：360-361.

术与作战指挥训练相融合，实现了地形、气候、装备、兵种等作战指挥影响要素的整合，通过模拟战场真实环境提升作战指挥能力①。④训练方法创新。卢信允、李湘森（2014）认为军校教学必须综合运用多种教学方法，积极推广模拟训练教学、网络化教学与实战对抗训练②。

总的来说，军事实战就是指战争，军事实战化就是为打赢现代化、信息化的战争所做的准备。在现代化、信息化的军事战争中，起决定作用的是交战双方的体系作战能力。要形成体系作战能力必须强化单个要素内部的融合共享能力和多要素之间的协同配合能力，最终形成全要素的整体作战能力。此外，为了提升我军实战化水平，还要加深国防建设与经济建设的深度融合，推动军民融合，促进军用技术与民用技术的融合。

2. 公安实战的现实需求

警务实战是执法行为，这是公安实战化与军事实战化最大的不同。警务实战要求严格按照法律的规定进行，如果超出了法律的界限，所有的行为即违法行为，要承担法律责任。

随着我国社会改革进入"攻坚区"与"深水区"，各类社会矛盾日益加剧，传统安全问题和非传统安全问题交织并存，社会治安形势不容乐观。公安实战任务也从传统意义上的治安防范、侦查破案转变为对重大群体性事件、暴力恐怖袭击等社会安全类突发事件以及涉网络案事件（如网络赌博、电信诈骗等）的应急处置。公安机关应对和处置此类事件表现出的能力不足、缺乏准备等常常为人诟病，造成这一问题的根源在于包括公安教育工作、公安执法工作、公安情报工作、公安指挥工作等在内的各项公安工作滞后于公安实战。为了满足新形势下公安实战的现实需求，必须以公安实战化理念为指导，通过开展警务实战训练，全面提升公安机关的战斗力。

（二）公安实战化教学

1. 警察训练的实战化探索

在公安行业，对于警务实战的论述除了体现在一线公安机关在治安防范和打击犯罪的具体行动上，还主要分布在公安教育训练相关领域内。公安实战化

---

① 黄勇. 虚拟现实技术在我军指挥院校实战化教学中的应用研究［J］. 计算机工程与科学，2016，38（S1）：212-216.

② 卢信允，李湘森. 试论教学实战化与武警初级指挥人才培养［J］. 高等教育研究学报，2014，37（02）：4-8.

与军事实战化略有不同，但都同样蕴含着融合、协同的思想。

公安机关担负着同违法犯罪分子进行执法战斗的使命与任务，公安教育训练的核心是通过基本体能与技战术的学习训练，提升公安民警的执法战斗力，达到克敌制胜的目标。总体上，王平、严文萍（2004）提出以素质训练为基础，建立技能、战术两个训练平台，充分体现"大融合、小分割"的特点①。具体而言可参见表1-1：

表1-1　实战化教学的"大融合、小分割"

	分类	典型观点
1	课程融合	谢海军（2015）认为需要破除课程壁垒，促进课程融合，提升教学效率②
2	环境融合	王强、卢兆民等人（2015）指出警务技能是典型的开放式技能，其训练强调与外界多元环境的交互过程，必须通过模拟实战情境刺激学员在多元环境中主动收集信息③
3	方法融合	商千里（2009）提出将典型实战案例与对抗实战考核相融合，以公安实战典型案例为场景，对盘查、搜索、抓捕等方面实施综合性考核④
4	校局协同	傅新斌（2015）认为应打破公安院校与公安机关的人事隔离，打造双师型队伍，进行校局合作⑤
5	技术协同	尹伟、姬艳涛（2017）提出开发基于VR技术的警务训练系统，通过构建可控、逼真、多感知一体化的学习环境，使学生转变为课堂的主导者⑥

国外对警察训练的实战化探索成果颇丰，S. Charman（2017）⑦ 提出社区文

---

① 王平，严文萍．警务实战技能教学训练内容体系初探［J］．甘肃政法学院学报，2004（03）：107-109.

② 谢海军．公安院校实战化教学改革探析［J］．公安教育，2015（11）：63-67.

③ 王强，卢兆民，李明．警务技战术实战化训练的探索与研究［J］．中国人民公安大学学报（自然科学版），2015，21（03）：107-109.

④ 商千里．我国警务实战训练的现状分析及其对策研究［J］．山西师大学报（社会科学版），2009，36（S1）：186-187.

⑤ 傅新斌．公安院校实战化教学路径探析［J］．公安教育，2015（08）：66-69.

⑥ 尹伟，姬艳涛．VR虚拟现实教学模式探索：以警务实战训练应用为视角［J］．公安教育，2017（11）：25-29.

⑦ CHARMAN S. Training and Education in Policing［M］//Police Socialisation, Identity and Culture. Cham：Palgrave Macmillan，2017：1-15.

化参与（Community Involvement）对警察训练的重要意义。让受训者花费一段时间了解其服务的社区，促进他们对社区文化的理解和感激，从而实现警察文化的变革，最终达到提升警察实战化能力的目标。M. R. Haberfeld（2013）进一步明确了在社区警务时代，警察训练应当融合多方面的动态能力，包括批判性思维、问题解决、决策判断与有效沟通等①。除此之外，世界各国的军队与警察组织都开始通过训练加强组织成员对压力情境的应对能力。Arne Nieuwenhuys（2011）通过实证研究证实了压力训练可以提升压力环境下的警察的执法表现②。Phil Messina（2016）指出即便是对抗训练也受制于预设场景、预定规则、安全协定的约束而不能弥补其与实战之间的压力差距，因此可以采取超感官负荷（Sensory Overload）的训练方式来保持对抗训练的高压力水平（high-stress levels）③。值得一提的是，压力情境对情绪的影响同样是显著的，在执法过程中警察不仅需要维持自身情绪的稳定性，还要抑制负面情绪的产生。香港警察（HKPF）将情绪训练（Emotional Training）融入了警察训练体系的方方面面，非常有借鉴意义。

对于军事实战化与公安实战化教学的内涵相关的论述还有很多，由于篇幅有限，仅用一张表来说明两者之间的相似性，参见表1-2：

表1-2 军事实战化与公安实战化对比一览表

	军事实战化教学	公安实战化教学
总体特征	推进"战、建、训"一致相融	充分体现"大融合、小分割"特点
教学环境	模拟实战情境，将教学活动融入实战化情境中	模拟实战情境，强调学员与多元环境的互动
教学内容	体能、技能、智能一体化训练；主干课程与基础理论课相融合	思维判断、有效沟通等多维能力培养；课程融合；压力训练与情绪训练
训练手段	虚拟现实技术与核生化、作战指挥实战训练相融合	虚拟现实技术与警务实战技能训练相融合
训练方法	模拟训练教学、网络教学与实战对抗训练等多种方法相融合	典型实战案例教学与对抗实战训练相融合

---

① HABERFELD M, CLARKE C A, SHEEHAN D L. Police organization and training: Innovations in research and practice [M]. New York: Springer-Verlag, 2013.

② NIEUWENHUYS A, OUDEJANS R R D. Training with anxiety: short and long-term effects on police officers' shooting behavior under pressure [J]. Cogn Process, 2011 (12): 277-288.

③ MESSINA P. Practical Combat Training [J]. Sheriff Magazine, 2016, 68 (1): 26.

公安机关是具有武装性的国家机关，公安机关依法拥有行政强制措施和刑事强制措施。因此，公安院校开设了警察体能、警用手枪射击、防卫与控制、警务战术、现场执法等特色课程。国内公安教育领域的学者也对警察训练教学内容的设置、如何开展警体教学等问题进行了研究，其目的是使得公安教育训练更加契合警务实战需要，提升公安民警执法战斗力。这里具体包括两方面的内容：一方面是完成维护国家安全，维护社会治安秩序，保护公民人身安全、人身自由、合法财产，保护公共财产，预防、制止、惩治违法犯罪的主要任务；另一方面是为了在完成主要任务的情况下，关注公安民警自身的执法安全，以减少不必要的伤亡。公安院校教育的特色与问题主要集中表现在警务实战课程的教学上。这是公安院校为配合公安实战在警察训练实战化方面所做的探讨。

2. 公安教育与公安实战脱节问题

长期以来，公安工作实践经验为公安教育训练的发展提供了良好理论支撑，公安教育也列入了普通高等教育的行列之中。1984 年中国人民公安大学成立，是全国公安系统内首个普通高等学历公安院校。公安教育发展至今取得了一系列辉煌成绩，公安大学也桃李满天下，无数优秀的毕业生活跃在执法一线和公安领导岗位。

公安教育取得瞩目成就的同时，也逐渐暴露出了很多问题，这当中为人诟病最多的是公安教育与公安实战脱节的问题。国内学者对公安教育如何开展实战化教学的研究在 20 世纪 90 年代就已经开始了，早期对这一问题的主要成因主要有四点认识：一是教学资源缺乏，二是教学理念误区，三是教学内容僵化，四是教学方式陈旧。

①教学资源缺乏。中华人民共和国成立后，在相当长一段时间内，公安院校同许多国内院校一样面临着资源缺乏的窘境，一些学者不得不考虑现实条件的限制。孟淼（1995）认为大力开拓警体第二课堂是在有限资源下解决警体课时不足的可行办法[①]。尹伟（1996）提出警体教学最优化是指按照公安实际需求，设计和实施最优的教学方案，以最少的实践和精力，争取最优的效果。警体教学最优化的标准是"一优三少"，就是在有限的条件下，学生的体质、体能、技能达到当时最高水平，同时消耗的时间、精力、经费都最少[②]。②教学

---

①　孟淼. 对警体教学第二课堂的研究 [J]. 公安大学学报，1995（04）：76-77.

②　尹伟. 警体教学最优化探讨 [J]. 公安教育，1996（03）：32-34.

理念误区。理论与实践之辨由来已久，在公安教育领域，课堂教学和实践教学如何取舍的问题也引起讨论。曲东旭（1996）对当时教育改革中的"压缩理论教学"并不赞同，传统教学过度注重课堂，但没有理论支撑的实践是不科学的①。许金锐（1997）对于课堂教学与实践教学，认为更为科学的办法是加强两者的联系，侧重于任何一方都不科学②。③教学内容僵化。警察执法不同于军事作战，暴力袭警、人质劫持等案事件都是突发事件，警察没有充足的时间进行准备，这就决定了公安射击训练不同于军事射击。早期的射击课程内容僵化，生搬硬套解放军射击的教学模式，仍然把定点射击作为主要的训练科目。实战中警察往往需要在行进间利用掩体向行动中的目标进行射击③。④教学方式陈旧。周桂琴、沈惠章（1996）认为传统教学模式仍然以课堂、教师、教材为中心，严重束缚了学生的发展，难以培养应用型人才。应当注重学生创造性能力的培养，通过启发而非传授的教学方式来培养人才④。

针对以上四方面存在的问题，有关学者积极探索解决方法。侯才、赵军、尚德芳（1997）认为公安教育之根本应该突出职业教育的特点，明确培养目标，模块化组织教学内容，分散教学对于培养目标是不利的。警务实战教学之特点是个体多种素质能力的综合体现，而现有的教学总是将其分割开来⑤。长期以来，警体教学中的体能、技能、战能等课程各行其是，缺乏整体性，教学严重脱离了工作实际。既然分散教学是不利于警体教学实战化的，那么相反，如何整合警体教学资源，开发融通的警务实战课程必然是解决公安教学实战化问题的 条出路。

二、其他相关概念界定

（一）实训课程

实训是职业技能实习训练的简称。在以往很多的研究成果中，都将实训概念解读为"按照人才培养规律与目标，在学校能控状态下，对学生进行职业技

---

① 曲东旭. 警校教育改革探讨中的几点思考 [J]. 公安教育, 1996 (05)：18-19.
② 许金锐. 论警校"1+1"教学模式的内容、特点及其改革依据 [J]. 公安教育, 1998 (02)：30-32.
③ 王镭. 公安大学射击教学改革之我见 [J]. 公安大学学报, 1994 (04)：68-70, 73.
④ 周桂琴, 沈惠章. 论警校学生创造能力的培养 [J]. 公安教育, 1996 (06)：24-25.
⑤ 侯才, 赵军, 尚德芳. 关于警校教学改革几个问题的探索 [J]. 公安教育, 1997 (03)：32-33.

术应用能力训练和教学的过程（李坚利，2003）"①。

《中国大百科全书》对课程界定如下："课程有广义、狭义两种，狭义指一门学科；广义指所有学科（教学科目）的总和；或指学生在教师指导下各种活动的总和。"《辞海·教育心理分册》定义课程如下："课程为教学的科目，可以指一个教学科目或一组教学科目，也可以指学校的或一个专业的全部教学科目。"此外，近些年出版的教科书对课程也有不一样的定义②（廖哲勋，1991③；王道俊，王汉澜，1989④）。人们对课程的定义之所以互不相同，主要是源于研究者的研究目的和关心的问题。研究者有时选择了课程现象的某一侧面进行研究，并将这一侧面也冠以课程之名。本研究采纳（杨开城，2004；张晓英，杨开城，2008）⑤⑥ 从教育技术学视野中对课程的定义⑦。

实训课程就是以理论为辅，实战为主，侧重于学习者动手操作，以提升职业技术应用能力的资源、活动以及他们之间的合理组织和连接。

（二）课程设计

课程设计包括制定教学计划（学校课程标准）、编写教学大纲（学科课程标准）和教科书（张相学，2006）⑧。课程设计方法主要有：主观法、经验法、客观法、活动分析法、实验法（王策三，2005）⑨。钟启泉认为课程设计有三个层

---

① 李坚利. 高职教育实训基地建设的探索与实践 [J]. 职业技术教育，2003，24（22）：19-21.

② 课程是由一定育人目标、基本文化成果及学习活动方式组成的用以指导学校育人的规划和引导学生认识世界、了解自己、提高自己的媒体（廖哲勋，1991）。课程有广义和狭义之分，广义上指为了实现学校培养目标而规定的所有学科（即教学科目）的总和，或指学生在教师指导下各种活动的总和；狭义指一门"学科"（王道俊，王汉澜，1989）。

③ 廖哲勋. 课程学 [M]. 武汉：华中师范大学出版社，1991：1-15.

④ 王道俊，王汉澜. 教育学 [M]. 北京：人民教育出版社，1989：156.

⑤ 杨开城. 浅论课程开发理论中的角色分析和知识组件 [J]. 教育理论与实践，2004（09）：46-49.

⑥ 张晓英，杨开城. 浅谈教育技术学视野中的课程开发理论 [J]. 电化教育研究，2008（07）：5-8.

⑦ 教育技术学最主要关心的是课程的"创建"而不是描述。教育技术学视野中的课程是指为了达到特定的教育目标而组织起来的以知识形态传递的文化及对其传递方式和进程的规定。这里的传递是指原理层面上的传承，不是指方法层面上的灌输。

⑧ 张相学. 学校如何管理课程：主体论视野下学校课程管理的思考 [D]. 南京：南京师范大学，2006.

⑨ 王策三. 教学论稿：第二版 [M]. 北京：人民教育出版社，2005：217-221，166-174.

面：宏观层面的课程设计主要解决课程设计的基本理念问题，如以学科为中心、以社会为中心和以学生为中心的三种课程设计取向。中观层面的课程设计是指对每门具体的学科进行设计。微观层面的课程设计是指对已确定的课程材料进行重新组织设计，从而服务于现实的教学（钟启泉，2007)①。它类似于教育技术学科的教学设计。

当然还有一部分实践性强的课程，在教师已有的课程材料不足以预设课程目标时，就需要通过不断教学实施来逐步形成清晰的课程目标。无论课程如何优良也不可能是普适的，课程目标的实现必须通过教师根据实情的教学设计以及具有很强临场特征的教学实施来完成（杨开城，2009)②。

（三）课程开发

课程开发（Curriculum Development）是指通过需求分析确定课程目标，再根据这一目标选择某一个学科（或多个学科）的教学内容和相关教学活动进行计划、组织、实施、评价、修订，以最终实现课程目标的整个工作过程（陆琦，周龙军，2011)③。课程开发是一个系统性工程，在课程开发的整个过程中，都离不开课程设计；而课程设计的结果，也可以视为一种课程开发。

杨开城老师对课程开发做了新的探索，教育技术学研究视角中的课程开发理论，作为一种技术理论，它的内容包括理念（课程观、教育观、学习观等）、方法技术（具体的课程开发技术，如设计技术、需求分析技术和评价技术）和技术组织（灵活、合理的技术过程步骤，如课程开发模式）三个部分，其中方法技术是课程开发理论的核心内容（张晓英，杨开城，2008)④。

课程开发模式是对课程开发过程的抽象、概括和简化，课程开发模式是课程开发理论的价值取向及相应的实践操作方式相统一的系统（张华，2000)⑤。

（四）生成课程

生成课程（Emergent Curriculum）又称"呼应课程"，由美国太平洋橡树学

---

① 钟启泉．课程论［M］．北京：教育科学出版社，2007：57，68，96，394-397.
② 杨开城．论开发取向对课程的独特理解［J］．现代教育技术，2009（11）：10-12.
③ 陆琦，周龙军．高职课程开发的指导思想及原则［J］．中国校外教育，2011（10）：126-127.
④ 张晓英，杨开城．浅谈教育技术学视野中的课程开发理论［J］．电化教育研究，2008（07）：5-8.
⑤ 张华．课程与教学论［M］．上海：上海教育出版社，2000：29，94.

院的贝蒂·琼斯（Bety Jones）和约翰·尼莫（J. Nimmo）在他们合著的《生成课程》一书中提出。生成课程是在"预设"中逐渐完善并不断丰富的，它以真正的对话情境为依托，在学生、教师、环境、教材等多种因素的持续相互作用过程中动态生长的建构性课程。这表明课程弃绝了"本质先定，一切既成"的思维逻辑，而代之以"一切将成"。课程在过程中展开其本质，课程活动成为师生展现与创造生命意义的动态生成的生活过程，而非单纯的认识活动。生成课程的关键是（彭远媛，李红波，张婷，2010）[①]：课程应该是从孩子们特定的环境中生成的，同时也应该是对这些年幼的学习者有意义的；老师们带着他们各自的历史、价值观和技能，与具有个性和合作潜能的孩子们对他们周围的世界里面临的问题共同讨论，确定课程"生成"的过程。生成课程是在师生互动中，通过教育者对学生的需要和兴趣的价值判断，不断调整活动，以促进学生更加有效学习的教学发展过程（Jones，Nimmo，1994）[②]。

本研究在借鉴儿童教育领域的基础上，对研究中涉及的概念做如下界定：网络环境下生成课程是指依托设计的活动和资源，在网络教学过程中汇聚学员经验动态生成的课程。这里的经验包含概念内涵、经验案例、资源链接等；除包含传统课程的结构还包含课程讨论区、博客等师生提供或共同创造的内容。实训生成课程是面向实战为了提升职业技能，在实训的同时丰富并吸收参与者"经验"的课程，它适合有一定工作经验的人员学习。

生成课程开发模式的研究包含：生成课程开发理念（教学观、学习观等）、灵活合理的过程步骤及关键流程对应工具与规则的支撑。这些是本研究关注的这类生成课程开发模式主要内容，也就是除了理念、流程合理，还有对应工具规则的支撑。

第二节　工作过程系统化的职业教育课程理论

一、课程理论的发展

课程理论的研究基本上是以 20 世纪 70 年代为分界点，20 世纪 70 年代以前

---

① 彭远媛，李红波，张婷. 基于 Moodle 网络平台的生成课程设计：以"教学媒体的选择与应用"为例［J］. 中国教育技术装备，2010（03）：86-87.
② JONES E，NIMMO J. Emergent curriculum［M］. Washington：NAEYC，1994.

是以"泰勒原理"为代表的"课程开发范式"。20世纪70年代以后,课程理论逐渐摆脱"工具理性"一统天下的局面,在"解放理性"和"实践理性"的引领下,课程领域开始以研究"课程开发"为主转向以研究"如何理解课程"为主。这种研究取向把课程视为"符号表征",课程研究的目的是"理解"课程"符号"所承载的价值观。这是一种"理解"取向的课程研究。派纳将这种研究取向概括为"课程理解范式"(the paradigm of understanding curriculum)。

进入20世纪80年代以后,西方课程研究广泛受到现象学、解释学、法兰克福学派、后结构主义、存在主义、后现代主义等哲学思潮的影响,产生了形形色色的"课程理解",如政治课程理论、种族课程理论、性别课程理论、现象学课程理论、自传性/传记性课程理论、美学课程理论、神学课程理论、生态学课程理论、全球化课程理论等(张华,2001)①。关于如何开发易理解性课程的问题,杨开城认为一门课程产品至少要满足四个要求②才可能具有较高的易理解性(杨开城,2011)③。

---

① 张华.走向课程理解:西方课程理论新进展 [J].全球教育展望,2001(07):40-44.
② 易理解性课程开发的四个要求:一是提供课程目标的清晰表征。课程目标是理解整个课程的入口。没有了清晰的课程目标,对课程的其他方面的理解也就失去了最起码的合理性参照。二是提供课程内在一致性的说明。课程最重要的功能就是传递特定的知识(含价值观),并在此基础上转化为学生的素养。所以,课程是特定知识的再组织。这里的再组织是指针对知识传递的完整设计,不单是指学习顺序的安排。一个易理解性较高的课程应该提供课程对象与课程目标在逻辑上的一致性说明。这个说明有助于教师理解课程目标以及课程对象本身。三是提供课程产品的合理性说明。这种合理性包括课程目标的适切性和课程对象设计的合理性。教师越是清楚这种合理性,就越容易把握课程与自身行动之间的关系。要想彻底说清楚课程产品的合理性,则必须说明课程生产各个环节的操作过程和结果,特别是在多种约束条件下进行取舍的理由和依据。教师可以通过考察课程开发从课程开发角度看职业教育的问题。教师作为教育实践的主体,有权知道所传递课程在目标和对象设计层次上的合理性水平。四是提供课程使用指南(教学参考书)。这里将教师看作产品用户,课程看作工具产品。如果是产品就必须提供明确的使用指南,包括学时建议、重点难点及其处理建议、内容的必选可选性建议、基于案例的教学设计指导、课程资源的使用建议、备选教学方案的使用建议等。有了以上信息,教师在具体行动之前就可以"看到"与课程精神一致的行动了。对于易理解性高的课程,教师不需要在揣摩课程精神方面花太长时间,而是将精力放在如何将课程精神或具体的课程目标转化为符合自己个性特征的职业行动上。因此教师在实施这类课程时,很容易在理性上产生一致感,在情感上产生认同感。课程的实施也就会顺理成章。
③ 杨开城.论课程的易理解性与知识建模技术 [J].电化教育研究,2011(06):10-12.

二、工作过程系统化课程的解构与重构

工作过程系统化的课程近年来已经成为职业教育改革的热门话题。工作过程系统化的职业教育课程理论是职业教育领域从基于岗位能力开发（如 MES/CBE/TAFE）到基于典型工作任务开发（如德国双元制）逐步发展起来的。尽管这个理论并不依赖于网络环境下对课程开发的指导，但在本研究中它对网络平台中的"知识碎片"整理，也就是内容组织方面有很好的指导。

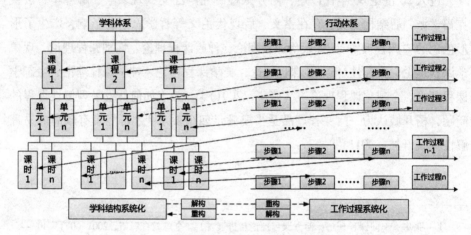

图1-1　工作过程系统化课程的解构与重构

工作过程系统化课程结构所涉及的教育理论基础可归纳为两大类：第一大类课程结构为连续—线性结构化形式（姜大源，2006）[①]；第二大类课程结构为非连续—同心圆结构化形式。连续—线性结构化形式强调学校应保持各年级间而不是各年级内的课程连续。这种结构得以长期存在，并逐步形成"职业教育路径"，后来发展成两种变式：一种是螺旋式课程，一种是阶梯式课程。非连续—同心圆结构化形式课程也称为主题同心圆结构化或项目和过程结构化课程。德国职业教育专家李普斯迈尔在对"学习领域"课程方案的理论基础的探索中，对项目和过程结构化形式或非连续性的主题同心圆的结构化形式从八个方面进行了详细分类。这一分类的基本思路是优先关注复合性和整体性，而不是过多地关注严格意义的学科性内容的序化。在本书的研究中，对课程的组织结构，在排序组织以及课时安排上都遵循工作过程系统化的原则和警察职业的发展规律。

---

① 姜大源. 关于工作过程系统化课程结构的理论基础 [J]. 职教通讯, 2006 (01)：7-9.

第三节 联通主义理论

联通主义理论最早由 George Siemens（2005）在《联通主义：数字化时代的学习理论》一文中提出。他指出，在过去的十几年中，学习由于受到技术的影响已经发生了很大的变化。在网络化时代，知识的半衰期缩短，知识更新的速度剧增，导致了学习方式的改变。行为主义、认知主义和建构主义使我们对各种环境下的学习有了有效的认识，但当进入网络化和技术促进学习时代，这些理论就显得有些不足。[1] 因此，在此背景下，他以混沌理论、网络理论、复杂理论和自组织理论作为理论基础，提出了数字化时代的学习理论——联通主义。该理论将学习视为连接和网络形成的过程。联通主义理论提出以后，得到了快速的发展。首先是2008 年 8 月 MOOC 课程的提出（A. McAuley，B. Stewart，G. Siemens，D. Cormier，2010）[2]。同年 9 月，加拿大学者 Stephen Downes 和 George Siemens 应用这个概念开设了第一门 MOOC 课程：Connectivism and Connective Knowledge Online Course（CCK08）。该课程结合了 Couros 的开放教学思想和 Wiley 的开放内容，同时还支持学习者以多种形式参与学习，比如，通过博客、Twitter、YouTube 及其他社会性软件学习（李青，王涛，2012）[3]。

其中，George Siemens 和 Stephen Downes 为联通主义的核心代表人物和联通主义学习实践的核心推动者。两人同时也是最好的合作伙伴。他们通过发表大量的博文以及推动众多的联通主义的实践，推动联通主义理论的快速发展。它的发展表现在很多方面。联通主义学者基于联通主义的思想，开发了开放网络课程。这种网络课程是在对分布式网络的动态性及其挑战的反思的基础上建构起的学习模式。正如有的研究者（Alexander McAuley，Bonnie Stewart，George Siemens，Dave Cormier，2010）[4] 提出的一个大规模开放网络课程整合了联通性

---

[1] SIEMENS G. Connectivism：A learning theory for the digital age［J］. International Journal of Instructional Technology and Distance Learning，2005，2（1）：3-10.

[2] MCAULEY A，STEWART B，SIEMENS G，et al. The MOOC model for digital practice［J］. SSHRC Knowledge Synthesis Grant on the Digital Economy，2010（5）：1-64.

[3] 李青，王涛. MOOC：一种基于连通主义的巨型开放课程模式［J］. 中国远程教育，2012（03）：30-36.

[4] MCAULEY A，STEWART B，SIEMENS G，et al. The MOOC model for digital practice［J］. SSHRC Knowledge Synthesis Grant on the Digital Economy，2010（5）：1-64.

的社会网络、一群某一领域内的专家以及一组可以免费访问的资源。MOOC 通过多种形式的社交媒体参与讨论、思考、分享资源，课程是在参与者的交流中生成的。它特别强调四种网络学习活动的重要性：聚合（Aggregation）、重构（Remixing）、创建（Creating）、分享（Feed Forward）（Kop，Carroll，2011）①。Inge DE Waard 等人把 mLearning 和 MOOC 联结起来创造了 MobiMOOC。该课程结束时的调查结果有力地证明了 MOOCs 和 mLearning 之间的协同作用（何伏刚等，2012）②。

一、联通主义学习理论的核心

联通主义学习理论的核心是 8 个原则（George Siemens，2005），具体如下：

1. 学习和知识存在于多样性的观点之中。

2. 学习即链接，是一个与特定的节点和信息资源建立连接的过程。

3. 学习也可能存在于物化的应用中。

4. 学习的能力比当前所掌握的知识更加重要。

5. 为了促进持续性的学习，我们需要培养和维护好网络上的连接。

6. 能够发现领域、观点和概念之间的关系的能力是最核心的学习能力。

7. 促进知识流通是所有联通主义学习活动的目的。

8. 决策过程本身就是一个学习的过程。通过正在变化的事实来判断选择学习什么以及正在获取的信息的意义。由于维系信息决策的环境的改变，可能现在正确的答案到了第二天就错误了。

随着联通主义的发展，最初的 8 个原则修改为 13 个原则，增加的 5 条原则如下：

9. 认知和情感的整合是非常重要的。思维和情感之间会相互影响，单一的学习理论只考虑到了学习的一小部分内容，而忽视更大的一部分——学习是如何发生的。

10. 学习拥有一个最终目标：发展学生"做事情"的能力。这种增长的能力可能是发展一种实践技能，或者是在知识时代起更重要作用的能力比如自我

---

① KOP R，CARROLL F. Cloud Computing and Creativity：Learning on a Massive Open Online Course［J/OL］.（2011-11-20）［2023-07-17］. https：//old. eurodl. org/？p＝special & sp＝articles&inum＝2&article＝457.

② 何伏刚，马东明，孙海民，等. 探索 MOOC 教学方法在 mLearning 中的运用［J］. 中国远程教育，2012（03）：23-29.

意识、个人信息管理等。整个学习过程不仅仅是获得技能和理解，行动力也是一个必需的要素。动机和快速决策通常决定学习者是否采用一致的原则。

11. 学习发生在许多不同的网络交往中。如课程、社区、对话、电子邮件、邮件列表、网络搜索、阅读博客等。课程已经不再是主要的学习渠道。

12. 组织学习和个人学习是一个整合的过程。个人知识组成了一个网络，该网络被编织到组织和机构的学习中；反过来组织和机构的学习又返回到个人网络中，并继续为个人提供知识。联通主义试图理解组织和个人是如何学习的。

13. 学习不仅是一个消化知识的过程，而且也是一个创造生成知识的过程。学习工具及活动设计都应该抓住学习的这一特性。

联通主义学习主要是为了应对复杂环境和快速变化的世界的学习，在复杂的环境中，发现各领域思想和概念之间的连接的能力或者说模式识别的能力是非常核心的能力。联通主义学习的目标即连接的建立和网络的形成。除了模式识别以外，对内容（或者理解）的表征以及新的内容生成是发展网络、保持持续联通和知识生长的重要手段，即创造出新的内容来实现更大的联通。联通主义学习要形成神经网络、概念网络和外部社会网络三个网络，并实现它们之间的连接。其中外部社会网络的形成以学习者的概念网络为基础。所以学习者对自己内部概念的表征或者在对原有内容理解基础上的创造成为联通主义学习的关键（王志军，2014)[1]。在公安行业的警察训练中，亟待获取一线的经验来开发课程，而这些经验的获得正需要对联通主义理论中的生成性知识的研究。

二、联通主义影响下课程结构的变化

教学过程与课程开发过程会摆脱传统思维的束缚，而更多地依赖技术与环境的变化，从而充分发挥技术在学生学习中的恰当作用。与联通主义课程相比，传统课程结构基本可以用图1-2加以概括（G. Siemens，2011)[2]：

---

[1] 王志军. 联通主义学习情境中的教学交互特征与规律研究 [D]. 北京：北京师范大学，2014.

[2] SIEMENS G. Orientation：Sensemaking and Wayfinding in Complex Distributed Online Information Environments [D]. Scotland：University of Aberdeen，2011.

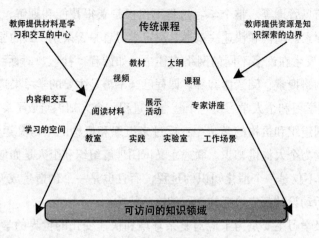

图1-2 传统课程结构

随着在网络化时代知识的半衰期缩短，知识更新的速度剧增，面对面教育向在线教育转移（Cowan，Neil，Winter，2013）①，课程结构也随之发生改变。行为主义、认知主义和建构主义使我们对各种环境下的学习有了有效的认识，但当进入网络化和技术促进学习时代，与传统的课程相比，联通主义课程具有以下不同（G. Siemens，2011；王志军，陈丽，2014）②：

1. 联通主义课程强调学习者自主采用何种技术来建立学习空间和分享学习内容或生成性内容。

2. 课程是共同开发的。开放课程最开始采用与传统课程类似的结构，但是随着课程学习的开始，课程的范围通过学习者的学习活动而得到扩展，学习者通过其他工具发表自己的观点或者通过社会书签分享学习资源。课程基于学习者的参与和投入而不断进化。

3. 创建和分享意会（sensemaking）的生成性内容。生成性内容对于某一主题的交流的发展非常重要。这些生成性内容可以是一个视频、一个图像、一篇博客或者是一个播客。一旦将它们分享，其他学习者就可以基于此内容进行自己的意会活动。

---

① COWAN P，NEIL P，WINTER E. A Connectivist Perspective of the Transition from Face-to-Face to Online Teaching in Higher Education ［J］. International Journal of Emerging Technologies in Learning，2013，8（1）：10-19.

② 王志军，陈丽. 联通主义学习理论及其最新进展 ［J］. 开放教育研究，2014（05）：11-28.

4. 通过网络来传递课程内容。联通主义课程通过多种不同的技术来分布内容、实现交互，因此网络是交互和学习的中心。

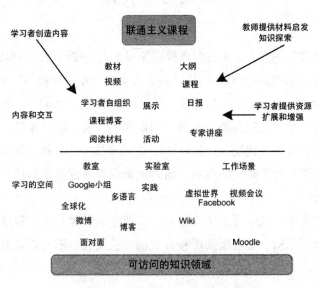

图1-3　联通主义的课程结构

5. 学习者拥有自己的空间以及他们对内容的贡献。在课程中，教师鼓励学习者建立自己的交互空间。在联通主义课程中，一般建议学习者建立自己的博客或者运用他们已有的网络身份来构建与其他学习者进行交互的数字身份。但过去的很多学习管理系统在一个特定的时间段（比如课程结束）以后会限制学习者的再次访问。

6. 课程内容碎片化。传统的固定的网络课程分布于在线文章、YouTube 视频、Second Life、虚拟博物馆以及各种反思中。

传统的课程按线性结构组织，其媒介形式以文本为主，因而以书本为主要载体时代的知识结构也是线性的、层级式的、静态的、按照学科分类组织起来的。基于联通主义的课程结构是网状的、超链接的、非层级的、动态的、可以任意方式组织起来的，因此，在联通主义影响下的课程结构与传统课程在表达形式上和知识结构上有很大的不同。

第四节　小结

中华人民共和国成立以来的职业教育课程发展，按照理论与实践间的关系，可分为"理论与实践并行的课程"①"理论为实践服务的课程"② 和"理论实践一体化的课程"③ 三个阶段（赵志群，杨琳，辜东莲，2008）④。在职业教育领域，课程开发的模式最初都源于单独一门课程的开发，随后才沿用到培养方案及课程体系的开发中（冯晓英，2014）⑤。面向实战类课程体系的开发也会源于一门实训生成课程开发模式的成熟，而对该类课程开发模式的探讨则依赖于上文的理论基础。

在技术支撑下，以联通主义为基础，实训生成课程在很大程度上颠覆了传统的课程概念、结构、要素以及课程开发的方法流程。不论职业教育还是传统

---

① 理论与实践并行的课程。传统职业教育课程是围绕"学科教学"和"技能训练"两个方向建立的，一个专业的课程方案由多门学科科目和相应的技能训练科目构成，把这些科目按照各自所固有的逻辑排列，独立安排它们的教学顺序和学习时间。在教学实施中，学科课程常按时间顺序被划分为理论课、专业基础课和专业课（三段式），并辅之以相应的技能训练课。

② 理论为实践服务的课程。在实行改革开放政策之后，人们认识到职业教育应当服务经济建设需要，满足企业对人才的"功利性"需求。通过中外国际合作项目，我国引进了一系列建立在工作分析基础之上的课程模式与课程开发方法，如起源于英美文化圈的"国际劳工组织的模块课程方案（MES）、以能力为基础的教育（CBE）"及其课程开发方法（DACUM）德国双元制职业教育课程等，其中影响最大的是CBE。这些课程模式的指导思想基本是一致的，即在宏观经济发展、劳动市场分析、职业分析和工作分析的基础上，确定对技能型人才的"能力要求"和相应的培养目标，从而确定职业教育的课程内容。尽管"理论为实践服务的课程"也有其局限性，它在我国的引进和推广是成功的，目前多数职业院校课程改革有意无意地都以CBE能力课程为方法论基础。

③ 理论与实践一体化的课程。当现代企业运行和社会管理进入了以过程为导向的综合化运作时代，这对技能型人才的素质提出了新的要求。技能型人才要想具备"持久被雇用"的能力，不仅要有岗位能力，而且应当具备综合职业能力。人们逐渐意识到"理论为实践服务的课程"在培养劳动者综合能力中的缺陷时，探索和引进"理论实践一体化"课程及其开发方法成为课程改革的重要任务。最近几年我国职业教育界在这一领域做了大量的研究与实践，比较有代表性的有项目课程、任务引领型课程、工作过程系统化（亦称基于工作过程）课程和学习领域课程等。

④ 赵志群，杨琳，辜东莲.浅论职业教育理论实践一体化课程的发展 [J].教育与职业，2008（35）：15-18.

⑤ 冯晓英.远程教育中的专业课程体系开发 [M].北京：国防工业出版社，2014：25.

高等教育的课程开发都依赖知识体系清晰或者工作岗位明确，在此前提下我们依赖学科专家或行业专家根据培养目标或工作过程来开发课程。警察训练属于职业教育领域，警察训练课程的开发同样要遵守上述规律以及工作过程系统化的课程结构。

公安实战化或军事实战化，其本质都可以抽象概括为一种强调"融合""协同"的理念。公安实战要求公安机关在指挥决策和行动过程中加强各职能部门、各警种之间协同配合，促进各指挥要素之间的深度融合，同时通过推动情报、指挥、行动部门开展一体化协同作战，促进情报与决策、技术与制度、指挥员与信息平台等多维度要素的融合。公安实战化课程开发也要考虑"融合、协同"中的经验要素。特别是当进入"碎片与重构：互联网思维重塑大教育"（王竹立，2015)① 时代，我们的课程开发依赖不断生成的实践知识和师生知识碎片的重构。这就需要变革传统课程开发的模式，改变旧有课程的结构，以适应新时代和新变化。

---

① 王竹立．零存整取结出的果实：《碎片与重构：互联网思维重塑大教育》自序［J］．中小学信息技术教育，2015（2）：79-79.

第二章

警务实战中的课程开发

警务实战中的课程开发既涉及传统高校，也涉及职业院校的经验探索。作为高等教育领域与职业教育领域的交叉领域，本书分别借鉴了这两大领域的课程开发理论的理念/价值取向、开发模式、开发方法及工具，具体梳理的文献内容如下：

第一部分，综述课程开发的理念/价值取向。

第二部分，综述不同时期在不同课程开发理论指导下的课程开发模式。

第三部分，综述课程开发方法及对应工具。

第四部分，小结。

第一节　课程开发的理念/价值取向

课程论领域中关于课程开发的理念受不同哲学思想和课程理论的影响而有所不同。在课程论诞生尚不足百年的历史中，目标模式、结构模式、过程模式、实践模式、情境模式、批判模式的不断提出与系统建构，不仅预示着课程研究的基本课题由"课程开发"（探讨课程开发的规律、规则与程序）逐步转向"课程理解"（把课程作为一种"文本"来解读其蕴含的意义）（王淑英，2012）①；课程研究的价值取向由对"技术兴趣"的追求逐渐转向"实践兴趣"，最终指向"解放兴趣"（张华，2000）。课程开发理念很难统一概括，但针对不同理论或思想指导下的不同课程开发模式还是可以总结出一些规律。

---

① 王淑英. 学校体育课程体系研究［D］. 石家庄：河北师范大学，2012.

一、高等/职业教育课程开发理念

比如，"技术兴趣"亦称"技术理性"，是"目标模式"的深层价值取向。原因在于目标模式的理论基础是杜威实用主义教育哲学。把结构主义引进课程理论产生的结构模式因为强调理论知识的学习、重视学习者在课程中的地位而被誉为"教育理论的一个里程碑"。面对知识的激增及更替的加速，结构模式以学科结构为核心构筑现代课程体系，它确立了"同时诚实地尊重学科本身的逻辑和学习者的心理逻辑"的课程价值观，使得学科课程发展到新的阶段，也使得纷繁复杂的知识信息得以简化、系统和完善，创造了现代化课程的一个范例。但是和目标模式相比，结构模式只不过是把着力点从"目标"具体转化为"学科结构"。批判模式对构建新的课程研制方法论和超越非人化的机械主义课程研制程序具有不容置疑的参考价值和促进作用。它在批判理性课程观所造成的人性的扭曲与异化、学生的病态人格及教育的不平等现象等方面的弊端具有重要的时代意义。它使得教师和学生能够自主地从事课程创造，能够在不断的自我反思和彼此交往的过程中达到自由与解放（张相学，2007）[1]。反思课程研究的整个历史进程，研究者可以获得基本结论：课程研究由"课程开发"到"课程理解"的话题转变，表征了课程研究由对"技术兴趣"的追求到"实践兴趣"乃至"解放兴趣"的价值转向。相比较职业教育，其核心研究者认为课程教育是以学科知识的传授为中心的。

基于历史与文化这两个维度的分析，职业教育领域的课程应当确立三个核心价值取向，即课程目标要定位于复杂职业能力培养，课程内容要突出实践知识的主体地位，课程设计方法要以标准与规范为纽带（徐国庆，2012）[2]。然而职业教育课程是一个非常复杂的领域，它的开发理念/价值取向始终充满了矛盾

[1] 张相学. 从"课程开发"到"课程理解"：现代西方课程模式的演化轨迹与当代启示 [J]. 辽宁教育研究，2007（10）：100-103.
[2] 徐国庆. 我国职业教育课程的核心价值取向：基于历史与文化的分析 [J]. 职业技术教育，2012（04）：34-38.

与激烈的争论，有基础论与实用论之争①，普通论与专业论之争②（徐德香，2011）③，学科论与职业论之争④（乐晓蓉，2007）⑤。

课程目标和内容的来源成为不同开发方法之间本质的区别。由于定位不同，不同领域课程开发的理念与价值取向也不同。学科中心取向是全日制普通高等教育中主导的人才培养价值观。职业教育以培养实用型、技能型人才为目标。也就是说，不论是高等教育还是职业教育，课程开发的理念都可以总结为关注知识或技能的培养和传递。

本研究中的课程不关注知识的系统性或者是职业能力的体系性的培养，而是从一门课程的教学训练出发，关注怎样把课程参与者的"经验"也丰富到课程中来。课程参与者有提升自己工作技能的需求，需要教师把"经验"有效地转化成课程，传递给学生。而把"经验"通过有效的方式转化成课程，这是本书研究的主要内容。同时这也是中国人民公安大学贴近实战训练教学，需要不断从实践人员经验与案例中挖掘知识（技能）形成课程的现实所需要解决的问题。

二、生成课程开发理念

"生成性"是当前课程改革所倡导的新理念之一，它把课程的"既定的"

---

① 基础论认为，"基础性"是职业教育课程设计的主要思考维度，课程内容要为后续学习或发展奠定基础，不应以眼前的使用为取向。实用论认为，"实用性"应当是职业教育的基本价值取向，职业教育课程没有必要系统地学习理论知识，关键要给学生提供对就业有价值的知识和技能；要摆脱简单移植普通课程模式的倾向，降低课程内容的理论难度（徐德香，2011）。

② 普通论认为，职业教育刻度尺内容不应局限于某些特定的职业领域，而是要充分考虑个体适应多变社会以及个性本身完善的需要，充分体现出普遍性。专业论认为职业教育核心价值是一种服务于个体就业与经济发展需要的教育，应针对突出满足岗位需要的职业能力的培养，不应过多地受普通课程的干扰。

③ 徐德香. 基于系统论的高职课程结构优化研究［D］. 杭州：浙江师范大学，2011.

④ 学科论注重知识的基础性与普适性，强调学科体系的完整性与系统性，坚持在专业教育中保持学科课程的必要性，强调围绕知识的系统性组织课程。职业论注重职业教育的专业性、实用性以及能满足未来岗位的需要。强调削减理论课程课时比例，增加实践课程比例，围绕职业岗位的工作任务组织课程。课程价值观由静态性、绝对性、客观性、工具性、物性的学科课程价值取向，向着体现课程的建构性、情境性、主体性、实践性、社会性、人性的工作知识课程价值取向转变（乐晓蓉，2007）。

⑤ 乐晓蓉. 从学科知识到工作知识：职业教育课程价值取向的转变［J］. 职教论坛，2007（22）：10-12.

目标变成"将成的"目标。"中小学的'翻转课堂'把课堂这一教学主阵地改变为促进知识的内化和应用而不仅是获取知识，课堂不再是预设而是生成（陶西平，2014）①。"美国的生成课程理念在幼儿园教育中的渗透，启发着人们去思考教育中的诸多问题。它阐述的理念以为课程生成的来源是多方面的并可以主要归为来自教师的选择，来自儿童和来自教师与儿童的讨论与协商②。该理念背后所反映出的对知识、课程和对人的认识包含如下（范元涛，2014）③：知识观——知识≠知觉＋记忆＋理解④；教学观——课程存在于自发性与计划性的平衡之间⑤；环境观——幼儿的学习利用环境主动建构知识的过程⑥。

当前网络课程的蓬勃发展越来越模糊了课内与课外的界限；网络技术的发展使得课程开发的方法技术突破成为可能；课程的结构也会颠覆传统的课程（见理论基础部分联通主义课程结构）。课程开发的理念/价值取向也随之发生重要变化，尤其体现在课程开发的教学观、学习观、环境观等。课程其实是教育情景、学生、教师三者互动的过程与结果，具有生成性。网络时代的学生不仅有个别差异，也有主动建构学习的能力。教师是课程的研究者、开发者和实施者。课程因学生的需要进行调整，学生在这一过程中也会发挥重要的作用。

---

① 陶西平．"翻转课堂"与"生成课程"［J］. 中小学管理，2014（04）：58.
② 伊丽莎白·琼斯，约翰·尼莫. 生成课程［M］. 周欣，卢乐珍，王滨，等译. 上海：华东师范大学出版社，2004：1-15.
③ 范元涛．《生成课程》教育埋念探析［J］. 学理论，2014（17）：195-196.
④ 知识的学习离不开知觉、记忆和理解的过程，但将知识等同于知觉、记忆和理解的简单相加是对传统知识观的理解错误。《生成课程》一书认为幼儿的本质是作为"主动的学习者"（伊丽莎白，等，2004）。它的知识观我们可以解读为：知识并非静态的、封闭的"结论"，而是动态的、开放的"过程"；知识并不应该只是告诉人们"是什么"和"为什么"，更重要的是让人们"会做"和明白"如何做"的问题；知识不仅具有客观性、普遍性，而且由于它对学习主体的"依存性"，更具有主观性和个体性。
⑤ 《生成课程》主张课程的来源理应包括九大方面：教师的兴趣；儿童的兴趣；发展的任务；社会环境中的人们；物质环境中的事物；课程的资源材料；共同生活；意外事件；家庭、学校、社区与社会文化所持有的价值观。《生成课程》还强调："不管课程的生成来源为何处，最初的课程计划只是作为一种课程内容选择的可能性，是一个起点，在具体的实施过程中这一计划应有很大的灵活性和开放性。"由此可见，课程本身既具有自发性又具有计划性，课程也是教师而不仅是儿童的责任。
⑥ 基于"幼儿的本质是主动的学习者"的观点，《生成课程》认为幼儿教育是从环境开始的，幼儿的学习是幼儿利用环境主动建构知识的过程。《生成课程》认为"环境是会说话的"。在自然生成的环境中只要教师用心去观察、去体验，就会发现环境会主动"告诉"你"我具有哪些教育价值"。

第二节 课程开发模式研究综述

一、高等教育课程开发模式研究综述

课程理论的研究基本上是以 20 世纪 70 年代为分界点，20 世纪 70 年代以前是"课程开发范式"。20 世纪 70 年代以后，课程理论渐渐摆脱了"工具理性"一统天下的局面，在"解放理性"和"实践理性"的引领下，不断超越自我，寻求多元价值意义上的课程理解研究（张华，2001）。

（一）高等教育课程开发模式的观点比较

课程开发理论和教学设计理论是教育技术学基本理论的重要组成部分，而课程开发模式则是课程开发理论的重要构成内容之一（杨开城，2004）[1]。在课程研究历史上，最有名的开发模式是泰勒的目标模式。他提出课程开发的四个经典问题：一是学校要达到哪些目标，二是选择怎样的内容实现目标，三是这些内容怎么组织，四是怎样评价目标是否实现（施良方，1996）[2]。继泰勒之后的许多课程研究者或者是改进目标模式，或者是背叛目标模式。其中典型的主要有过程模式、批判模式、实践模式等，以及 20 世纪 80 年代进入课程开发的多元化阶段所产生的各种课程理解模式等。表 2-1 选择了在高校课程开发中的常见模式，将其做一简单比较：

表 2-1 高等教育课程开发模式比较

	时间	主要观点
目标模式	泰勒，20 世纪 40 年代末	任何课程开发理论都必须面对的四个问题：一是学校应该达到哪些教育目标（课程目标），二是提供哪些教育经验才能实现这些目标（课程内容的选择），三是怎样才能有效地组织这些教育经验（课程内容的组织），四是怎样才能确定这些目标正在得到实现（课程的评价）

---

[1] 杨开城. 课程开发模式的新构想［J］. 中国电化教育，2004（12）：36-40.

[2] 施良方. 课程理论：课程的基础、原理与问题［M］. 北京：教育科学出版社，1996：83-85.

续表

	时间	主要观点
过程模式	斯滕豪斯，20世纪70年代	课程开发关注的应是过程，而不是目的，不宜从详细描述目标开始，而是要先详述程序原则与过程，然后在教育活动、经验中，不断予以改进、修正。应在课程实践中将课程研究、编制与评价融为一体，为此，教师应成为课程研究者
技术化模式	杨开城等，2000年以后	课程开发原理是一种技术原理，具体表现为一种技术所指向的目标与这种技术所产生的结果之间的逻辑链条。课程开发模式中蕴含的课程开发原理表现为社会角色分析、学习者分析、角色知识分析、确定课程目标体系以及门类课程目标的操作逻辑、门类课程中知识组件的设计原理组成的操作链条
PDCA模式	宋立公等，2007年	一个科学完整的课程开发体系，应该是由评估课程开发的必要性和可行性、制订策划方案、具体组织实施、投入教学试用、评估使用效果、改良方案等一系列动态、持续、循环的过程所构成

1. 目标模式与过程模式

泰勒的目标模式提出的四个经典问题，使得他在课程开发理论中的地位是不可替代的。斯滕豪斯的过程模式根据课程目的或要求以及课程内容来进行课程开发。但是过程模式中的目的不同于目标模式中的预设目标，它的主要功能是概述教育中可能出现的各种学习结果，通过课程目标使教师明确教学过程中内在的价值标准集总体要求，因此过程模式的目的或要求并不指向于对课程实施的最后结果的控制。泰勒和斯滕豪斯的理念广为人知，在本书综述中就不再赘述，下面重点阐述对本研究有比较大启发意义的技术化模式及PDCA模式研究。

2. 技术化模式的研究

赵兴龙等人把"本体"① 这个术语引入课程开发领域，强调核心知识体系集在课程开发中的价值（赵兴龙，杨开城，2006)②。他们提出了核心知识体系集的概念，并通过构建核心知识体系集来对课程中所有的本体进行约束，这样

---

① 本体从技术学的视角上来说就是若干技术实体及其之间关系的技术化表征。课程本体就是从技术学的角度去研究课程，换句话说就是课程的技术化表征。课程本体的提出，跳出现象学的视角，从技术学的视角重新审视课程，揭开了课程神秘的面纱。

② 赵兴龙，杨开城. 论课程本体 [J]. 中国电化教育，2006 (12)：5-9.

的课程开发既给开发者一种比较舒适的弹性空间，又给使用者一种比较自由的学习空间。基于对企业培训课程开发问题的分析与思考，孙双等人提出一种新型企业培训课程开发的技术框架（孙双，张晓英，杨开城，2010)①，如图 2-1 所示，主要内容包括培训需求评估、学习者分析和培训内容分析、目标体系制定、设计开发课程本体、课程实施、最后课程评估六个阶段，其中第二阶段是此技术框架的核心和基础，同时也是本框架区别于其他课程开发模式的关键。

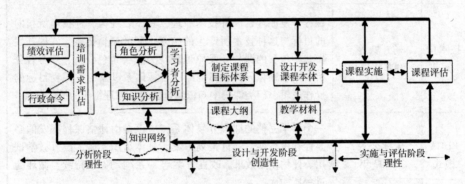

图 2-1　基于知识建模的培训课程开发技术框架

杨开城提出的知识建模技术把课程开发过程技术化，认为组件构成的课程为课程开发中的各种设计取向（学科中心、学生中心、社会问题中心）的融合提供了统一的实体（杨开城，2011)②。他的课程开发的整体技术过程模式如图 2-2 所示（杨开城，2007)③。

本研究以为课程的技术化表征使得课程开发过程的每个环节都是客观的，克服了课程开发的主观性和片面性。按照技术化模式开发出的课程因为步骤和工具清楚明确，使得课程具有可重复性。如果开发出的课程产品合理、目标清晰、内在一致并提供课程使用指南，会使课程具有较高的"易理解性"（见理论基础易理解性）。

① 孙双，张晓英，杨开城. 基于课程知识建模的企业培训课程开发技术框架［J］. 现代教育技术，2010（03）：119-131.
② 杨开城. 论课程的易理解性与知识建模技术［J］. 电化教育研究，2011（06）：10-12.
③ 杨开城. 社会角色分析与课程开发［J］. 北京师范大学学报（社会科学版），2007（05）：34-37.

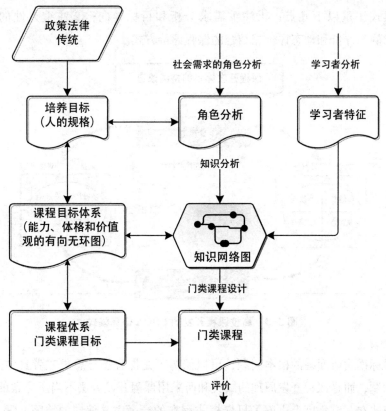

图 2-2 课程开发的技术过程模式

3. 高校课程开发的 PDCA 循环模式

PCDA[①] 循环理论又被称为"戴明环",最早是由世界著名的质量管理专家戴明提出的。PDCA 课程开发模式认为既然课程开发是由需求分析、课程策划、课程实施、评价与监测和改进这四个作业过程所构成的整体,那么该模式完全可以应用过程管理和系统管理的原理进行控制,而 PDCA 循环管理方法本身就是很好的系统管理和过程管理模式,并且它和课程开发过程能很好地进行融合。高校中的 PDCA 课程开发循环模式如图 2-3 所示(宋立公,徐磊,2007)[②]。该

[①] P 即 Plan,意为计划,包括方针和目标的确定以及活动计划的制定;D 即 Do,意为执行,执行就是具体运作,实现计划中的内容;C 即 Check,意为检查,就是要总结执行计划的结果,分清哪些做得对,哪些做得不够或做错了,明确效果,找出问题;A 即 Action,意为行动或处理,对总结检查的结果进行处理。

[②] 宋立公,徐磊.基于 PDCA 模式的高校课程开发 [J].开放教育研究,2007(01):91-93.

循环模式注重以下几点：①注重需求分析和目标导向；②注重人性的回归；③强调静态评价和动态评价相结合的课程评价方式。

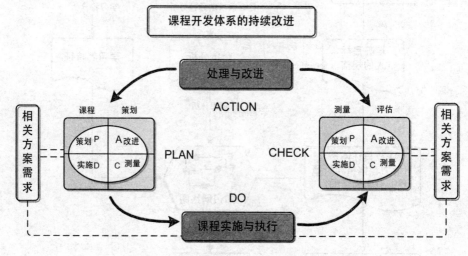

图 2-3　高校课程开发的 PDCA 循环模式

目标模式所面临的根本问题，可以认为不是课程指导思想或者具体开发操作的问题，而是课程开发原理的缺失和所采用课程开发方法不当所导致的问题。过程模式在一定程度上克服了目标模式存在的行为主义偏向的缺陷，学习者具有了主动的地位；教师不再是知识的传递者和灌输者，而是学生学习的促进者和指导者；过程模式做到了以学生为中心。但是，过程模式作为较为开放的课程开发模式，在课程开发上缺乏有效的步骤，使得操作上存在着困难；过分注重学科体系，忽视了社会的需求和知识的实用性。技术化课程开发模式强调知识组件，使得开发出的课程具有"易理解性"。PDCA 循环模式强调课程开发的"周而复始"。这些都是值得本研究借鉴的内容。

（二）小结

高等教育课程开发的技术化是未来的趋势。目前的课程开发模式研究在体现技术性和易理解性的同时，主要集中在知识体系清晰或者是培养方案明确的前提下，对课程开发各环节，如课程目标、课程内容形式及组织和课程评价等方面的研究。针对在网络平台的联通交流而产生大量生成性知识的学习，需要一种新的课程开发模式。尤其是在联通主义蓬勃发展的今天，生成课程的模式被赋予了新的意义，它依赖于开放互联环境，更多地利用网络新媒体、Web2.0、AI 等工具，在"案例实践教学"中生成课程。

总之，如果想打破课程理论研究与实践领域中知识权力的垄断，要在一线教师和专家学者之间建立相互合作而不是对抗的关系，使新开发课程的采纳较少掺杂行政强制的成分，这样开发易理解性高的课程就会成为必然的要求。而要想开发出易理解性高的课程，必须依赖课程开发技术，使得课程开发过程可视化。这样一种针对生成性知识的课程开发模式，同样需要新的课程开发技术。

二、职业教育课程开发模式研究综述

职业教育课程开发模式是研究全新的模式还是移植普通教育课程开发模式，这是课程理论研究者和实践者长期面临的问题。可以说职业教育课程理论的研究一直在学问化与职业化两条轨道之间来回震荡。

学问化课程以培养认识能力、理解能力、分析能力、评价能力等为课程目标，按照学科分类划分课程门类，以课堂面授学习为主要的学习形式，以理论知识为学习起点，按学科体系和知识本身的逻辑组织课程内容。课程实施则是以记忆、理解为主，并以书面考试等形式评价学生的学习结果。尽管研究者认为普通教育的学问化课程可以提供较好的理论基础，重视文化基础教育且逻辑性强，但显然这种课程不能满足社会对高职毕业生的要求。高职学生是要能够"做什么"而不仅仅是"知道什么"。这样的课程开发模式忽视知识与具体工作的联系，提供的职业学习机会与社会职业实践的关系是间接的，并不利于理论与实践的整合（郭炯，2010）[1]。随着研究者对职业知识的结构和特点以及职业知识的组织的研究不断深入，人们越来越认识到职业教育课程开发应该建立在职业分析和工作任务分析的基础上，认为职业教育的目标应该是培养学生的实践能力。于是在职业教育领域逐步出现了 Modules of Employable Skill（MES）模块技能培训课程、Competency Based Education（CBE）能力本位课程、学习领域课程和基于角色分析的职业教育课程开发模式。

（一）模块技能培训（MES）课程开发模式

MES 是模块技能培训课程开发模式的简称，是由国际劳工组织研究开发出来的一种课程开发模式。它产生于 20 世纪 70 年代初，是在当时的职业教育课程不能灵活适应科学技术发展、教学内容不符合就业与雇佣需求、教师缺乏合适的教学材料等问题的背景下产生的（Chrosciel，Plumbridge，1992）。MES 课程开发模式如图 2-4 所示，它建立在对职业领域工作分析的基础上，通过对工

---

[1] 郭炯. 基于角色分析的高等职业教育课程开发方法研究［D］. 北京：北京师范大学，2010.

作体系逐级分解，最终可以获得工作体系的基本组成单位即模块，以及每个模块构成的学习单元（包括工作安全、活动、理论知识、图表资料、技术资料、工具、设备等），然后据此开发学习包（教师指导材料、学生指导材料、设备工具清单、学习单元、模块考核题库）。其中的模块是划分到不能再划分的工作体系的基本组成单位。学习单元中对操作步骤又做进一步细分，使得工作任务行为化，学习内容非常明确，可以达到规范训练技能的目的。课程最终由通用模块和专业模块实现灵活组合。整个课程的开发由工程技术人员、教师、有实践经验的高级技术工人组成的开发小组来完成。

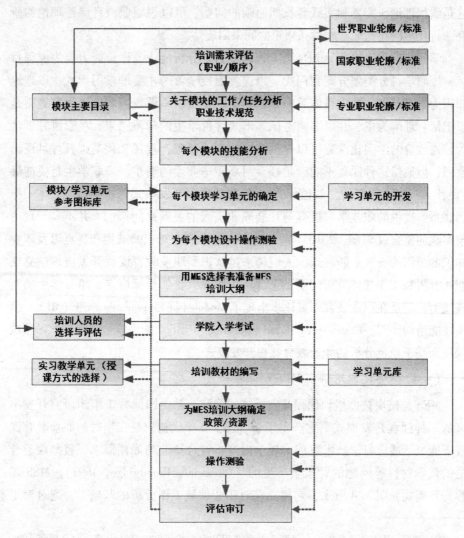

图 2-4　MES 课程开发模式（Dowding，1973）

（二）能力本位（CBE）课程开发模式

CBE（Competency Based Education）课程产生于第二次世界大战后。能力本位教育课程，与 MES 课程以技能获得为目标不同，CBE 课程把岗位职业能力看作职业教育的基础，既强调能力的培养也就是"要会做什么"，又强调能力形成所需要的各种知识、技能、价值观等。

CBE 课程开发主要采用 DACUM（Developing a Curriculum）课程开发方法，基本步骤是：对当前经济形势和教育形势的分析、对人才市场的调查与分析、职业需要的能力分析、教学设计和教学如何开展分析、教学实践和教学评价（Norton，2004）。

德国双元制核心阶梯课程、澳大利亚的培训包（TAFE）、英国 BTEC（Business & Technology Education Council）课程都是能力本位理念指导下形成的课程。德国双元制课程可以看成一种国家层面的 CBE 能力本位课程，课程运行以企业为主、以学校为辅。澳大利亚培训包强调职业本位、能力本位的思想，但它不是一个可操作的课程开发模式，它没有给出可操作的开发方法。英国 BTEC 课程把职业岗位要求作为课程开发的基础和逻辑起点，为使学生能够适应不同岗位的要求，强调职业教育应重视培养学生专业技能和通用能力。

（三）学习领域课程开发模式

学习领域课程①是通过一个学习领域的学习，学生可完成某个职业（或专业）的一个典型工作任务，并能够处理一种典型的"问题情境"；再通过若干系统化学习领域的学习，可以获得某一职业（职业的小类或多个工作岗位）的职业资格，其开发流程如图 2-5 所示（赵志群，2008，2010）②③。

---

① 所谓学习领域课程，是以一个职业的典型工作任务为基础的专业教学单元，它与学科知识领域没有一一对应关系，而是从具体的"工作领域"转化而来，常表现为理论与实践一体化的综合性学习任务。

② 赵志群. 职业教育学习领域课程及课程开发 [J]. 徐州建筑职业技术学院学报，2010（02）：1-8.

③ 赵志群. 对高等职业教育培养目标、课程模式和课程开发方法的一些思考 [J]. 武汉职业技术学院学报，2008（02）：24-27.

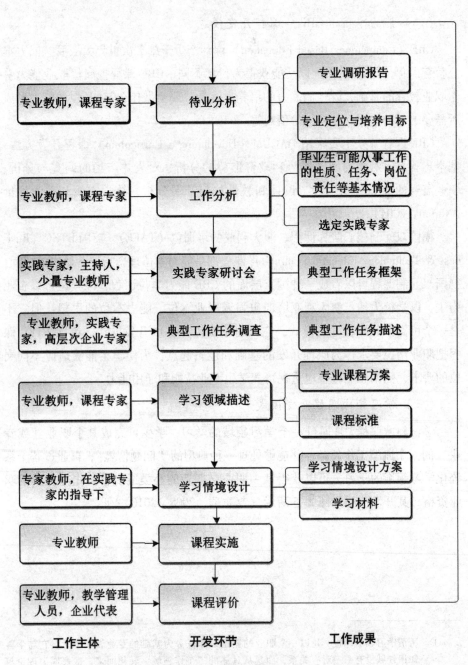

图 2-5　学习领域课程开发模式

　　学习领域课程与国内目前的任务引领课程①、项目课程②等既有联系又有区别，这主要表现在：第一，学习领域课程是经过整体化职业分析得到的一个课程系统，而项目课程针对某个具体的情境或项目，随意性较大；第二，学习领域是以帮助学生完成从"初学者到实践专家"的职业成长过程为外在逻辑，以完整的工作过程为内在逻辑，更加关注课程的系统化结构以及项目之间的关系，是项目课程的升华；第三，学习领域课程虽然常常以教学项目的形式出现，但并不完全是教学项目，有时可能只是一些工作过程结构不完整的学习情境。

　　（四）基于角色分析的职业教育课程开发模式

　　每个个体在参与社会实践活动时是以角色作为中介进行个体与社会环境之间的交互的，所以在考察社会对人才的需求时可以通过对角色的需求分析获得。基于角色分析的职业教育课程开发模式由此而来。如图 2-6 所示，它使用角色分析作为课程开发过程中社会需求的分析工具，将角色的能力结构（知识、技能、态度、思维方式等）作为课程基本单位。该模式概括了课程开发的主要环节，并描述了各环节之间的三个逻辑关系③，最后才由知识分析形成职业知识体系（郭炯，2010)④。与其他课程开发模式相比，基于角色的课程开发模式虽然操作起来比较复杂，但具有鲜明的特点⑤。

---

① 指按照工作任务的相关性进行课程设置，以工作任务为中心选择和组织课程。工作任务需要根据工作岗位的实际情况进行选取或设计。它不同于以学科边界进行课程设置，并按知识本身的逻辑体系选择和组织内容的学科课程。

② 项目课程，是指以工作任务（项目）为中心，选择、组织课程内容，并以完成工作任务为主要学习方式的课程模式。

③ 基于角色的课程开发模式的三个逻辑关系：（1）本着情境性、科学性与人本性相结合的价值取向，同时考虑社会需求、学生需求和学科知识需求。（2）角色分析的结果是课程目标体系和知识分析操作的输入。（3）在需求分析和目标确定之间加入知识分析环节，让知识分析作为课程开发的决策基础，使得课程目标在生成时就与它所需要的知识、能力联系起来。

④ 郭炯. 基于角色分析的高等职业教育课程开发方法研究［D］. 北京：北京师范大学，2010.

⑤ 基于角色的课程开发模式的特点：（1）通过多种方法的耦合，特别是知识分析的基础性作用，为目标确定、内容的选择和组织等建立逻辑联系提供了新的方式。（2）用三种可操作化的、有密切输入输出关系的方法替代工作流程式的程序及原则。（3）以具有耦合关系的方法为核心的课程开发，不仅克服了对个体经验的过度依赖，提升了课程开发实践的理性水平，也为发挥开发主体的创造性提供了合目的性、合规律性的保障。

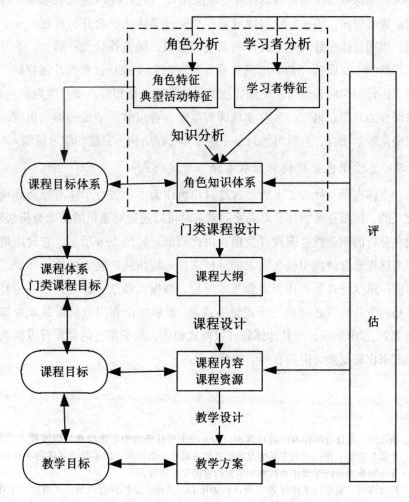

图 2-6　职业角色为中心的课程开发模式

（五）小结

MES 课程由于对工作体系过度分解，最终带来的问题是缺乏理论知识、智慧技能和对工作体系的整体性理解。CBE 课程只是进行了能力领域和专项能力的两级分解，没有像 MES 课程那样对工作体系做特别过度的分解。但 DACUM课程开发方法采取头脑风暴的方式，用动宾词组描述工作任务，所获得的信息其实是非常有限的。它不是对能力形成过程的分析，只是对可以看得见、摸得着的职业能力点的分析，所以很难做到技能、知识与态度的一体化，当然也难以深入挖掘出像"工作思维"这些深刻的职业内涵。学习领域课程开发采用

BAG（典型工作任务）分析法深入研究工作过程，挖掘工作过程中更加深层次的知识、技能。但事实上，学习领域课程仍然只是一个框架，其要得以实施，必须经过从学习领域向学习情境的转换，而目前如何将工作任务转换为学习任务的问题还没有令人信服的研究成果（郭炯，2010）①。基于角色分析的课程把活动理论引入，使得分析的过程变得非常复杂。

表 2-2　四种高等职业教育课程开发模式的比较

	课程目标	课程内容选择	课程内容组织	实施
EMS 课程	获得操作技能	将工作体系逐级分解为以操作步骤为主的模块	工作中的操作步骤逻辑（MES 学习包）	实践教学
CBE 课程	获得实践能力（外显的知识与技能）	依据工作任务分析（DACUM 法）；"梯度"活动分析法	工作中知识的逻辑（CBE 学习包等）；专业实践活动逻辑	实践教学
学习领域课程	参与设计和创造未来的技术和劳动世界专业能力、方法能力和社会能力	依据典型工作任务分析（BAG 法）	工作过程系统化逻辑（学习情境）	实践教学
基于角色分析的课程	与达到课程目标所需要的知识、能力联系起来	依据角色分析的结果	工作过程系统化（依据角色所需要的职业知识体系）	实践教学

如表 2-2 所示，将四种高等职业教育课程开发模式做比较可以看出，不论是 MES 课程、CBE 课程还是学习领域课程都强调职业教育知识应来自职业分析和工作任务，强调以工作任务为参照点来设计课程。但是真实工作情境中的任务很零碎，不具备结构性，因此不能以真实的工作任务来组织课程内容，而应该对这些工作任务根据人才培养目的进行组合与改造。也就是说，课程内容还需要经过真实工作任务的抽象化、结构化处理，将知识提炼到完善的过程。这一过程需要真正"有权利的人"去挖掘，而这个挖掘的过程需要一套可操作的，对课程生产各个环节的操作过程和结果都透明的方法。本研究借助开放网络平台（例如 Moodle），利用相关 Web2.0 工具进行教学；在教学过程中同时获取实

---

① 郭炯. 基于角色分析的高等职业教育课程开发方法研究［D］. 北京：北京师范大学，2010.

践者的经验和知识来不断生成和完善一门课程。学习者在参与课程活动进行资源学习的过程中会创造"学习制品"（learning artifact），这些"学习制品"不仅是课程更新换代的重要内容，而且是网络不断扩大和发展的重要节点。而传统课程固化的开发模式忽视了它们的价值，更加注重职业技能的体系性，这样课程不仅不具有生命力，而且没有培养学习者建立自己的网络。

三、生成课程开发模式

现有高等教育和职业教育课程开发都是基于知识体系清晰或者工作任务明确，在此前提下开发出某个专业的课程计划或某个职业的整个课程系统（Ally，Coldeway，1999①；P. E. Williams，2003②；冯晓英，2014③；李爽，2006④）。除了强调要开发整个计划或课程系统，当前也灵活地发展出在某个情境下针对某个具体的任务或项目进行任务引领型课程开发或项目课程开发。这两类课程基本上是以工作任务或某个项目为中心，可能开发出的结果也只是某一门或几门课程。他们的开发模式还是在课程目标清楚和项目（任务）内容明确的情况下，怎样去开发课程才能体现对能力、技能等的培养。本研究中的实战课程内容却往往不具备这个条件，课程开发依赖获取课程参与者的经验，所以需要引入新的课程开发模式，即生成课程开发模式。

（一）生成课程的相关研究

生成课程的主要研究目前更多集中在幼儿教育领域，如《一个台湾四岁班生成课程之研究》、儿童中心的生成课程、家校协作开发儿童生成课程（H. J. Seitz，2002）⑤、生成课程对儿童教育工作者自我形象的影响（Kashin，2007）⑥ 等。国内的研究如《生成性目标的生成机制研究》（张春玲，2007）⑦、

① 李爽. 基于能力的远程教育专业课程计划开发研究［D］. 北京：北京师范大学，2006.
② WILLIAMS P E. Roles and competencies for distance education programs in higher education institutions［J］. The American Journal of Distance Education，2003，17（1）：45-57.
③ ALLY M，COLDEWAY D O. Establishing Competencies and Curricula for the Distance Education Expert at the Master［J］. Journal of Distance Education，1999，14（1）：75-88.
④ 冯晓英. 远程教育中的专业课程体系开发［M］. 北京：国防工业出版社，2014：25.
⑤ SEITZ H J. Parent-teacher collaborations in emergent curriculum development in two early childhood classrooms［D］. Tucson：University of Arizona，2002.
⑥ KASHIN D L. Reaching the Top of the Mountain：The Impact of Emergent Curriculum on the Practice and Self-image of Early Childhood Educators［M］. Chisinau：LAP Lambert Academic Publishing，2007.
⑦ 张春玲. 生成性目标的生成机制研究［D］. 南京：南京师范大学，2007.

《生成性课堂教学目标研究》（王冠昱，2008）①、《幼儿园生成课程实施策略的研究》（夏如波，2006）② 等也多集中在幼儿教育领域。

在成人教育领域，以生成课程为理念，目前有过程互动式生成课程开发模式。该模式从教学过程、学习资源、教学评价、教学环境四个教学要素进行梳理，阐述如何对四个教学要素进行改造，进而促进课程的生成。在参与设计生成课程开发的过程中，课程的开发流程首先是初级学生参加教育技术培训班；紧接着部分优秀的学生参与培训课程的后续修改，主要是把自己教学实际中的案例增加到课程中；将修改后的培训课程再次投入下一期的教育技术初级培训班。整个课程开发过程可以及时反馈教师的学习意见，也可以积累全体教师的智慧（阳燚，2006）③。北京大学开发的"全国中小学教师教育技术能力建设计划网络培训（初级）课程的设计和实施"这门网络培训课程将教师的个人经验和故事利用 SCC（Story Centered Curriculum，以故事为中心的生成模式）组织碎片化知识（郭文革，沈旭东，2015）④ 引入网络培训课程中，形成了独特的"生成性"课程资源（他们把教师"在现场"的经验变成培训的教学资源），得到了培训者的欢迎和认同，取得了满意的培训效果（郭文革，2009）⑤。

在幼儿教育领域，主要是基于儿童兴趣开发生成课程；而在成人教育领域，如在教育技术能力培训中开发生成课程，更多的还停留在理念阶段，还没有形成具体可操作的模式。

（二）已有生成课程的实践

20 世纪 70 年代，伊丽莎白·琼斯教授与另一学者约翰·尼莫教授推出了一种新的课程模式：生成课程（Emergent Curriculum）。他们认为课程不是教师事先设计好的计划，而是在了解儿童产生的问题的过程中逐渐生成的。已有的生成课程的实践主要是在幼儿领域，当然随着网络技术以及慕课（MOOC）的蓬勃发展，也出现了很多别样的生成课程，前面文献已述，此处不再赘述。这些

---

① 王冠昱. 生成性课堂教学目标研究［D］. 呼和浩特：内蒙古师范大学，2008.

② 夏如波. 幼儿园生成课程实施策略的研究［D］. 上海：华东师范大学，2006.

③ 阳燚. 中小学教师教育技术培训中生成课程的研究与实践［D］. 上海：上海师范大学，2006.

④ 郭文革，沈旭东. MPOC：大规模私有在线课程的设计与运营［J］. 现代远程教育研究，2015（01）：22-32，71.

⑤ 郭文革. 从一门网络培训课程到"虚拟"教师培训学院：北京大学教育技术能力建设计划（初级）网络培训课程的设计与实施［J］. 中国电化教育，2009（07）：24-28.

课程因为网络技术的发展，确实在教学目标的达成方面变得更加开放、丰富与多层次。

比如，武汉大学《方言与中国文化》慕课（MOOC）中关于现代汉语方言的讲解，由于学生来自中国各个不同的地区，各地方言引起他们极大的兴趣和较强的表现欲。这完全出乎教师的预料，那么教师就可以引导他们发现方言的特点以及和普通话之间的差异，顺水推舟地鼓励学生示范方言、学习其他方言（卢宁，2012）①。它的生成是在已有成熟课程体系上借助信息技术、MOOC受众的规模化和全球化，拓展了传统高等教育的知识传授链，丰富了教学形态。北京大学《教育技术学基础》混合式教学模式探索中（郭文革，2009）②，对课程尝试采用了"面授+网络"的混合教学模式。除了使用教师推荐和提供的教材、讲义等教学资源以外，还注意及时整理学生在网络学习过程中提供的故事和案例，不断生成新的教学资源。针对目前网络课程固化、封闭、机械带来的诸多问题，如学生浅层次学习严重、学习效率低、积极性较弱等，余胜泉等人根据生成性课程的基本思想，利用学习元平台资源生成与进化的特征，设计和实施了一门师生协同建构、互教互学的课程。余胜泉等人通过让所教授班级研究生协同阅读的方式来生成课程，主要还是基于学习元平台的学习资源进化、协同知识建构和社会认知网络共享的功能特点（余胜泉，万海鹏，崔京菁，2015）③。它顺应了知识时代课程改革的潮流，符合教育教学的发展规律。但针对经验性知识，把资源、活动以及网络的形成做有机整合并进行生成课程开发还有待继续研究。

（三）生成课程的模式

课程本质的生成境域强调：课程本质在学生的积极探求中生成，课程本质在教师的主动建构中生成，课程本质在师生的交往互动中生成（王海燕，2008）④。强调将预设与生成的境域结合起来，课程本质的生成境域不是完全否定课程的预设性。预设要以人性化的理念来代替人为的约束，要考虑到将来的

---

① 卢宁．论生成性教学在现代汉语课程中的应用［J］．佳木斯教育学院学报，2012（05）：115-116.

② 郭文革．北京大学"教育技术学基础"混合式教学模式探索［J］．电化教育研究，2009（08）：59-63.

③ 余胜泉，万海鹏，崔京菁．基于学习元平台的生成性课程设计与实施［J］．中国电化教育，2015（06）：7-16.

④ 王海燕．从预设走向生成的课程本质［J］．教学与管理，2008（30）：72-73.

生成，要有利于在实施中生成。它的课程模式可以概括为图 2-7（H. Seitz，2006）①。

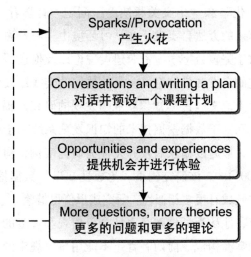

图 2-7 生成课程模式

基于联通主义的生成课程可以开展是因为生成学习，尤其是在 Web2.0 的环境下。以关键词"emergent curriculum"搜索 Google Scholar（谷歌学术），R. Williams，R. Karousou，J. Mackness 等人的文章②提出了一个生成学习和学习生态的框架，是被引频次较高的文章之一。该文区分了两种模式的学习，即可预见的学习和复杂的自适应领域的生成学习，并从生成学习、管理生成、设计生成等方面对该框架进行分析，在应用该生成学习框架方面则从验证和自我校正、超越预设学习、生成课程等方面进行了论述。在生成课程方面他们举了英国兰卡斯特大学的"The MA in Management Learning and Leadership Programme（MAMLL）"硕士课程。"MAMLL"课程提供了一个开放的课程大纲并采取自我管理的学习方法，使得这个课程看起来并不是对课程内容的描述而是提供了一个交互和交流的工作坊，它为未来的学习者生成了更多的资源。

当前的 e-Learning 资源多采用静态元数据的描述技术，资源之间普遍缺乏

① SEITZ H. The plan：Building on children's interests［J］. Young Children, 2006, 61（2）：36.

② WILLIAMS R, KAROUSOU R, MACKNESS J. Emergent learning and learning ecologies in Web 2.0［J］. The International Review of Research in Open and Distributed Learning, 2011, 12（3）：21.

语义关联，常用的做法是采用人工编辑超链接的方式建立资源间的关联。这样的做法耗时费力，难以快速发现、动态建立资源间的语义关系。针对开放环境下资源的"无序进化"和"语义关联缺乏"问题，有学者（杨现民，2015）①研究将探索一种有效的方法，实现泛在学习环境中学习资源的内容进化控制和动态语义关联，对于完善数字学习资源建设理论以及促进国家精品资源共享课有序发展具有一定的启发和借鉴意义。当然他们的实践还较多停留在生成资源层面上。余辉的博士论文《医学知识获取与发现的研究》提出了基于知识编辑器的知识获取系统和基于数据挖掘技术的知识发现系统融于一体的医学知识获取与发现系统构架，最后以糖尿病及并发症为研究实例，构建了一套完整的解决方案（余辉，2003）②。该研究侧重"生成性知识"数据挖掘工具系统研究，而医学领域与公安领域有很多相似性，研究成果值得借鉴。

以杜威为代表，他认为学校教育由社会价值观和规范的确立、思想体系的形成和知识技能的掌握构成。前两者肯定不能用事先规定的行为陈述，于是才有了"生成性目标"。生成性目标注重的是过程而不像行为目标那样重视结果，它强调不是由外部事先规定的目标，而是教师根据课堂教学的实际进展情况提出相应的目标。考虑学生的兴趣、能力差异，强调目标的适应性、生成性，对应的课程开发是过程模式。它完全排除了目标的事先研究和设定，强调个人的成长在理论上很吸引人；它对教师的要求太高，而在实践中展开颇为困难。当然除了生成性目标以外，还有泰勒的行为目标和艾斯纳的表现性目标（施良方，1996）。武法提等人就这三种目标取向在网络课程的设计与开发上做了深入的探讨（武法提，2008③；武法提，黄玲，2008④；武法提，黄烨敏，2008⑤）。

（四）小结

通过以上的文献综述，研究者发现在生成学习、生成资源、生成性知识、生成性目标方面都已经有了颇为成熟的研究，但能否把它们组合起来探讨生成

---

① 杨现民. 泛在学习环境下的学习资源有序进化研究 [J]. 电化教育研究, 2015 (01)：62-68, 76.

② 余辉. 医学知识获取与发现的研究 [D]. 天津：天津大学, 2003.

③ 武法提. 表现性目标导向下以活动为中心的网络课程设计 [J]. 中国电化教育, 2008 (06)：50-53.

④ 武法提, 黄玲. 行为目标导向下以学科为中心的网络课程设计 [J]. 中国电化教育, 2008 (08)：51-54.

⑤ 武法提, 黄烨敏. 生成性目标导向下以问题为中心的网络课程设计 [J]. 中国电化教育, 2008 (03)：62-65.

课程的研究？本研究尝试把生成课程开发作为主要研究对象。在移动互联时代，伴随着联通主义的蓬勃发展，"生成课程开发"被赋予了新的意义。它比较适合网络环境下生成性知识的学习，而不是固定内容知识的学习，课程目标是在生成学习的过程中生成并不断清晰的，需要在师生共同努力之下交互建立学习内容、生成性知识和目标。

第三节　课程开发技术的研究综述

目前已有的课程开发技术主要还是为了知识的系统性或者是职业能力的体系性而进行的关于课程门类或体系的开发方法。这对本研究面向实战类课程的开发还是有一定的借鉴作用。该门课程本身也是职业能力体系的重要构成，只是因为它的前沿性、实践性和内容的发展变化，需要专门研究；同时随着联通主义及大数据时代的来临，在课程开始的方法、工具上有了更多的选择。该部分主要内容包含综述课程开发的方法和工具以及"大数据"提供的方法和工具。

一、课程开发的方法

在课程开发史上，博比特是第一个把课程开发视为一个专门学术研究领域的学者，他所采取的需求分析方法是"活动分析"，即把人的活动分析为具体的、特定的行为单元，然后以此为基础进行课程开发。根据博比特《怎样编制课程》一书，可以把课程编制过程归纳成五个步骤①（张华，2000）②。郝明君在博士论文中也做了分析（郝明君，2006）③。博比特把工业科学管理的原则运用于学校教育，继而又把它推衍到课程领域本身。课程理论从一开始就依据这

---

① 课程编制过程的五个步骤：（1）人类经验的分析。即把广泛的人类经验划分成一些主要的领域；通过对整个人类经验领域的审视，了解学校教育经验与其他经验的联系。（2）工作分析。即把人类经验的主要领域再进一步分析成一些更为具体的活动，以便一一列举需要从事哪些活动。（3）推导出目标。目标是对进行各种具体活动所需要的能力的陈述，同时也旨在帮助课程编制者确定要达到哪些具体的教育结果（博比特在《怎样编制课程》中，曾列举了人类经验的 10 个领域中的 800 多个目标）。（4）选择目标。即要从上述步骤得出的众多目标中选择与学校教育相关的、且能达到的目标，以此作为教育计划的基础和行动纲领。（5）制订详细计划。即要设计为达到教育目标而提供的各种活动、经验和机会。这些详细计划便构成了课程。

② 张华. 课程与教学论［M］. 上海：上海教育出版社，2000：29，94.

③ 郝明君. 知识与权力［D］. 重庆：西南大学，2006.

样的隐喻：学生是学校这架"机器"加工的"原料"。所以后人称其为"学校工厂"（school-factory）。随着时间的推移，在实践中又陆续出现了以下的课程开发方法：

（一）Delphi 方法

能力模型的研究通常采用的是专家调查法，即 Delphi 方法，该方法邀请专业领域的学术专家和实践专家共同界定该专业领域的关键职能，将该职能定义为专业角色，并通过分析职能的能力需求界定出专业领域的专业核心能力，也称为专业一般能力（这是所有职能或角色都必须具备的专业能力），以及每个角色的角色特殊能力。宏观分析确实应邀请专业的相关专家参与，因为只有他们才能够更整体地把握专业工作领域，合理划分关键的职能。具体分析的方法可以采用匿名的专家调查法，也可以采用专家座谈的方法，然而专家座谈需要安排共同的座谈时间，而且会出现权威效应，因此相比之下，Delphi 方法在可行性和民主性方面优于座谈法。Delphi 方法对研究协调者的素质要求较高，因为该方法需要研究协调者首先给出一个初始方案然后大家讨论，因此，初始方案越合理，调查的效率和效果就越好（李爽，2006）。

Delphi 方法定义角色和能力，保证研究结果的科学性。由于 Delphi 方法较为耗费时间、资金和人力，因此也有些研究通过简化 Delphi 方法结合中心群体访谈来定义角色和能力。在确定远程教育专业人员的能力结构上，美国德州农工大学使用 Delphi 方法修订硕士课程（P. F. Williams，2003）是一个很好的应用案例。

（二）DACUM 方法

DACUM① 方法实施时会由某一职业工作经验丰富的从业人员组成一个专门委员会（称为 DACUM 委员会），每个成员担任着不同的角色，包括 DACUM 组织协调员、DACUM 主持人、DACUM 记录员、DACUM 研讨会成员和 DACUM 研讨列席成员，他们在研讨会中负责不同的工作。运用 DACUM 方法进行职业分析时，要用到 DACUM 图表，图表的内容包括专业名称、能力领域以及单项技能

---

① DACUM（Developing a Curriculum）是 20 世纪 60 年代末，加拿大区域经济发展部实验项目分部和纽约学习通用公司针对教学培训目标和内容常与实际工作需要出入很大，致使教学培训无法满足实际工作需要而新开发的一种科学、高效、经济的分析确定职业岗位所需能力的职业分析方法。它既可用于确定工作所需要的能力和单项技能，也可用于确定工作的具体任务和职责。

（即一种在某种意义上相关的技能）。首先由 DACUM 主持人组织各位人员进行头脑风暴，将 DACUM 图表填写完整，根据经验，一般设 8~12 个能力领域，一项能力领域中的技能为 6~30 项。在明确培养目标之后，组织相关技术人员、行业专家和教师将相同、相近的各项能力进行总结、归纳，构成教学模块。

DACUM 方法的工作流程可归结为：首先确定研讨委员会的标准，选择委员会成员。其次采用"七步走"① 的方法进行（郭炯，刘怀恩，2009）②。它的分析流程如图 2-8 所示（赵志群，2009）③。

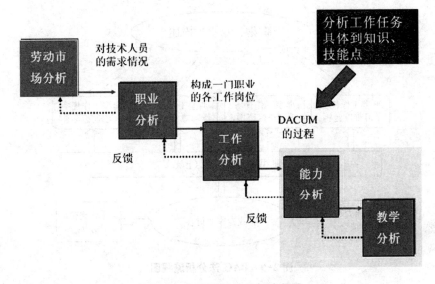

图 2-8　DACUM 法分析流程图

最后按照相关性原则和同级性原则对以工作任务分析为基础获得的任务模块重新进行合理的组织，形成课程门类。加拿大阿萨巴斯卡大学开发的远程教育专业硕士课程，主要就是使用 DACUM 方法来确定远程教育专业研究生应具备的核心能力（Ally，Coldeway，1999）。

---

① DACUM 的"七步走"办法：（1）步骤顺序；（2）绩效标准；（3）有关的知识与技能；（4）使用的工具设备；（5）工作者的行为和态度；（6）安全性的考虑；（7）任务绩效中所涉及的决策以及未来的职业趋势。

② 郭炯，刘怀恩．高等职业教育课程研究的文献综述［J］．中国职业技术教育，2009（36）：50-55．

③ 赵志群．职业教育工学结合一体化课程开发指南［M］．北京：清华大学出版社，2009：41-42．

（三）BAG 分析法

BAG① 分析法采用典型工作任务分析工具包"实践专家访谈会（EX-WOWO）"，寻找职业成长过程中的"发展性任务（developmental task）"（赵志群，王晓勇，2011)②。BAG 分析法同 DACUM 方法相似，采用"六步法"③关注整体化的工作过程和工作结果。BAG 分析法是以召开实践专家研讨会的方式分析典型工作任务，并按照难易程度归类（赵志群，2012)④，如图 2-9所示。

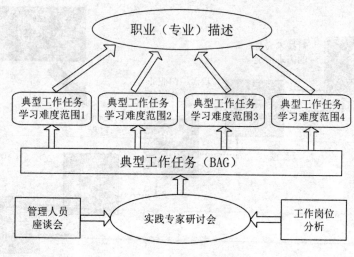

图 2-9 BAG 法分析流程图

与 DACUM 方法相比较，BAG 分析法可以为每一个学习领域形成一门不同

---

① BAG（Berufliche Aufgabe）典型工作任务分析法强调整体化的职业分析，重点是分析描述综合性的典型工作任务。它可以将一个典型职业工作任务分成若干个部分任务，每个部分任务又可分成工作行动或活动。BAG 中典型工作任务描述的是实践专家在成长过程中完成的综合性的工作任务。

② 赵志群，王晓勇．技师培养模式与课程开发研究 [J]．职业技术教育，2011（16）：34-38.

③ BAG"六步法"是以召开实践专家研讨会的方式分析典型工作任务，并按照难易程度归类。在研讨会中，（1）要求实践专家回忆个人职业历程。（2）回忆个人职业历程中经历的具有挑战性和有助于提高能力的工作任务。（3）在回忆的基础上进行工作任务汇总。（4）对汇总的工作任务进行归类。（5）按难易程度对典型工作任务进行归类。（6）分析每一个典型工作任务的工作对象、工具、方法、劳动组织形式和要求，这些即学习内容。

④ 赵志群．我国职业研究概述 [J]．中国职业技术教育，2012（27）：5-9.

于学科逻辑中心的课程。它以关键能力（社交能力、方法能力和专业能力）为培养目标，扩展了职业教育课程目标中的内容维度（郭炯，刘怀恩，2009）①。表 2-3 是学习领域课程标准的内容和结构（赵志群，2009）。

表 2-3 学习领域课程标准的内容和结构

学习领域名称：		教学时间安排：
职业行动领域（典型工作任务）描述：		
学习场所的学习目标：		
企业		学校
工作与学习内容		
工作对象	工具 工作方式 劳动组织方式	工作要求

工作任务分析是一项在工作岗位收集工作者行为信息的活动，在课程开发中它主要聚焦于工作中可观察和可编列的任务。朱智贤（1989）在《心理学大词典》将工作任务分析诠释为两个部分②。乔纳森等人则将工作任务分析分为三个层次③，如图 2-10 所示（Jonassen, et al., 1999）④。工作任务分析强调对工作过程中操作流程、操作环境、操作规则和操作对象的描述，以及完成该工

---

① 郭炯，刘怀恩. 高等职业教育课程研究的文献综述 [J]. 中国职业技术教育, 2009 (36)：50-55.

② 朱智贤将工作任务分析诠释为对某项工作诸特性及与该工作有关的事项进行分析并收集有关资料，包括两部分：一是正确描述工作的内容和实质，如分析工作性质、范围、难易程度、工作程序、所包含的动作、使用的工具材料及所负的责任等。二是分析并确定执行此项工作的人应具备的能力、知识、技能、经验等资格条件（朱智贤, 1989）。

③ 乔纳森等人（Jonassen, Tessmer, Hannum, 1999）将工作任务分析分为三个层次：（1）基于流程的工作分析。分析各项工作的种类和属性。这种分析是企业进行组织设计和岗位设置的前提和依据。（2）基于岗位的工作分析。针对具体岗位的职责范围、工作内容、工作条件、权限安排以及任职者所应具备的知识技能素质和生理心理素质等因素分析，列出工作中所有的任务，并附加每一个任务在工作中出现的频度、重要性和难度等信息。（3）分析某一项具体工作、工作簇的操作过程、步骤。

④ JONASSEN D H, TESSMER M, HANNUM W H. Task analysis methods for instructional design [M]. London：Routledge, 1999.

作所需要的具体知识和技能。BAG 分析法将工作任务作为一个整体来看待，保证了工作过程的完整性，并关注工作者能力发展的过程；而 DACUM 方法只是对企业现有工作岗位技能和能力要求进行分析和归纳。

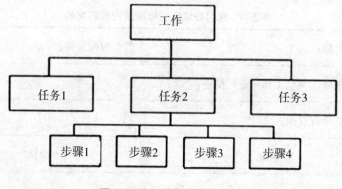

图 2-10　工作任务分析内容

（四）基于角色分析的方法

我国学者（郭炯，祝智庭，2011）[1] 在分析了 DACUM 方法、BAG 分析法的不足之后，将角色分析方法引入职业教育的课程开发中。该方法主要针对岗位不清晰、工作过程不稳定的专业领域课程，利用角色这一相对稳定的对象作为需求分析的目标，获得学生未来将扮演职业角色所需的知识和能力，并依次形成系列课程。他们的做法主要是将角色分析作为课程开发过程中社会需求分析的工具。

（五）知识建模方法

知识建模[2]方法针对的是知识体系清晰类课程的开发，它采用技术化建模手段保证课程产品生产的全过程都是透明的，从而克服学科专家或行业专家在课程内容确定时的主观任意性（比如，任务分析或能力分解可能不完整）。知识

---

① 郭炯，祝智庭．基于角色分析的职业教育课程开发方法研究（一）：课程开发模式研究[J]．中国职业技术教育，2011（03）：35-39.

② 知识建模是指按照特定的规范，将不同类型的知识点用不同的图形来表示，并画出它们之间关系的过程（杨开城，孙双，2010）。"知识建模的结果是一张知识点网络图，又称为知识建模图。它能够清晰直观地将知识体系结构呈现出来，是课程本体的重要组成成分。"

建模方法①认为课程开发核心的基础工作便是知识分析（杨开城，2011）。为了更好地做好知识分析，他们还给出了一种课程分析的知识建模规范（杨开城，孙双，2010）②。

（六）小结

Delphi方法即专家调查法，通过邀请专业领域的学术专家和实践专家共同界定专业领域的专业核心能力。因为专家对专业工作领域的整体把握能力更高，所以在宏观的角度可以保证关键职能或核心能力的划分。因为受制于研究协调者初始方案的高度和专家的"权威效应"，在微观层面难以保证质量。而广泛采用的微观分析方法DACUM法，是能力本位教育课程开发所采用的课程开发技术。

以DACUM方法为核心的CBE课程开发模式，早期曾经是职业教育领域以能力为本的职业课程开发的主要方法。然而，实践研究逐渐发现，DACUM方法的能力分析从行为主义出发，对非技能型能力难以精确分析，只对看得见、摸得着的职业能力点进行了提取，没有考虑工作过程，能力点之间缺少联系，也没有对能力形成过程进行分析，因此其能力分析非常表层，知识点体系零散，同时也难以适应社会实践需求的变化。

由于DACUM方法的这些缺点，它已经逐渐被BAG分析法所取代。BAG分析法对DACUM方法进行了改良，通过对专业发展关键阶段、典型情境、典型任务的确定与分析，确定专业发展过程中的能力需求。BAG分析法采用了整体能力观，同时又关注了能力的发展历程，操作步骤上亦相对简便，从而成为当前专业课程开发领域最先进、最流行的课程开发方法。

---

① 知识建模方法认为课程开发核心的基础工作便是知识分析。在课程开发中，将知识一条一条罗列出来是没有用的。知识由于自身内在的联系而构成了一个网络，只有将知识网络分析清楚，才对课程开发有用。从知识内在的语义联系出发构建知识网络图的过程，我们称之为知识建模。知识建模技术不但是整个课程开发技术的核心，而且是提高课程易理解性的关键。实际的知识建模过程是下面操作反复迭代的过程：（1）鉴别出知识点，将不同类型知识点用不同的图形画出来。（2）根据知识点的语义联系在知识点结点之间建立特定名称的弧（带箭头的边）以形成知识网络图。（3）检查知识建模图的完整性。（4）调整布局以利于阅读（杨开城，2011）。杨开城提出了一种课程分析的知识建模规范（杨开城，孙双，2010）："这个课程知识建模规范将知识点分为6类，将知识点之间的关系分为10类。知识点类型包括：①概念，用○表示；②原理及格式，用□表示；③过程方法，用○表示；④认知策略，用◎表示；⑤事实范例，用「」表示；⑥价值观，用〈〉表示。知识点之间关系包括：①包含；②构成组成；③是一种；④具有属性；⑤具有特征；⑥定义；⑦并列；⑧是前提；⑨是工具；⑩支持。"

② 杨开城，孙双. 一项基于知识建模的课程分析个案研究［J］. 现代教育技术，2010（12）：20-25.

社会角色分析法是近几年来新产生的开发方法，它使用角色分析作为课程开发过程中需求分析的对象，将角色的能力结构作为课程基本单位，突破了之前 CBE 课程开发模式及 BAG 分析法以岗位能力作为基本单位的限制。但是社会角色分析法对角色能力的分析基于对角色活动的分析，特别是活动理论的引入，使得分析过程非常复杂烦琐，不便于实际操作。

知识建模方法针对的是知识体系清晰类课程，采用技术化建模手段保证课程产品生产的全过程都是透明的，从而克服学科专家或行业专家在课程内容确定时的主观任意性（比如任务分析或能力分解可能不完整）。采用知识建模技术可开发"易理解性课程"。基于知识组件的模块化课程在需要维护、更新课程时，可直接对相应模块进行操作，不仅有利于课程内容的选择和组织，而且不同名称或不同形式的课程之间也可以相互引用，这在降低培训成本的同时，也为建立起较完善的课程体系奠定基础（何伏刚，吴益跟，2013）①。

二、课程开发的工具

已有传统课程开发的方法及对应的工具如 Delphi 调查问卷、DACUM 图表等对本研究有着很好的借鉴，现有的课程开发方法和工具可以梳理成表 2-4。

表 2-4　典型工具与方法

开发方法	工具
访谈法 实地观察法 Delphi 方法 DACUM 方法 BAG 分析法 专家研讨会 角色分析法 知识建模方法	访谈提纲观察记录表、Delphi 调查问卷、DACUM 日程、DACUM 图表、DACUM 评估表、任务分析表、工作任务与能力分析表、访谈提纲问题列表、角色定义问卷、角色能力问卷、角色能力重要性与经常性问卷知识建模图

在课程开发的工具方面，可知研究中"生成性知识"的学习需要研究者主要关注知识获取的工具。当前知识获取有三种方式：非自动知识获取、知识抽取、机器学习知识（化柏林，张新民，2010）②。研究者以"knowledge acquisition"或

---

① 何伏刚，吴益跟. 面向新型犯罪的实训生成课程开发模式研究 [J]. 中国人民公安大学学报（社会科学版），2013（增刊）：1-9.

② 化柏林，张新民. 从知识抽取相关概念辨析看知识抽取的特点和发展趋势 [J]. 情报科学，2010（02）：311-315.

"knowledge capture"为关键词在国外的期刊库进行检索，发现这方面的研究在持续增长。

（一）知识获取工具综述

研究知识获取首先要知道知识来源，Osvaldo Cairo 等人提供了系统的从多知识来源（knowledge sources）进行知识获取（knowledge acquisition）的方法 KA-MET（knowledge acquisition methodology；Cairo，1998）[①]。这里的知识来源被定义成可以执行一项任务（perform a task）或者解决一个问题（solve a problem）。知识可能是源于一个人、一个软件系统或者图书馆等。为了区分不同的知识来源，主动知识来源 active knowledge sources（AKS）与被动知识来源 passive knowledge sources（PKS）也被区分出来。比如，人类专家（human experts）就是主动知识来源，它体现在专家的私有知识，也就是专家的个人经验和能力上面，需要与专家进行合理的、可接受的对话来获得。而被动知识来源则主要是指那些静态的公共领域的知识，比如，从书本、文章或别的书面材料中获得的知识。外国学者（Studer，Benjamins，Fensel，1998）[②] 的文章综述了 20 世纪最后 15 年里知识工程的原则和方法，尤其是对知识系统问题解决方法的三个模型框架进行了综述。这三个框架是：CommonKADS、MIKE 和 Protégé-II。Protégé 本身并不是一个专家系统，也不是直接构建专家系统的程序，而是一个帮助获取知识的工具，它的目标是减少知识获取的瓶颈。另外一些学者（Gennari et al.，2003）[③] 进一步对 Protégé-2000 进行了研究。

德州大学的 George P. Huber 对组织学习领域的成因过程和文献进行了综述（Hubcr，1991）[④]。文章主要围绕组织学习的知识获取、信息发布、信息解释和组织记忆四个方面进行了综述。知识获取在社会资本和知识开发之间起到了一

[①] CAIRO O. KAMET：A comprehensive methodology for knowledge acquisition from multiple knowledge sources [J]. Expert Systems with Applications，1998，14（1-2）：1-16.

[②] STUDER R，BENJAMINS V R，FENSEL D. Knowledge engineering：Principles and methods [J]. Knowledge Engineering，1998，25（1-2）：161-197.

[③] GENNARI J H，MUSEN M A，FERGERSON R W，et al. The evolution of Protégé：an environment for knowledge-based systems development [J]. International Journal of Human-Computer Studies，2003，58（1）：89-123.

[④] HUBER G P. Organizational learning：The contributing processes and the literatures [J]. Organization Science，1991：88-115.

个中介的作用。外国学者（Yli-Renko，Autio，Sapienza，2001）① 对英国 180 家年轻的高技术企业进行了研究，得出从社会交互、企业关系、客户网络所获取的知识对新产品开发、加强技术的独特性和降低销售花费都有积极的作用。美国南加州大学的学者（Gil，2011）② 从个人的视角对近些年知识获取方面的研究进行了综述。随着互联网时代的成熟，过去大量分布式富知识库系统正在向协同知识库系统迁移。网络中流动并不断被加工的知识越来越重要，尤其是社交网络、语义网络（Semantic Web）、大数据时代的到来将会彻底改变这一切。有文献研究表明，21 世纪前后十年对知识获取的研究已经受到了广泛重视，但更多是从计算机科学的视角去研究，而从教育大数据挖掘或学习分析视角的研究很少。当前在实践中，一些专用工具如概念图、鱼骨图等也可以在课程开发时发挥重要的作用，主要用于课程开发时的知识获取方面。

（二）概念图工具促进专家知识获取

从专家知识获取的视角，赵国庆和张璐认为概念图③是用来诱出专家隐性知识的有效工具（赵国庆，张璐，2009）④。而 PreSERVe⑤ 是一种利用概念图

---

① YLI-RENKO H，AUTIO E，SAPIENZA H J. Social capital，knowledge acquisition，and knowledge exploitation in young technology-based firms ［J］. Strategic Management Journal，2001，22（6-7）：587-613.

② GIL Y. Interactive knowledge capture in the new millennium：how the Semantic Web changed everything ［J］. The Knowledge Engineering Review，2011，26（Special Issue 01）：45-51.

③ 赵国庆，张璐. 应用概念图诱出专家知识：概念图应用的新领域 ［J］. 开放教育研究，2009（02）：56-60.

④ 概念图是用来组织和表征知识的工具，在诱出专家知识时可以更好地表现出专家知识的体系和结构，促进专家知识的诱出，并有效保证诱出知识的准确性。大量的知识存储在专家的头脑中，但在很多情况下，很多专家也并不清楚自己究竟是怎样提取这些知识并将它们应用到实际的问题中。概念图将专家的隐性知识显性化，不仅可以清晰显示专家知识的结构，还可以对其不断进行修改、补充和完善。不仅其他人可以从中受益，专家本人也可以发现自己平时没有注意到的一些知识点。

⑤ PreSERVe 是一种利用概念图诱出专家知识的应用模式，是应用概念图诱出专家知识的五个阶段的缩写，它们分别是：准备阶段（Preparation）、范围确定阶段（Sco-ping）、诱出阶段（Elicitationg）、调整阶段（Rendering）和验证阶段（Verification）。PreSERVe 模式综合了各种知识的诱出策略，为知识诱出提供了一个原则性的指导。PreSERVe 模式如图 2-11 所示，图中的黑色实线表示"过程流"，虚线表示"资源流"，各阶段需要完成的工作如下。准备阶段：确定要研究的专家、选择知识领域、安排知识管理工程师的学习、与专家建立密切友好的人际关系。"准备"阶段的任务完成之后，接下来的这些过程需要反复进行。确定范围阶段：确定要诱出知识的具体范围。诱出阶段：通过阅读专家文档或面对面访谈的方式，将专家知识以概念图的形式表征出来。调整阶段：编辑、修改知识模型中的元素，并将这些元素集合到知识模型中。

诱出专家知识的有效应用模式，它的应用方法如图 2-11 所示（Coffey，Hoffman，Cañas，Ford，2002）①。

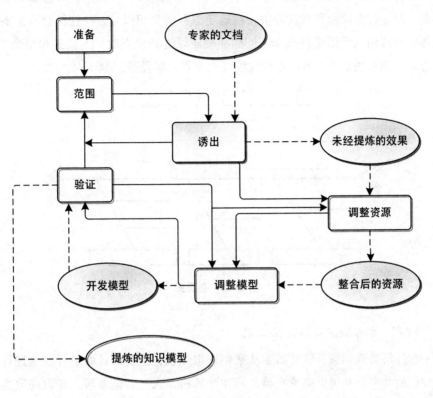

图 2-11　PreSERVe 方法

墨西哥湾沿岸的佛罗里达州气象预报知识描述模型，在概念图中有很多稠密的图标，不同形状的图标表明这个概念的信息来源于不同媒体，例如照片、图形、文本、数字音视频、网页的链接等，这些图标的不同组合表明该节点包含与概念有关的信息的媒体类型，当用户点击图标，会出现一个弹出式菜单，用户可以选择不同类型的媒体（Coffey，et al.，2002）。这些知识模型包含高度语境化的、特定领域的知识，比许多通用的知识（通常包括教材或参考书）更直接适用于特定的问题情境。

---

①　COFFEY J W，HOFFMAN R R，CAÑAS A J，et al. A concept map-based knowledge modeling approach to expert knowledge sharing ［J］. Proceedings of IKS，2002：212-217.

（三）鱼骨图方法工具帮助课程知识获取

鱼骨图（Fishbone Diagram）又名石川图，如图 2-12 所示，因形如鱼骨而得名。职业教育课程开发过程中，在确定课程的知识点时，往往结合专家头脑风暴的方法用鱼骨图进行操作。例如在确定课程知识点时，王坚强和黎爱平[①]结合头脑风暴法采取了五步操作过程（王坚强，黎爱平，2004)[②]。

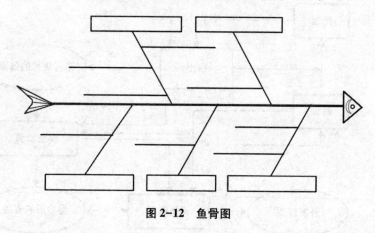

图 2-12　鱼骨图

（四）案例知识获取方法工具

在经济管理领域，经常需要从案例获取知识，主要的目的是有效地进行企业知识的共享，并提供决策支持。而在计算机及人工智能领域，知识获取是知识工程的瓶颈，其研究目的是用于建立专家系统。在教育领域，用案例来阐释课程的基本原理可以得到事半功倍的效果。

案例教学中遇到的挑战至少有三个主要维度（Maufefette - Leenders，Erskine，Leenders，1999)[③]：分析的、概念的和陈述的维度。每个维度都可以

---

① 王坚强，黎爱平. 本科课程体系优化设计方法研究 [J]. 上饶师范学院学报（自然科学版），2004（06）：16-19.

② 鱼骨图方法确定课程知识点步骤：（1）主管领导将专业名称写在黑板或白纸右边的一个三角形的框内，并在其尾部引出一条水平直线，该线称为鱼脊。（2）专家组成员在鱼脊上画出与鱼脊成 45° 角的直线，并在其上标出引起该专业应开设几类课程，这些成45° 角的直线称为大骨。（3）对每类课程进一步细化，画出中骨、小骨……尽可能列出所有涉及的知识点。（4）对鱼骨图进行优化整理，根据现有情况将多个知识点组成课程。（5）根据鱼骨图讨论，确定该专业可能应开设的课程，构成该专业的初步课程体系。

③ MAUFEFETTE-LEENDERS L, ERSKINE J, LEENDERS M. Learning with cases [M]. Ontario：Richard Ivey School of Business，The University of Western Ontario，1999.

划分成三种不同程度的难度，如表2-5所示。

表2-5 案例坐标轴

	坐标轴	维度	难度
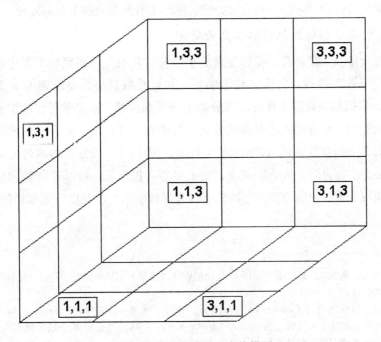	X	分析	1-3
	Y	概念	1-3
	Z	陈述	1-3

如果将每个坐标轴分成三种难度等级，就构造出了包含27个小立方体的大立方体，如图2-13所示。在（3，3，3）难度类型中，在案例的概念、分析、陈述三个维度都有巨大的难度，一般会用在临近课程结束阶段。相反，一个（1，1，1）难度类型的案例在每个维度都相对简单和直接。案例本身包含清晰的知识（技能）体系，概念简单、陈述清晰。本研究中的公安案件不是尚未破案的复杂疑难案件，而是已经成功破案的案件。案件的分析、概念、陈述三个维度都非常清楚，需要的是积累和总结经验。

图2-13 案件难度立方体模型

基于案例推理（Case-based Reasoning，CBR）作为一种从经验中学习的理论，科学诠释了经验在人类问题解决和学习过程中的本质特征和基础性作用；同时作为一种认知理论，它揭示了人或智能机器在解决复杂问题时利用过去经验来解决问题的认知过程。从问题解决的视角，冯锐等人把案例用于教学，开发了一系列工具（冯锐，董利亚，杨红美，2011）①。该研究结合我国普通高中通用技术课程"简易机器人制作"的需求，开发了促进学生深度学习的认知工具（包含经验交流工具、经验阐释与反思工具、案例编写工具和经验法则提取工具）。这些工具为学生在简易机器人制作探究学习环境下获得和转化经验提供了很好的技术支持。中国西北大学的 Roger Schank 领导的学习科学研究所和美国佐治亚技术学院的 Janet L. Kolodner 领导的教育技术研究所对于 CBR②的教育应用研究最为深入。冯锐等人认为案例知识是一种典型性知识、叙事性知识、情境性知识、实践性知识、个人性知识、整体性知识（冯锐，董利亚，2012）③。基于案例知识自身所具有的优越性，其先后在法律、医学、教育、计算机辅助设计等众多领域得到较为广泛的应用。

案例知识不仅帮助人们理解人类解决复杂问题时的经验思维和认知过程，又能为构建真实的学习环境提供指导。案例知识已经遍及教育应用的诸多方面，已然成为当前经验学习的一种有效方法，推动了教育领域的革新与发展。

（五）其他领域知识获取工具的研究

经过大量的文献研究，我们发现关于"知识获取"的研究较多集中在信息科学与经济管理领域。在信息科学领域，知识获取被公认是搭建专家系统的"瓶颈"，采用知识获取工具可以部分地解决瓶颈问题。许多学者在知识获取研究中不断提出一些改进方法或新的方法。其中有学者提出了基于主题模型的博客标签语义知识获取方法（Tingting & Fang，2012）④，该方法和本研究的做法存在相似性。在自动知识获取方面，韦卫星等人提出了一种基于神经网络的自动获取领域专家知识的方法，并给出了在智能教学系统中获取专家知识的实例，

① 冯锐，董利亚，杨红美. 运用 CBR 原理设计经验学习工具的研究 [J]. 电化教育研究，2011（11）：46-52.
② 基于目标的场景（Goal-based Scenario，GBS）、通过设计的学习（Learning by Design，LBD）和基于案例的活动（Case-based Activity，CBA）就是 CBR 中最为典型也最有代表性的学习环境设计实例。
③ 冯锐，董利亚. 案例知识与复杂问题解决 [J]. 远程教育杂志，2012（03）：81-86.
④ HE T T，LI F. Semantic Knowledge Acquisition from Blogs with Tag-Topic Model [J]. China Communications，2012（3）：38-48.

该方法知识获取的自动化程度较高（韦卫星，莫赞，廖一奎，2004）①。

在经济管理领域，裴江南等人提出一种针对文本的基于知识模型的事实获取方法（裴江南，王延章，杜云阶，2011）②，该方法主要包括文本预处理、事实检验、事实获取三个部分，这属于半自动知识获取。在知识获取影响企业绩效方面，有学者对中国的企业进行了研究，结果表明正确地选择企业战略方向，并且注重知识获取，对于提高企业绩效有极大的帮助（Li，Wei，& Liu，2010）③。

另外，在医疗卫生、农业等学科领域也有所涉及。在医学领域，有学者提供了一个基于问题的学习（Problem-based Learning，PBL）的概述及其在知识获取的有效性和临床表现方面的研究（Colliver，2000）④。这是医学知识获取在问题解决方面应用的一个很好的研究示范。在军事领域，Barker 等人开发了一个基于知识的系统 SHAKEN，并用于一门军事课程（Barker，et al.，2003）⑤。文章展示了 SHAKEN 在该门军事课程中如何获取并重用专家知识。本体是概念及其相互关系的很好表示，Zheng 等人（2012）利用本体构建了农业知识管理系统，该系统包含基于本体的知识获取、知识表示、知识组织和知识挖掘等模块⑥。

在公安领域，蕴藏在真实案件中的知识对于案件的侦破尤其重要。这就需要结合行业特点，确定他们在完成任务时的思维活动过程，尤其强调完成任务所需要的认知技能，包括推理、判断、诊断和决策技能。对于本研究的生成课程开发，知识获取是为了更好地开展课程知识建模并进行课程开发。根据本研究的实际情况，在借鉴传统课程开发方法工具的情况下，会充分利用"大数据"

---

① 韦卫星，莫赞，廖一奎. 一种基于神经网络的知识获取方法研究与应用［J］. 计算机工程与应用，2004（05）：95-98.

② 裴江南，王延章，杜云阶. 基于知识模型的应急文本中的事实获取方法研究［J］. 情报理论与实践，2011（02）：110-113.

③ LI Y，WEI Z，LIU Y. Strategic Orientations，Knowledge Acquisition，and Firm Performance：The Perspective of the Vendor in Cross-Border Outsourcing［J］. Journal of Management Studies，2010，47（8）：1457-1482.

④ COLLIVER J A. Effectiveness of problem-based learning curricula：research and theory［J］. Academic Medicine，2000，75（3）：259.

⑤ BARKER K，BLYTHE J，BORCHARDT G，et al. A knowledge acquisition tool for course of action analysis［C］. Acapulco：Machine Learning Publications，2003：43-50.

⑥ ZHENG Y L，HE Q Y，QIAN P，et al. Construction of the Ontology-Based Agricultural Knowledge Management System［J］. Journal of Integrative Agriculture，2012，11（5）：700-709.

提供的方法和工具。

三、"大数据"提供的方法和工具

大数据①一词出现于 1997 年（祝智庭，沈德梅，2013）②。2012 年《纽约时报》刊出了 *The Age of Big Data* 一文（同时也刊出 *The Year of MOOCs* 一文），正式宣告了大数据时代和 MOOC 时代的来临。Viktor Mayer-Schanberger 的《大数据时代：生活、工作与思维的大变革》（*Big Data：A Revolution That Will Transform How We Live，Work and Think*）是中国高层领导人以及高校的正校级干部的必备读物。同时媒体不断推波助澜，迅速炒热了"大数据"这个概念。大数据的产生与信息技术、互联网等密不可分，例如 Google 每天有 30 亿的搜索查询；Facebook 拥有超过 9 亿的用户，并且用户数仍在增长；Twitter 每天处理 4 亿次的推文，等同于 12TB 的数据量。

关于对大数据的定量描述，最早提出的方法是通过三个维度描述——也称 3V（Volume，Velocity，Variety），即容量、速度、多样性（Laney，2001）。在此基础上 IBM（万国商业机器公司）的研究人员做了补充，认为应当用 4V——即容量、速度、多样性和真实性（Veracity）四个维度来描述大数据。关于大数据的类型，目前学术界认为大致有三种：半结构化数据、非结构化数据和结构化数据。半结构化数据是指类似 XML 和 HTML 有一定加工处理的数据。非结构化数据是指没有固定格式的数据，如 PDF 和一般文档。结构化数据则是指具备一定格式，便于存储、使用，并可从中提取信息的数据，例如传统的各种事务型数据库中的数据（何克抗，2014）③。

美国教育部教育技术办公室发布了《通过教育数据挖掘和学习分析促进教与学》的报告。报告展示了使用数据挖掘和学习分析来处理大数据，一度局限于实验室研究的工具和技术正在被大范围使用。数据挖掘和学习分析已经被应用在用户知识建模、用户行为建模、用户习惯建模、趋势分析、自适应与个性

---

① 大数据一词出现于 1997 年，NASA 研究人员 Michael Cox 和 David Ellsworth 第一次用该词描述 20 世纪 90 年代出现的数据方面的挑战，即超级计算机生成的巨大的信息数据量。当时他们实验中产生于飞机周围的模拟气流数据无法进行处理或者将其可视化。"数据集相当大，对主内存、本地磁盘，甚至远程磁盘都造成挑战，"他们写道，"我们称此问题为大数据"（祝智庭，沈德梅，2013）。

② 祝智庭，沈德梅. 基于大数据的教育技术研究新范式［J］. 电化教育研究，2013（10）：5-13.

③ 何克抗. 大数据面面观［J］. 电化教育研究，2014（10）：8-16，22.

化等方面（Bienkowski，Feng，Means，2012）①。常见的学习分析工具有很多，如支持基本的基于词典的文本分析的工具 LIWC、CATPAC；专门的内容分析工具，如北京师范大学开发的智能化内容分析工具 VINCA；支持对原始帖子进行标注或编码、交叉引用和简短评论的工具 Atlasti、Nvivo；用于系统建模的工具，如 Coordinator 系统建模工具；专门的社会网络分析工具，如 UCINET；专门的数据挖掘工具，如 Weka、SQL SERVER Analysis Service（SSAS）、SPSS 等（魏顺平，2013）②。

把"大数据"提供的方法和工具应用在实战课程开发领域，以下方法和工具需要研究（徐鹏，王以宁，刘艳华，张海，2013）③：社会网络分析的行为互动规律和话题发现是"生成课程"结构的重要组成；数据挖掘出的"生成课程"资源是课程内容的重要构成；通过知识建模厘清知识点的关系是下一轮"生成课程"开发的基础。这些方法和工具对于大数据技术在教育领域应用的研究具有重要价值。

（一）社会网络分析方法和工具

社会网络分析（Social Network Analysis，SNA）的三个核心要素是"结构与演化""群体与互动""信息与传播"（方滨兴等，2014）④。本研究侧重群体行为的形成与互动规律（侧重学习者行为），信息传播的规律与机理（侧重话题发现）。学习者行为主要是研究者通过采集学习者在网络学习系统中花费的学习时间比如"学习者在课堂或学校情境中学习行为变化情况""学习者完成课程学习情况""学习者线上或线下考试成绩"等数据，从而探索学习者学习行为与学习者学习结果的相关关系。学习者行为分析主要依靠学习分析技术，学习分析技术涵盖的内容很多。学习分析关键技术涉及话语分析、内容分析、社会网络分析、统计分析、系统建模等技术以及可视化、预测、聚类、文本挖掘、关系挖掘等一系列数据挖掘方法。在首届"学习分析和知识国际会议"上对学习分析

① BIENKOWSKI M，FENG M，MEANS B. Enhancing Teaching and Learning Through Educational Data Mining and Learning Analytics：An Issue Brief［R］. Washington：Office of Educational Technology U. S. Department of Education，2012.
② 魏顺平. 学习分析技术：挖掘大数据时代下教育数据的价值［J］. 现代教育技术，2013（02）：5-11.
③ 徐鹏，王以宁，刘艳华，等. 大数据视角分析学习变革：美国《通过教育数据挖掘和学习分析促进教与学》报告解读及启示［J］. 远程教育杂志，2013（06）：11-17.
④ 方滨兴，等. 在线社交网络分析［M］. 北京：电子工业出版社，2014：8-20，24，37.

界定如下：学习分析技术是收集、测量、分析和报告有关学生及其学习环境的数据，并用以理解和优化学习及其产生的环境的技术。

社会网络分析不仅可以用来探究网络学习过程中的关系、联系（ties）、角色以及网络形成的过程与特点，还可以了解学生如何在网络学习中建立并维持关系从而为自己的学习提供支持（顾小清，张进良，蔡慧英，2012）①。通过以上两种分析最终构建学习者学习行为模型。

常见的学习行为分析工具有：Google Analytics、Mixpanel。Google Analytics用于了解学习者访问各学习页面的停留时间、频率、平台内的移动轨迹、用户参与度等。它利用事件跟踪系统，可统计分析移动终端数据，可跟踪所有重要事件。en-gagement flow（参与流）可直观显示学习者学习的全过程，包括他们实际查看的页面以及进行的操作。

关于社会网络分析工具则非常多，主要有：NetDraw、NetMiner、SNAPP、Gephi、UCINET、JUNG、NodeXL、Pajek、GUESS、Cohere。最具有代表性的是对 23 种 SNA 工具的对比（Huisman，Van Duijn，2005）②，研究者从多个角度对比了当时各种主要网络分析工具，该比较涉及软件的数据格式、使用对象、主要功能、支持帮助等信息。孟玲玲等人从工具名称、使用环境、专门程度、发起者、数据支持格式、输出格式、使用对象、分析对象、可视化、商业软件/开源、优势与不足 11 个方面给出了常见 9 种学习网络分析工具的比较（孟玲玲，顾小清，李泽，2014）③。

（二）数据挖掘方法和工具

2008 年 6 月，在加拿大魁北克的蒙特利尔召开了"教育数据挖掘第一次国际会议"（The 1-st International Conference on Educational Data Mining Montréal，Québec，Canada，June 20-21，2008），来自计算机科学、教育学、心理学和统计学领域的研究者共同分析教育大数据以解决教育研究的问题。会议内容聚焦在利用计算机领域的方法解决教育大数据的问题。教育大数据是"大数据"的一个子集，是在教育活动中产生的或是根据教育需要采集的数据。相比较一般大数据，教育大数据具有周期较长、中等体量、非结构化和高度复杂等特点。

---

① 顾小清，张进良，蔡慧英.学习分析：正在浮现中的数据技术［J］.远程教育杂志，2012（01）：18-25.

② HUISMAN M，VAN DUIJN M A. Software for social network analysis［J］. Models and methods in social network analysis，2005（3）：270-316.

③ 孟玲玲，顾小清，李泽.学习分析工具比较研究［J］.开放教育研究，2014（04）：66-75.

典型的大数据挖掘的步骤包括数据获取、数据处理、数据挖掘、结果确认。而针对教育大数据，有学者认为要从教育问题界定、数据收集和准备、模型建构和评估、知识开发和发现四步进行（Naqvi，2015）①。

教育数据挖掘是通过计算机的算法关注于开发、研究和应用教育数据，以发现规律和模式等（Scheuer，McLaren，2012）。它是一门新兴的学科，主要方法有预测、聚类、关系挖掘和发现模式（Baker，Yacef，2009）②；可以利用的开源工具有 MongoDB、Hadoop、MapReduce、Orange、Weka 和 SAP HANA 等（Sin，Muthu，2015）③。通过对教育大数据的挖掘和学习分析（Cristobal Romero，Ventura，2007）④ 对现有领域知识模型进行重构，探索课程学习单元和知识点的学习内容组织方式与学习者学习结果之间的相关关系。他们对十多年的教育数据挖掘研究进行分析，归纳出 5 类教育数据挖掘方法，分别是聚类（聚类、离群点分析）；统计分析与可视化；文本挖掘、预测（决策树、回归分析、时序分析）；关系挖掘（关联规则挖掘、序列模式挖掘）；相关挖掘。

文本挖掘涉及两类内容：第一，以学生学习内容本身为研究对象，如多媒体内容分析、文本内容分析等，通过对相似内容的标注，分析、发现特征相似的文本内容，从而提供更符合用户需求的学习内容，实现个性化推荐。第二，以学习过程中学生—学生、教师—学生交流所产生的内容作为研究对象，如网络课程与会议中产生的文本、面对面的对话、网上同步和异步交流所产生的内容等。关注分析学习交流中话语的文本含义，关注学生知识建构过程，使研究者对学习发生的过程有清晰的认识，研究的数据既可以做定性分析，也可以做定量分析（Ferguson，2009）⑤。常见的学习内容分析工具有：WMatrix、CAT-PAC、LIWC 等。另外孟玲玲等人给出了常见七种学习内容分析工具的比较（孟玲玲，顾小清，李泽，2014），如表 2-6 所示，这对本研究工具的选择有着很好的借鉴作用。

---

① NAQVI R. Data Mining in Educational Settings [J]. Pakistan Journal of Engineering, Technology & Science, 2015, 4 (2).
② BAKER R S, YACEF K. The state of educational data mining in 2009: A review and future visions [J]. JEDM-Journal of Educational Data Mining, 2009, 1 (1): 3-17.
③ SIN K, MUTHU L. Application of big data in education data mining and learning analytics—A lterature review [J]. ICTACT Journal on Soft Computing, 2015, 5 (4): 1, 035-1, 049.
④ ROMERO C, VENTURA S. Educational data mining: A survey from 1995 to 2005 [J]. Expert Systems with Applications, 2007, 33 (1): 135-146.
⑤ FERGUSON R. The construction of shared knowledge through asynchronous dialogue [D]. Milton Keynes: The Open University, 2009.

表2-6　学习内容分析工具比较

编号	名称	发起者	专用/通用	使用对象	分析对象	可视	商业软件/开源	优势与不足
1	Wma-trix	英国工程和自然科学研究委员会的项目	通用	文本分析人员	英文文本	否	商业软件，免费试用1个月	仅支持少于10万单词的英文，不能脱机使用
2	CAT-PAC	布罗大学的Joseph Woelfel	通用	分析大量文本的商业、政府、科研人员	文本	否	商业软件，收费	可对多种语言进行语义及扩展分析，功能多样；但自身不具备可视化功能，需结合ThoughtView软件实现数据可视化
3	LIWC	James，Roger，Martha开发	通用	文本分析人员，如心理学家等	文本格式的书信、问卷、访谈等	否	商业软件，收费	可对多语言进行统计分析，内嵌词典完备；仅在Mac上运行的版本可统计短语
4	Nvivo	Tom Richards开发，后由Qsr公司完善	通用	质性分析研究人员	论坛内容、问卷、访谈录音、课堂视频等	是	商业软件，收费，有1个月免费试用期	支持多种数据格式与研究方法，支持协作研究。可导入数据，EverNote、OneNote等笔记数据作为源数据。可对导入人的Word等文本文件进行编辑，导出为PDF文件时，中文和日文不能有效识别，需先导出保存为Word再转换为PDF，导出保存为图片只能保存为JPG格式

续表

编号	名称	发起者	专用/通用	使用对象	分析对象	可视	商业软件/开源	优势与不足
5	Atlasti	柏林科技大学心理系开发	通用	质性分析研究人员	论坛内容、问卷、访谈、音频、课堂视频	是	商业软件，收费	可直接将谷歌地图图片数据导入工具进行分析；在 iPad 与 Android 手机上已有 App；只能手动或半自动编码，不能自动编码
6	Wordle	Jonathan Feinberg	通用	仅需简易词频统计分析的用户	在线上传的文本文件	是	免费软件	可实现简易词频统计功能并制作美观的词汇云；适合文本量较小的统计；不支持中文及日文统计
7	LOCOAna-lyst	澳大利亚	专用	教师、学生	学生学习轨迹、内容	是	开源软件，免费	对学生讨论用词的标注只支持中文

61

针对未来教育大数据挖掘的研究，有研究者（Cristóbal Romero，Ventura，2010）[1] 提出了四点建议：大量教育数据挖掘工具需要被设计和开发并很容易使用；这些工具需要和 e-Learning 系统密切整合，这样工具才可以被大范围使用；当前也有些工具但主要针对特定课程和平台，不利于推广，工具和数据标准化问题值得重视；传统的数据挖掘算法要考虑契合教育环境。

（三）学习者和领域知识建模方法和工具

通过教育数据挖掘和学习分析进行知识建模，主要包含学习者知识建模和领域知识建模。学习者知识建模是通过挖掘和分析学习者与在线学习系统的交互数据，构建学习者知识模型，然后通过自动或人工反馈，为学习者在合适的时间，选择合适的方式提供合适的学习内容。领域知识建模是对现有领域知识模型进行重构，探索课程学习单元和知识点的学习内容组织方式与学习者学习结果之间的相关关系（徐鹏，等，2013）。本研究主要关注 Moodle 平台，尤其是关注可以帮助数据挖掘和知识建模的方法工具。前面数据挖掘方法和工具中提到的开源工具像 Weka、RapidMiner 或者 R 语言、SAS 统计挖掘工具、Oracle 数据挖掘等可以用在各种需要挖掘数据的领域。目前针对 Moodle 平台下的数据抽取工具主要是两类：MMT（moodle mining tool）和 ADE（automatic data extraction）。在数据转换上，MMT 基于 KEEL 框架，ADE 基于 RapidMiner 框架，两者的灵活性都比较差，都需要把 Moodle 数据库的数据通过数据挖掘工具先迁移出来才能进行处理。

专门为 e-Learning 平台设计开发的挖掘工具其实很少，比如，本研究使用到的 GISMO、SNA、SNAPP 等工具。但这些还不能充分满足本研究知识建模和生成课程的需要。Web Service 技术是很方便的解决方案，它的实现思路如图 2-14所示（Ali，Felermino，Ng，2015）[2]，但目前该方法处于测试阶段，还没有形成应用实例。

目前也有研究者（Pedraza-Perez，Romero，Ventura，2011）[3] 针对 Moodle

---

① ROMERO C，VENTURA S. Educational data mining：a review of the state of the art ［J］. Systems，Man，and Cybernetics，Part C：Applications and Reviews，IEEE Transactions on，2010，40（6）：601-618.

② ALI A，FELERMINO M，NG S. Moodle Data Retrieval for Educational Data Mining ［J］. International Journal of Scientific Engineering and Technology，2015，4（11）：523-525.

③ PEDRAZA-PEREZ R，ROMERO C，VENTURA S. A Java desktop tool for mining Moodle data ［C］. Pittsburgh：Proceedings of the 3rd Conference on Educational Data Mining，2011：319-320.

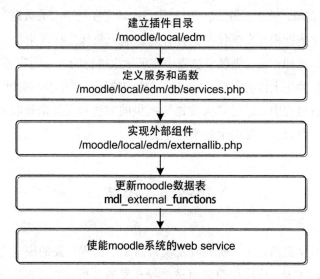

图 2-14　服务实现工作流

数据库日志表的操作自行开发了一个 java 桌面工具。还有研究者（Cristóbal Romero，Castro，Ventura，2013)① 自行开发了一个 Moodle 模块，该模块可以查询并可视化学生平台数据。他们的做法给本研究提供了很好的启示。本研究中数据处理的方法主要也是直接对数据库利用 SQL（Structured Query Language，结构化查询语句）联表查询进行操作，且不限于日志数据和学生数据。但因为开发成本和时间问题，本研究的相关算法和 SQL 操作还没有形成独立的工具模块。

学习者知识建模解决学习者要掌握哪些知识的问题（例如：概念、技能、过程性知识和高级思维技能等）；领域知识建模解决学习内容的难度级别、呈现顺序等。实战课程开发中的知识建模用到的方法和工具是借鉴前文的"知识建模方法"以及本研究相关算法 SQL 操作配合统计分析、社会网络分析、数据挖掘和课程提炼的方法进行。

（四）小结

时至今日，大数据尚没有系统统一的定义和理论，但一定首要是"在线"数据，其次是"在正常业务行为发生的同时"系统持续、同步、自动记录的

---

① ROMERO C, CASTRO C, VENTURA S. A Moodle Block for Selecting, Visualizing and Mining Students' Usage Data [C]. Memphis：EDM, 2013：400-401.

"数据"(郭文革，陈丽，陈庚，2013)①。本研究在利用"大数据"提供的方法和工具进行生成课程开发迭代时，会有意识地记录师生在网络平台环境中交互的各种数据。比如，在实训教学过程中要求学生进行的大量题库考核，案例库、视频库观看；师生上传的资源、发表的讨论和博客；学生参与的问卷、投票等。实训教学进行过程中，通过"大数据"提供的方法和工具来获取网络空间中的生成性知识，可以有效帮助生成课程开发。

第四节　小结

通过已有文献的综述，研究者发现目前关于课程开发的模式主要都是基于知识体系清晰或者工作岗位明确而对课程开发的过程、方式方法和技术工具等进行的研究。本研究主要是针对课程知识体系不清晰、工作岗位不确定，每个岗位学员都需要提升工作能力，课程内容本身比较前沿又主要来自"经验"的条件下的开发课程。所以现有的课程开发的模式不适合本研究，但是现有的一些方法技术可以借鉴。另外，生成课程的相关研究内容可以为本研究吸收和发展，随着网络时代新的学习理论联通主义的发展，网络环境下的生成课程有了新的内涵。

一、两类课程的比较

一直以来，课程内容的确定被认为是课程开发的核心工作，而这项工作是由学科专家或者行业专家依靠自身的经验来完成的。比如，职业岗位中心课程的开发，由行业专家通过典型工作任务分析或对岗位专业能力进行分解，将鉴别出来的知识作为课程内容；学科中心课程的开发，由学科专家从知识领域中抽取一些知识作为课程内容（杨开城，2011）。在职业领域，无论是 MES 课程、CBE 课程、行动导向职业教育课程还是实践导向职业教育课程都努力构建以职业分析为基础的职业教育课程体，寻找新的存在于职业活动中的框架，将职业分析作为形成课程门类和选择课程内容的基本的需求分析方法。而在现实中，有一类课程在网络环境下开展，它的知识主要来自实践领域。在"知识大爆炸"

---

① 郭文革，陈丽，陈庚. 互联网基因与新、旧网络教育：从 MOOC 谈起 [J]. 北京大学教育评论，2013（04）：173-184.

时代，实践复杂性和多变性不断产生着新的知识，而且它的知识点并不清晰，这样一种课程的开发呼唤新的课程开发模式，它既依赖于学科专家又依赖于行业专家，最重要的是依赖于实践者及他们的经验。研究者把这样的课程界定为网络环境下的生成性课程，它在知识结构、表达形式与开发范式上区别于传统课程，具体比较内容如表 2-7 所示：

表 2-7　两类课程的比较

	传统课程	网络环境下的生成课程
结构	以纸媒书页为基本单位；无超链接，只能线性前后翻页；线性与树状结构，有严密的逻辑与层级关系	以网页为基本单位；有超链接、可跳转；网状与三维立体结构，无严密的逻辑与层级关系
形式	以文字为主，可有图片；以实物形式存在；传播受距离与空间限制	图文并茂、多媒体播放（除图片外，还有音视频、动画等）；以数字形式存在；传播不受距离与空间限制
技术	传统课程开发方法	"大数据"提供的方法和工具
模式	不能自动生成；内容由专家、学者共同确定	可根据活动或指令自动生成；内容可由学习者参与提供
其他	完整的、结构化的知识体系	可以是不完整的、未结构化的知识碎片

二、实训生成课程的特点

实训是警务实战训练的重要形式。实训的最终目的是全面提高学员的职业素质和工作技能。合理的实训教育是职业教育的一个重要组成部分。对于学员来说，通过实训，一方面可以增加实践经验；另一方面可以提高工作的能力。实训教育面向企业培养实用员工，培训过程要与企业嫁接。这样的实训可以概括为："实训=素质+技能+经验。"实训教学是具有一定理论基础的学员，在拥有一定实战经验的教官或职业教练的指导下，最终达到企业的用人要求，并获得职业资格证书的过程。真实的环境、严格的管理制度、切合实际的项目实战，是实训机构必备的三大要素（冀俊茹，2010）①。

在本研究的生成课程中，我们对课程内容有着特殊要求。课程的学习者都

---

① 冀俊茹．高职院校"实训课程"的兴趣化教学设计［J］．科教文汇（下旬刊），2010（07）：166-167.

是来自一线公安机关的民警，他们需要接受最新前沿知识技能的训练，所以本研究的生成课程是在实训的同时进行的，而课程生成的资源则是以民警提供的案例为主。从前面对网络环境下生成课程的比较可以看出，生成课程开发的流程完全不同于传统课程开发。这已经超越了幼儿教育领域生成课程的范畴，伴随着联通主义的发展在网络环境下有了新的外延（Cormier，2008①；Kathleen Dunaway，2011②）。网络环境下的生成课程是指依托设计的活动和资源，在网络教学过程中汇聚学员经验动态生成的课程。这里的经验包含概念内涵、经验案例、资源链接等，除包含传统课程的结构之外，还包含课程讨论区、博客、wiki 等师生提供或共同创造的内容。它适合有一定工作经验的人员学习。

当前，互联网成为信息与知识的主要载体，也必将成为教与学的主要场所、主要阵地。未来信息在互联网上流动，知识在互联网上生成（AlDahdouh，Osório，Caires，2015）③，线下线上活动相互补充与拓展。这类课程区别于传统课程的关键点在于：一是课程内容在学习中不断生成，课程内容本身比较前沿（比如新的犯罪形式），这些必须依赖一线实践者经验；二是学习不依托于传统的学习管理系统，主要依赖于 Web2.0 时代提供的新的工具，理论基础依赖联通主义理论；三是没有非常确定的学习结果和固定的内容知识，通常也没有正式的评价，课程开设起初的目标并不明确，随着课程的开展，旧的内容被淘汰，不断有新的内容丰富进来。

---

① CORMIER D. Rhizomatic education：Community as curriculum［J］. Innovate：Journal of Online Education，2008，4（5）：2.

② KATHLEEN DUNAWAY M. Connectivism：Learning theory and pedagogical practice for networked information landscapes［J］. Reference Services Review，2011，39（4）：675-685.

③ ALDAHDOUH A A，OSÓRIO A J，CAIRES S. Understanding knowledge network，learning and connectivism［J］. Instructional Technology，2015（10）：3.

第三章

生成课程开发理论的研究设计

第一节 研究问题

一、实践的需求

近年来，由于大量人口流动，社会转型期间各种矛盾相互冲突，社会防控机制缺乏，部分案件高发，特别是各种新型犯罪（如网络犯罪）层出不穷。这些新型犯罪案件发案突出、侵害客体多、所占比重大、影响范围广。

在知识经济时代，大量新增的知识不断地更新，课堂知识已经不能满足现实的需求；要适应这种快节奏的变化，需要教师不断获取实践中的知识，再回归课堂。笔者作为中国人民公安大学教师，认为我们要开发着眼于提高警务人员执法办案能力的课程，但在实践时却发现很难下手。因为从公安一线征集的真实案件千奇百怪，充满复杂性，学科教师也无法梳理其知识体系。而在征集案例时，一线具有丰富实战经验的刑警队长们却可以侃侃而谈，梳理出案件之中环环相扣的线索、清晰的知识脉络。

所有这些给我们留下深刻的印象——大量的实践知识埋藏在一线实践者的头脑及其侦破的案件中。如果教师无法挖掘出这些知识，怎么会有课程内容，更谈不上目标、组织、评价等，也就是说在课程开发之前，必须有一个清晰的知识（技能）脉络。这就提出了一个实践的需求：针对知识体系不清晰、模糊目标下的课程开发，需要获取实践者的经验，梳理出知识开发课程并进行一线警务人员的培训（何伏刚，吴益跟，2013）。笔者所在的学院教师承担着大量警务实战训练的课程教学，这就面临着实战内容的多变性与课程设置的稳定性，以及教师知识的专业性和实训内容的综合性的矛盾。所以本研究旨在警察实训中生成一门课程，由各地实践者（警察）的经验构成课程的主要内容，而且这个课程内容会不断丰富和完善。

二、理论的需要

人们之所以思考课程改革，是为了追求更加理想的教育实践。中国近现代教育家所遭遇的是"千年未有之变局"，晚清王朝开始的教育改革即为后人留下一个难题：如何在引入西方"新学"的同时，保持中国传统的道德精神和文化尊严？在这个问题上，蔡元培、胡适等教育家采取的是精英主义路线，认为现代中国需要的是可以与西方一较高下的现代大学和普通教育体系。而以梁漱溟、陶行知为代表的教育家则认为必须根据中国国情发展教育，进而推出了以改革中国农村为目标的乡村教育体系。可以说，课程改革必须从认识中国国情开始，就是这些人留下的宝贵理论遗产（钟启泉，2007）。课程实践对课程开发研究的需要与日俱增。社会对人才的要求变化加快，课程如何尽快适应社会需求的变化开始成为模式问题。

目前关于课程开发理论的研究主要有职业教育领域和传统高等教育领域的研究。职业教育领域对于工作过程确定、岗位清晰的课程有一系列课程开发模式（MES、CBE、TAFE、BTEC、CBL 等）；传统高等教育领域针对知识体系清晰、课程目标明确的课程也有一系列课程开发模式（目标模式、过程模式、知识组件模式）。这些模式也都有对应的课程开发方法与工具（何伏刚，郑勤华，陈丽，2015）[1]。即使针对工作过程不稳定、岗位不清晰的课程也有基于角色分析的课程开发方法（郭炯，祝智庭，2011）。对于特定行业领域如警察、医生、工商管理人才等，大量的知识蕴藏在实践之中（Wyatt，Sullivan，2005）[2]。每一个真实案件的背后都包含有事实、技能等知识。如何使真正有权力的人（指一线从业实践者）在去除个人主观性的前提下，获取实践中的知识开发课程？课程开发采用教师预先设计的单一模式，会忽视教学过程中的生成性资源的整合。而这个问题的解决需要获取实践及其参与者的经验来生成一门课程，这是课程开发理论遇到的新问题。

2011 年 3 月，George Siemens 与 Phillip Long 组织了第一届学习分析与知识

---

① 何伏刚，郑勤华，陈丽．基于联通主义的实训生成课程开发模式构建［J］．现代远距离教育，2015（05）：24-33.

② WYATT J C，SULLIVAN F. ABC of health informatics – Keeping up：learning in the workplace［J］.British Medical Journal，2005，331（7525）：1129-1132.

国际大会（LAK2011）。LAK2011 将重点放在计算机技术与社会科学方法整合在学习分析方面的应用。学习分析通过测量收集分析有关学习者和他们的背景资料，以优化学习及环境。加拿大的学者（Elias，2011）给出了一个学习分析的模型，该模型利用四种资源、三个阶段的循环完成学习分析。美国教育部教育技术办公室发布了一份《通过教育数据挖掘和学习分析促进教与学》的报告。报告展示了使用数据挖掘和分析来处理大数据，使一度局限于实验室研究的工具和技术被大范围使用。数据挖掘和学习分析已经被应用在用户知识建模、用户行为建模、用户习惯建模、趋势分析、自适应与个性化等方面。这表明一个新兴研究领域的兴起，就是把对数据处理的技术引进课程与教学中来，在教学的同时不断完善和丰富课程开发的内容。

以上这些提出了一个理论的需要：在联通主义和 Web2.0 等网络新媒体工具蓬勃发展的大环境下，针对生成性知识（而不是固定内容知识）的学习，需要探寻生成课程开发模式。

三、问题的提出

为了满足在实战训练中的实践需要以及课程开发理论的需要，解决实战内容的多变性与课程设置的稳定性，以及教师知识的专业性和实训内容的综合性的矛盾，在开放互联环境下，需要在实训教学的同时生成一套面向应用领域（实践领域）的有效的课程。这类课程中现有的教学人员不在实践一线，而一线从业人员又有丰富经验，因此要让学习者成为课程建设者。为此本章初步提出具体研究问题如下：针对课程内容主要来自实践案件、知识体系不清晰等特点，如何在实训教学的同时开发课程？ 具体包含以下几个子问题：该类课程开发的理念/价值取向是什么？该类课程需要怎样的课程开发方法技术？这些方法技术是如何组织的，即课程开发模式是怎样的？在职业技能训练（实训）的同时进行生成课程开发，课程怎么就生成了？

第二节　研究目标

针对模糊内容目标下的生成课程，这类课程内容日新月异，它们主要来自实践情境（如真实案件）且知识体系不清晰。本研究旨在实训教学中生成一门面向应用领域（实践领域）的课程，并形成其他同类课程可以借鉴的生成课程开发模式。在这一过程中既实现了实训教学又实现了课程的开发。

第三节　研究内容

实训生成课程是一类实践性强、无知识体系、内容变化快的课程，现有的课程开发模式不能为这类课程开发提供合适的方法。本研究聚焦于特定行业领域，这些领域的大量知识存在于实践案例中，要在实训教学中汇聚学生的经验生成一门课程。主要研究内容是该类课程的开发价值取向、流程及对应的工具规则，具体包括：实训生成课程开发的文献研究和理论基础；按照实训生成课程开发流程经几轮迭代生成的一门实证课程开发的案例；课程开发中需要分析的数据及课程生成的规则（或生成性知识提取的方法）；实训生成课程开发模式。

一、一门课程实例的设计开发到生成

在课程生成之初，研究者需要对课程进行整体的设计，根据已有的课程资源材料设计活动，并准备制作资源上传活动。这里的研究内容重点是选择平台环境，为资源的制作尤其是案例的开发做准备，并就活动的要素、框架的构成进行研究。

（一）平台环境设计（环境）

本研究选择 Moodle 作为平台环境，Moodle（Modular Object-Oriented Dynamic Learning Environment）是一个用于制作网络课程的软件包，是一个开源课程管理系统（CMS，Content Management System），也被称为学习管理系统（LMS，Learning Management System）或虚拟学习环境（VLE，Virtual Learning Environment）。在搭建 Moodle 环境进行实训中生成课程时，需要提供哪些功能、需要设计哪些活动任务和提供怎样的工具资源、生成课程的结果如何等是每轮迭代研究中所需要着力研究的内容。

（二）案例材料的解剖与设计（资源）

案例（case）是生成课程开发中资源的核心，怎样提供初始资源案例以及怎样帮助学生进行基于自身经验的案例开发与剖析也是主要研究内容。当前使用案例教学较多的法律领域、工商管理领域、教师教育领域、医学领域对于案例的内涵理解各不相同。哈佛大学首倡案例教学的法学院院长兰德尔（Langdell C. C.）将法律案件与法官判断的组合视作教学案例；工商管理领域专家格柯（Gragg C. I.）将描述有管理者实际面临困境的商业记录视作案例；专注于教师教育领域的 Richert 将包含有教师和学生的典型行为、思想、感情在内的教师教学的实践记录称作案例，旨在通过案例培养教师处理教学问题的能力；医学领域中则是将描述患者症状及治疗诊断过程的记录称为病例。通过文献归纳相关学者的研究（Lynn Jr, 1999①；马新建，李庆华，2008②），可以得出案例的开发步骤一般分为以下几步：①拟定案例撰写计划，包括主题、未来读者的特性、教学目标、案例内容大纲、资料来源、案例资源搜集计划等；②案例资料搜集，包括访问法、座谈法、实验法、观察法、文献查阅法等；③草拟案例；④试用并修正后定稿。

关于案例的结构没有固定的模式，有些学者为了开发方便，提出了一些案例开发模板，如 David Graf 通过分析已有的案例资源，提出一个通用的用于案例教学的案例开发模板。该模板主要包括：案例整体回顾、案例教学目标、案例背景、相关数据、建议讨论的问题、案例的解决方案（Graf, 1991）③。孙军业提出了条列式案例模板，包括题目、开场白、故事发生的背景、问题情境及其行动策略，通过多角度分析与讨论，提出需要进一步思考的问题。

案例教学的关键在于案例材料的设计与开发（Merseth, 1996）④。国外案例教学的发展也显示，案例的开发是决定案例教学成功与否的关键，没有适当的材料就不能实施案例教学法。关于案例的开发主体，主要包括专家、教学者、学习者三种类型。专家和教学者开发的案例主要服务于教学和培训的需要，而学习者开发案例则往往是借此反省过去的经验，以达到更好的学习效果。显然在本研究中，既有专家和教学者提供的初始案例，又有学习者的案例经验，且学习者的案例经验开发更是生成性课程资源的主要来源。

---

① LYNN JR L E. Teaching and learning with cases：A guidebook ［M］. Virginia：CQ Press, 1999.
② 马新建，李庆华. 工商管理案例教学与学习方法 ［M］. 北京：北京师范大学出版社, 2008：8-12.
③ GRAF D. A model for instructional design case materials ［J］. Educational technology research and development, 1991, 39（2）：81-88.
④ MERSETH K K. Cases and case methods in teacher education ［J］. Handbook of research on teacher education, 1996, 2：722-744.

（三）生成课程开发的活动的要素、框架的构成（活动）

生成课程的活动设计既要考虑教学的顺利实施，同时也要考虑学习者是课程建设者，设计的活动要有利于知识获取课程生成。关于学习活动，目前并没有统一的定义，通常可以从广义①和狭义②两方面加以描述（李红美，许玮，张剑平，2013）③。本研究中研究者更倾向于广义的定义。

1. 学习活动的要素研究（李乾，2010）④

DialogPlus 项目的结题报告将学习活动的构成要素分成三大类：情境（context）、任务（tasks）、教学方法（learning and teaching approaches）。每个要素中又包括若干子要素。其中，活动的情境性要素包括学习目的、学习结果、所属学科、环境、时间、难度等；教学方法要素包括被采用的各种理论，包括联通主义、认知主义和情境主义等；任务要素中包括任务的类型，支持任务的技术、交互、角色，相关的资源和工具，以及任务评价、任务排序等，其主要要素的结构关系如图 3-1 所示（Charlesworth, Ferguson, Schmoller, Smith, Tice, 2007）。

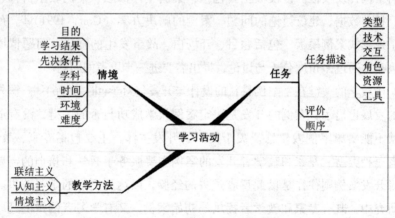

图 3-1　DialogPlus 项目对学习活动要素的研究

---

① 广义的学习活动，是指学习者与学习环境的相互作用，它既包括学习者为达到学习目标所需完成的学习任务及其所有操作（狭义的学习活动），也包括学习者在操作过程中所形成和发展起来的认知、技能和情感态度。

② 狭义的学习活动，是指在教师指导下，师生交互作用的认知或认知活动，它是学生有动机、有目标、有策略，并形成一个在间接知识、智力能力和个性心理诸方面彼此联系的心理结构的过程。

③ 李红美，许玮，张剑平. 虚实融合环境下的学习活动及其设计［J］. 中国电化教育，2013（01）：23-29.

④ 李乾. 以活动为中心的网络课程开发和重用研究［D］. 北京：北京师范大学，2010.

LADiE 项目在 DialogPlus 项目的基础上从情境和任务的若干维度对学习活动的构成要素进行分类，如表 3-1 所示（Falconer, Conole, Jeffery, Douglas, 2006）。

表 3-1 LADiE 中学习活动的要素

情境	情 境	目的，教育情境（高等教育、中小学等），学科，先决条件，难度，时间，学习环境，学习者特殊需要等
	学习成果	认知（知道、理解、应用、分析、综合、评价）； 动作技能； 情感
	教学方法	联结，认知，情境
任务分类	类 型	同化（听、读、看）；信息处理（分析、分类等）； 适应（建模、模仿）；交流（讨论、评论等）； 创造（写作、综合等）；经验（应用、实践等）
	技 术	同化（精读、略读）；信息处理（头脑风暴、概念图等）； 适应（建模）；交流（推理、争论等）； 创造（论文、介绍等）；经验（案例研究、实验等）
	交 互	谁（个人、一对一、一对多、群组、班级）； 媒体（声频、面对面、在线、文本、视频）； 形式（同步、异步）
	角 色	个人学习者，小组长，小组参与者，教练，指导者，监督者，报告者，展示者等
	工具和资源	硬件，软件，模型，资源
	评 价	没有评价，诊断性评价，形成性评价，总结性评价

DialogPlus、LADiE 等项目的研究成果主要对学习活动要素的内容进行了分类，对学习活动的设计有一定的指导意义，但这些模型并没有进一步阐明学习活动中各要素之间的内在联系。杨开城（2005）教授建构了学习活动各要素之间的关系，如图 3-2 所示。

其中与教学（学习）目标构成直接因果关系的是学习活动中的活动任务，活动的方式方法、过程、规则、组织形式等要素围绕着活动任务展开，而学习资源、学习工具以及信息组织成为学习活动的服务性支持。

杨开城教授提出的学习活动的要素模型对指导课堂教学具有较强的指导意义，但是在在线学习活动中，由于师生之间缺乏面对面的交互，还需要突出可观察的学习成果的设计。

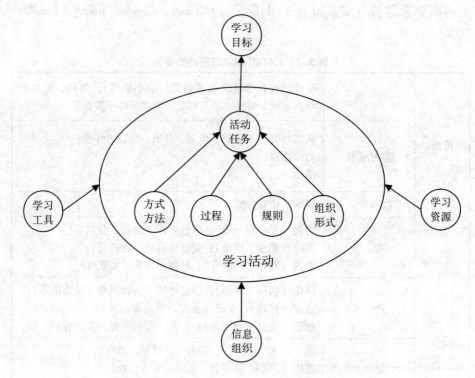

图 3-2　活动观下教学目标与方法要素之间的联系

2. 学习活动设计框架的构成（马志强，2010）①

（1）活动任务类别

学者张超对于活动任务分类没有统一的看法（张超，2012）②。杨开城教授主张可以从不同角度对学习活动进行分类：从活动功能的角度可以分为获取体验知识技能活动、获取学习动力活动、评价与反思活动、总结与归因活动；从个体群体的角度可以分为个体学习活动、群体交流、自我管理（杨开城，2005）③。台湾地区学者（杨家兴，2006）④ 总结了 9 种更为具体的在线活动形式：师生的问答解惑、问题的讨论互动、教师讲述、邀请专家座谈、学生的实

---

① 马志强. Moodle 课程学习活动设计研究现状评述 [J]. 电化教育研究，2010（10）：103-106.

② 张超. 基于成效教学理论的在线学习活动设计 [D]. 兰州：西北师范大学，2012.

③ 杨开城. 以学习活动为中心的教学设计理论：教学设计理论的新探索 [M]. 北京：电子工业出版社，2005.

④ 杨家兴. 在线教学的基本活动和教学法 [J]. 天津电大学报，2006（03）：1-5.

践练习、角色扮演、分组合作、项目研究、教学评量。研究发现，网络学习活动按照研究维度的不同，从不同角度进行分类归纳，确定具体的任务类别，还需要与活动过程、参与者的角色及支持环境等要素共同判断。

（2）参与者角色

通过利用质性研究方法，谢幼如等人总结了学生及教师参与网络协作学习活动的角色及行为（谢幼如，尹睿，2006)①。教师的作用在于设计协作的任务、组织小组成员进行协商、提出问题、控制协调小组活动以及评价小组表现等；学生主要的角色行为是围绕教师提出的问题彼此发表意见，进行交流，并根据任务需要查找搜集学习资源，创作作品，最后进行评价。

（3）学习活动过程设计

网络课程活动设计的过程一般是参照以活动为中心的教学设计（杨开城，2005）思路进行的。从活动的角度讲，教学系统是一个师生有组织共同活动的序列，同时也是一个学习活动的序列。这一分析框架将学习活动的主要成分分解为学习目标、学习方式、师生操作步骤、活动任务、交互形式、群体组织方式、活动监管、学习成果形式、学习评价。

通过分析目前国内"现代教育技术"网络课程的交互状况、交互工具和学习活动（刘洪超，葛文双，2008)②，按照以活动为中心的教学设计思路设计了"现代教育技术"网络课程。遵循以活动为中心的教学设计思想（何伏刚，陈丽，2007)③，针对《远程教育学基础》设计了学习活动过程。针对该课程一个具体模块的内容，学习活动过程包括活动持续时间、活动内容、活动的具体形式和提示。该研究的成果获得 2007 年"国家级精品网络课程"称号，为基十网络课程学习活动设计提供了优秀的范例。

（4）学习活动支持环境

学习活动的支持环境主要包括活动支持的工具及资源。支持工具包括：网络检索工具、视频图片处理工具、网络课程订阅工具、文档阅读及编辑工具、

---

① 谢幼如，尹睿. 基于网络的协作学习活动形式的质的研究［J］. 中国电化教育，2006（01）：13-16.
② 刘洪超，葛文双.《现代教育技术》网络公共课程学习活动设计分析［J］. 现代远距离教育，2008（04）：61-64.
③ 何伏刚，陈丽. 网络课程学习活动的设计研究［J］. 开放教育研究，2007（02）：89-94.

在线交流的工具等（刘洪超，葛文双，2008）①。学习活动支持资源主要包括三个方面：学习情境、网络信息资源和学习工具。学习情境指的是学习活动有赖于开展的环境，如 Wiki、BBS、Blog 等。网络信息资源包含经过设计的资源和泛在的非设计的资源。学习工具指的是促进学生更好地进行学习活动、提高活动效果的工具，可以是物质的也可以是非物质的。非物质的一般是各种软件工具，如书签、网络笔记本、数据统计软件等。

3. 小结

联通主义环境下，在实训教学中进行生成性课程开发，如何进行学生参与积极性的调动、通过怎样的活动设计帮助"生成性知识"的产生，这是生成课程中活动设计要重点研究解决的问题。本研究根据孙洪涛（孙洪涛，2013；王志军，2014）② 等人的文献，从流程的角度提出生成性课程活动的生成依赖教师的设计，它的流程遵循"社会联通—经验反思—信息汇聚—协作创新"这一过程。

二、课程生成结果的分析与生成规则研究

公安机关是一个组织，对于一个组织来说，组织内部经验和智慧的传承至关重要，需要及时获取并保留组织内的知识，保持组织记忆，以避免损失。对于个体的学习来说，有意义的接受式学习被证明是比发现式学习更实用、更高效的学习方式（Novak，Gowin，1984）③。网络平台中生成的案例资源和交互管道中生成的内容是知识提取并实现课程生成的关键研究内容。而在课程实施进行中或者实施结束后，如何进行知识获取、有哪些分析的指标，是对设计研究怎么设计的回答。

在课程与活动设计制作完成并上传平台之后，就进入课程实施阶段了。这时候的研究内容就变成对实施中直接产生的生成结果数据，比如概念、经验、案例和社会网络关系等的数据进行挖掘和分析。根据前文的文献研究以及对相关专家的访谈，本研究中课程生成的结果表现为核心参与者、概念及内涵、经

① 刘洪超，葛文双.《现代教育技术》网络公共课程学习活动设计分析 [J]. 现代远距离教育，2008（04）：61-64.
② 孙洪涛.Web2.0典型工具对远程教学社会性交互的支持能力研究 [D]. 北京：北京师范大学，2013.
③ NOVAK J D, GOWIN D B. Learning how to learn [M]. Oregon：Cambridge University Press，1984.

验及评析、案例及活动、其他资源链接等。最后在对课程的反思和提炼中完善生成课程并总结相关生成的规则。

（一）平台数据及环境分析与资源的提炼

平台数据及环境的分析目的是数据挖掘优化生成课程的开发。主要进行数据统计和行为分析：以日志为主，决定平台功能与初始资源的取舍。Moodle 平台的日志数据表（mbl_lgo）记录了用户访问的平台模块、各种操作以及发生的时间。利用 mbl_lgo 我们可对该门课程培训过程中学生和教师的访问平台模块情况、访问总体情况、各类操作行为情况、学生访问平台的时间特点等进行统计和分析，并可对分析结果进行可视化表示（魏顺平，2011）[①]。

平台资源的分析目的是课程生成知识的获取。因为本研究中学生主要是对"生成性知识"而不是"固定知识"的学习，"生成性知识"构成了课程的主要内容。平台生成资源的分析提炼包括概念、案例、经验等主要资源，以及其他论文、简报、工具、链接等。对这些资源如何加工提炼，构成了本研究主要内容之一。

（二）活动数据的分析指标

根据孙洪涛对 Web2.0 工具支持能力的研究（孙洪涛，2013）以及本研究在教学中生成课程的需要，生成课程开发从"社会联通—经验反思—信息汇聚—协作创新"这一流程特别设计对应的四类活动。根据课程目标和内容的需要，选择不同种类的社会联通活动、经验反思活动、信息汇聚活动和协作创新活动。活动生成的主要指导思想是给每个个体以及群组提供表达他们自身经验的机会，并且可以很方便地建立联通进行聚合，同时还可以生成内容并进行分享和完善。社会联通活动评价主要是根据联通情况和相互影响情况改进活动设计；经验反思和信息汇聚类活动主要是进行内容分析以改进活动设计；协作创新类的活动主要是通过访谈、知识建模等改进活动设计。活动数据的分析指标具体见表3-2。

---

① 魏顺平. Moodle 平台数据挖掘研究：以一门在线培训课程学习过程分析为例［J］. 中国远程教育，2011（01）：24-30.

表 3-2 活动数据分析细目

	数据细目指标
社会联通	出度、入度（联通情况）
	互惠性、中间中心性（相互影响情况）
经验反思	指标来自论坛博客编码
信息汇聚	案例（文本或多媒体）
	概念或特定称谓
	工具或链接
	论文或简报等
	其他意群或效度分析
协作创新	学生深入讨论的内容
	教师进行的领域知识建模
	其他争议性内容

（三）课程生成的规则

课程生成的规则分为活动和资源生成的规则。活动的生成主要来自教师，教师根据课程目标和内容的需要设计对应的活动，根据教学的实际情况不断调整活动。但生成性课程的活动一定要遵循生成课程开发的"社会联通—经验反思—信息汇聚—协作创新"这一流程。

资源的生成主要依赖学生，它会以概念及内涵、经验及评析、案例及活动、资源及链接、核心参与者等的形式表现出来。通过统计分析、数据挖掘等方法最后确定一个课程的结构和框架，包含若干概念、若干案例和评析、若干链接和工具等。在这一过程中，会产生课程生成的规则。这个规则是需要不断迭代研究去完善的，具体见表 3-3。

表 3-3 生成规则的研究

提取的数据	生成资源	规则
概念及内涵、经验及评析、案例及活动、资源及链接、核心参与者等	若干概念、若干案例及评价、一个课程的结构和框架、若干链接和工具等	各类规则、提取的方法与工具

第四节 研究方法

本研究采用设计研究①的研究范式②，目的在于促进理论发展，关注不断产生的可概括性的设计原则（王文静，2009③；杨开城，2013④；杨南昌，2007⑤；祝智庭，2008⑥）。同时结合其他行动研究⑦、人种志研究⑧等多种研究方法（Wiersma，1995⑨；张伟远，蒋国珍，2006⑩），研究者参与学生活动，与学生交流，了解他们在课程学习中的困难；观察并分析学生在网络平台讨论的工作经验和感受。

设计研究是一种探究学习的方法论，从本质上讲是一种发展性研究方法，秉承 DBR（Design-based Research，基于设计的研究）的原则，采用"逐步改进"的设计方法，把最初的设计付诸实施，检验效果，根据来自实践的反馈不

---

① 设计研究是一种探究学习的方法论，旨在设计一些人工制品作为一种教学干预或革新应用于实践，以潜在影响自然情境中的学与教并对其做出阐释。它通过设计、实施、评价、再设计的迭代过程产生基于证据的理论，并以此促进持续的教育创新（杨南昌，2010）。它的研究成果是：新理论、产品实例和实践纲领。
② 杨南昌. 学习科学视域中的设计研究 [M]. 北京：教育科学出版社，2010：53.
③ 王文静. "基于设计的研究"在美国的兴起与新发展 [J]. 比较教育研究，2009（08）：62-66
④ 杨开城. DBR 与 DCR 哪个才能架起教育理论与实践之间的桥梁 [J]. 电化教育研究，2013（12）：11-15.
⑤ 杨南昌. 基于设计的研究：正在兴起的学习研究新范式 [J]. 中国电化教育，2007（05）：6-10.
⑥ 祝智庭. 设计研究作为教育技术的创新研究范式 [J]. 电化教育研究，2008（10）：30-31.
⑦ 行动研究是指在自然、真实的教育环境中，教育实际工作者按照一定的操作程序，综合运用多种研究方法与技术，以解决教育实际问题为首要目标的一种研究模式。
⑧ 人种志（又译为民族志）研究是研究者与研究对象"交互作用"的实地调查研究，是研究者在现场进行长期的观察、访问、记录，针对所选择的场所、针对自然发生的对象而做的研究。
⑨ 威廉·维尔斯曼. 教育研究方法导论 [M]. 袁振国，译. 北京：教育科学出版社，1997：19-20.
⑩ 张伟远，蒋国珍. 人种志在现代远程教育研究中的应用 [J]. 远程教育杂志，2006（02）：69-71.

断改进设计，直至排除所有问题，形成更为可靠而有效的设计（梁文鑫，余胜泉，2006)①。它关注实践情境中的知识建构，主张知识是通过建构而生成的，其流程如图 3-3 所示（Reeves，2000)。

图 3-3　基于设计的研究流程

借鉴 DBR 在教育研究十年的发展（Anderson，Shattuck，2012②；Easterday，Rees Lewis，Gerber，2014③）以及设计过程六个阶段的界定，本研究的具体操作方案如下：

第一步，在文献研究基础上，形成这类课程的开发理念与价值取向。

第二步，在文献研究基础上，采用专家效度理论构建此类课程开发的流程。

第三步，在预研究中初步整理课程生成的规则，并对构建的生成课程开发模式请专家进行评价、修正（预研究在开题中已经呈现）。

第四步，选取一门课程进行生成课程开发，进行 3 轮迭代研究，如实记录全过程，把从理论到实践再到理论的过程可视化、具体化和可操作化。

第五步，在实例课程开发生成中统观迭代研究的数据，课程实例经过设计、准备、实施和生成几个阶段，通过课程提炼方法，生成活动、资源和网络，从而生成一门课程实例（也证明了模式的科学性）。

第六步，根据生成课程的研究结果，进行讨论与反思。

本研究的研究内容和研究方法之间的对应关系如表 3-4 所示：

---

①　梁文鑫，余胜泉. 基于设计的研究的过程与特征 [J]. 电化教育研究，2006（07）：19-21.

②　ANDERSON T, SHATTUCK J. Design - based research a decade of progress in education research? [J]. Educational Researcher，2012，41（1）：16-25.

③　EASTERDAY M, REES LEWIS D, GERBER E. Design-based research process：Problems, phases, and applications [C]. Boulder：Proc of International Conference of Learning Sciences，2014.

表 3-4　研究内容和对应的研究方法

研究内容	研究方法/资料收集方法
明确该类课程的开发理念或价值取向	文献研究法①
通过预研究，明确生成课程开发模式的假设	文献研究法、专家效度
选择一门课程进行迭代研究并进行数据分析与挖掘	统计分析、社会网络分析、内容分析、文本分析等
总结课程生成的规则并探讨生成课程开发模式	量的研究和质性研究②

第五节　数据收集与分析

在每一轮课程迭代时，研究者除了自我反思外也会收集学生反馈、专家意见，并对平台统计的数据进行分析。课程实施中，主要的数据来源包括三部分：平台数据、活动数据、生成数据（如图 3-4 所示）。平台数据是后台数据库记录的相关日志信息，包括登录访问平台及操作其中资源的活动统计数据；还包括对平台各模块功能的浏览、添加、修改、删除、订阅和上传等行为数据。活动数据则是在课程实施中从"社会联通—经验反思—信息汇聚—协作创新"这一过程中产生的数据。生成数据是对以上内容进行数据分析获得的概念及内涵、经验及评析、案例及活动、资源及链接和核心参与者等。具体分析方法见下文。

---

① 文献研究法主要指搜集、鉴别、整理文献，并通过对文献的研究科学认识现场事实的方法：一能了解有关问题的历史和现状，帮助确定研究课题；二能形成关于研究对象的一般印象，有助于观察和访问；三能得到现实资料的比较资料；四有助于了解事物的全貌。
② 量的研究：通过测量、计算和分析，以求达到对事物"本质"的把握。"质性研究"：通过研究者和被研究者之间的互动，对事物（研究对象）进行长期深入细致的体验，然后对事物的"质"有一个比较整体性的、解释性的理解。比如，访谈法是质性研究最主要的方法。

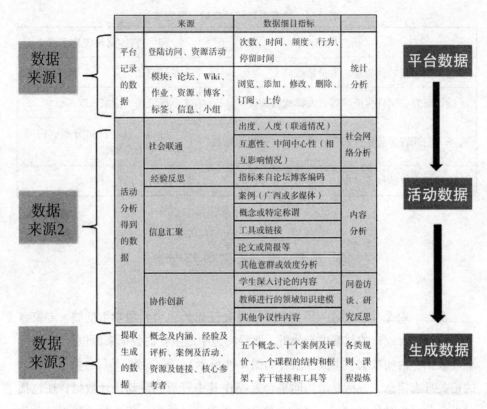

图 3-4　数据分析

一、统计分析

统计分析主要是进行平台日志分析。平台的日志数据记录了用户访问的平台模块、操作行为以及发生的时间。利用平台日志分析，研究者可对课程实例实施过程中学生和教师访问平台模块和各类操作行为情况、访问平台模块总体情况、学生访问平台的时间特点等进行统计和聚类分析，并对分析结果进行可视化表示。

（一）平台模块访问总体情况

表 3-5 是师生一轮生成课程中访问平台模块的频次统计结果。从统计结果可知，师生最常访问的模块是 Forum（讨论区），说明课堂讨论是主要的学习活动。Resource（资源）模块的访问频次要低很多，这可以让教师反思频繁的讨论是否有足够的自主阅读作为支撑（后文只出现模块英文名称，不再给出模块中文名称的翻译）。

表3-5　师生访问平台模块举例

模块中文名称	模块英文名称	次数	备注
讨论区	Forum	2337	主要操作是看帖和发帖
课程	Course	685	
维基	Wiki	1120	
作业	Assignment	261	
资源	Resource	246	
用户消息	User	1290	主要操作是阅读消息和发送消息
博客	Blog	300	
标签	Label	97	

（二）学生访问行为统计

学生访问行为统计主要是学生对平台各模块 Forum、Course、Wiki、Assignment、Resource 等的访问频次。这些行为包括 View（阅读）、Add（添加）、Edit（编辑）、Update（更新）、Delete（删除）、Subscribe（订阅）、Comments（评论）、Talk（聊天）、Search（搜索）等（后文只出现行为英文名称，不再给出行为中文名称的翻译）。

（三）依据学生访问行为，对学生进行聚类分析

通过挖掘课程平台日志，研究者可以了解学生在平台中所开展的各种活动的状况，发现学生的学习时间偏好，了解课程平台各模块的访问频率，并依据学生的平台访问行为对学生进行聚类，这些挖掘得到的信息将有助于改进教学设计和课程开发。

二、社会网络分析

社会网络分析①（SNA）主要是研究社会实体的关系联结以及这些联结关系的模式、结构和功能。社会网络分析是社会学研究的一种新范式。社会网络分析把解释的角度建立在关系的模式基础上，并认为从行动者关系的角度进行的解释优于从行动者个人属性的角度进行的解释。

---

① 社会网络分析认为："行动者及其行动是相互依赖的，行动者之间的关系是资源传递或者流动的'渠道'。"

（一）分析技术与工具

社会网络分析有助于了解整体交互形态，发现学习过程中的特殊群体与个体，比如核心参与者、边缘参与者和桥等。基于"图"这一数学模型的社会网络分析有非常强大的计算模型支持，可以对关系进行深入挖掘和可视化表征。本研究分析的关系包括方向（Direction）、内容（Content）和强度（Strength）三个部分。关系的方向涉及的是关系从哪个行动者发出，又指向哪个行动者；关系的内容往往涉及行动者之间交换或分享了什么；关系的强度涉及的是行动者之间交换信息的数量与频次等（王陆，2009)①。

分析的工具以 Nodexl、NetMiner 以及一些开源的软件为主。社会网络分析衡量值可以用来描述一个社会网络的概况，比较常见的社会网络分析衡量值包括：分支度、点度（Degree）、密度（Density）、派别（Clique）、亲密度中心性（Closness Centrality）、中介度中心性（Betweeness Centrality）。

（二）中心度分析

在论坛中，各个成员都通过发表帖子参与不同主题的讨论，显示自己的沟通能力和交流兴趣，以吸引他人同自己交流。中间中心度衡量了一个人作为媒介者的能力，如果中间中心度越高，越多的人联系时就必须透过他。如果两位成员之间没有任何信息交流，但是都有一位共同的沟通对象，那么只有这位共同的沟通对象发起讨论主题，或这位共同的沟通对象在不同的交流场合发布相关信息时，这两位成员才能协调意见互通信息（魏顺平，2011)。

（三）分析结果

社会网络分析的对象主要以课程教学中"课程/活动设计"的各类活动为主，可以分析某个主题资源或活动访问的密集程度代表度，以及中心性代表参与者是如何相互影响的。"度"的分析结果可以反映资源的重要价值或活动的组织好坏；中心性分析结果可以反映出哪些是核心参与者或边缘参与者。资源或活动的分析结果是为了优化案例及活动，同时分析出核心参与者如何为下一轮课程服务。

三、数据挖掘

（一）文本分析

文本分析采用自然语言处理（NLP，Natural Language Processing）分析方法

---

① 王陆. 虚拟学习社区的社会网络分析 [J]. 中国电化教育，2009，2（05）：11.

将文本内容转换成数据。相关技术众多，如信息检索（Information Retrieval）、词法分析（用于研究词频分布）（Lexical Analysis）、信息提取（Information Extraction）等。本研究使用标签标注（Tagging/Annotation）的方法。

标签标注（Tagging/Annotation）的方法主要是引导学生通过标签对自己平台上发布的所有内容如评论、博客等进行分类和描述，同时引导学生对这些内容进行加工形成自己的内容再次发布，最后在平台形成标签云。标签云是关键词的视觉化描述，用于汇总一个网站的文字内容或用户生成的标签，其重要程度又能通过改变字体大小或颜色来表现。标签云以权重表的形态出现，大多数标签本身就是超链接，点击链接就可直接指向与标签相关联的一系列条目。这些条目会成为概念归纳和内涵提炼的主要来源。平台还考虑应用语义分组技术，让内容相关联的标签聚拢在一起，帮助标签分组。这一思路将在后续研究中不断完善。

（二）内容分析

内容分析法①意在深入文本性对话，为学习的发生和知识建构过程提供有说服力的证据。当前学习分析吸引了大量教育实践者和研究者的注意力，而大量的学习数据需要被分析，用以改变教和学的实践。本研究同时也参考其他学者（Gunawardena，Lowe，Anderson，1997)② 的分析模型，总结出如表3-6 所示的分析模型编码。

---

① 内容分析法是一种对于传播内容进行客观、系统和定量描述的研究方法。其实质是对传播内容所含信息量及其变化的分析，即由表征的有意义的词句推断出准确意义的过程。内容分析的过程是层层推理的过程。

② GUNAWARDENA C N, LOWE C A, ANDERSON T. Analysis of a global online debate and the development of an interaction analysis model for examining social construction of knowledge in computer conferencing [J]. Journal of educational computing research, 1997, 17 (4)：397-431.

表 3-6 分析模型编码

阶段	编码
1. 分析并比较信息	表述观察或观点；认同其他参与者
2. 发现观点、概念和表述上的不同	识别表述不同意见；提出或回答问题，澄清不同意见
3. 意义协商并共同建构知识	协商或明确术语；协商不同争议的权重
4. 检验并修改整合的内容或共同建构的知识	检验所提出的假设，用已有认知模式、个人经验或其他来源
5. 陈述共识并应用新建构的意义	总结共识应用新知识；证明其知识和思维方式的理解在交互中被改变了

内容分析的步骤如下：①确定内容分析的目的：获取课程开发中的优质资源、共同认同的经验结果等。②选取样本：抽取样本为研究对象是为了掌握母群体特性。本研究的样本固定，就是以"网侦"实战课程的开发完善为对象。③建构类目：这是内容分析的核心工作，将类目拟定清楚，应该保持互斥、详尽、信度高等原则。④界定分析单位：内容分析常包含许多特性，所以必须容纳不同分析单位。到底要分析什么？字词、句子、段落？本研究分析参照上表的阶段和编码，以案例为主并建立量化系统（见表目录三轮内容分析）。⑤执行预测建立信度：建立信度之前必须施行预测，检视类目定义是否清楚明确。⑥依照定义将内容编码：将分析单位规划到类目的过程就是编码，编码者依照类目和分析单位判读内容，即使是另一位研究者，也可轻易利用这些类别研究并编码相同的数据，获得几乎相同的结果。⑦结论解释。

（三）分析结论

通过文本分析方法可以归纳概念，提炼内涵。通过内容分析期待获得的结果：筛选出的优质资源、共同认同的经验结果、学生的高度评价等。此部分会成为生成课程内容的主要来源。在一轮课程结束后，可以主要依靠课程组织者与核心参与者的课程提炼，借助知识建模图（杨开城，孙双，2010）描绘出领域知识模型，为下一轮课程生成做准备。

对在本研究的课程中产生的数据进行分析整理，主要产生了概念及内涵、经验及评析、案例及活动、资源及链接还有核心参与者等。除了教学实施中产生的数据，课程的总结和完善还依赖其他数据，如设计相关问卷，吸收专家、学生对生成课程的建议。课程本身也并不排斥传统课程开发方法。

四、课程提炼

在本研究中，课程提炼的典型做法包括找核心参与、凝练新概念、提取好经验、选择优案例、筛资源链接、反思佳活动等。在这一过程中产生并丰富课程生成的工具及规则，在下一轮课程生成中再进行修订与完善。这些工具与规则是该类生成课程开发模式的重要构成。它需要在每轮迭代研究实践以及最后统观三轮迭代数据中不断完善。

在每一轮课程开发并实施完毕之后，都要着手进行知识建模。可能初始阶段会面临课程知识的贫乏，但是随着多轮课程的循环，同时在实践中知识不断更新，该门课程的知识体系会不断地丰富与成熟。知识建模包含学习者知识建模与领域知识建模。学习者知识建模来自学习者与在线学习系统的交互数据。主要针对核心参与者的参与、优质的资源，对评价高的案例剖析进行整理。领域知识建模是对现有领域知识模型进行重构，改变初始的课程预设。根据学习者知识建模的数据绘制领域知识模型。绘制的方法参见文献"知识建模方法"。生成课程的知识建模过程是对该门课程知识体系的认识渐渐清晰的过程，它对下一轮课程的改进会起到很大的帮助作用。

第六节　研究过程与思路

本书中，研究者结合自己生成课程的实践，以一门有关"网络侦查"（下文都以"网侦"代替）的课程为例，研究如何在实战技能训练教学中生成一门课程。该门课程持续了三年，已经有几百名学员学习过该课程。在该门课程生成的过程中，课程的具体内容目标越来越明确，课程内容越来越丰富，教师对该课程内容的组织以及评价也越来越准确。

一、研究过程

根据本研究的目标与内容，研究采取"建构—检验—发现—总结"的技术路线进行。

本研究根据实践和理论的需要，并结合文献研究，在理论基础的指导下首先会提出一个理论框架，这个框架就是后文关于生成课程开发模式的假设。

因为"模式假设"对本研究非常重要，而且内容较多、步骤烦琐，所以研究者把它放在下一章专门论述。

紧接着会选取课程案例进行几轮迭代研究来检验，包含案例分析或实证分析部分，对前面得出来的理论创新结果进行检验或者是用案例进行验证。最后是产生设计原则，研究总结课程开发生成中的要件如活动、资源、核心参与者及网络等。本研究依靠课程平台中的数据进行数据挖掘、社会网络分析、课程提炼，并结合学生反馈、外部专家意见和研究者的反思进行研究。

二、研究思路

研究采用混合式的教学模式，结合网络和面对面的形式进行教学。在面对面教学时传递上一轮内容，学生可以根据他们自身的实际经验在网络空间提供反馈。因为在实训教学中开发课程，除了考虑课程开发的环节外，还要考虑实训教学的开展。所以预设课程时，采取传统的课程开发方法进行专家访谈和案例调研等工作是必要的。在有了初步的准备后，就要着手活动设计（杨开城，2005）。这里的活动设计不仅要考虑教学的顺利开展，更多还要考虑为生成课程的开发服务，所以活动的设计要遵循生成课程开发的"社会联通—经验反思—信息汇聚—协作创新"流程。教学实施过程也是课程开发过程，主要通过案例研讨、Wiki 共创等在教学过程中进行课程开发。学生既是学习者也是课程建设者，在教学中汇聚学生的经验到课程中来。最后根据聚合产出的内容进行分析提取，把教学实施（课程开发）阶段的成果转变成课程内容，以供下一轮学生使用，同时不断进行补充或淘汰。

在这一过程中，强调利用教育数据挖掘（如文本分析、内容分析等）和学习分析中的新技术来分析提取实践者在"学习空间"中的经验，而这个经验也是联通主义理论中的生成性知识。通过几轮教学实施，进行迭代，不断修订生成课程开发模式并完善课程生成的规则，最后完成研究。

第四章

生成课程开发流程的理论构建

根据前面所讲的文献综述、理论基础和研究设计，研究者提出了生成课程开发的价值取向，构建了生成课程开发的流程，并对课程实施的关键阶段进行活动设计和生成提炼。

第一节 研究者的价值取向

理念①是实践和行动的指南，借鉴高等职业教育课程和生成课程开发的理念（见文献综述），学校、教师或教师群体在生成课程开发时应体现下列价值取向（何伏刚，等，2015）。

一、教学观：教学过程也是课程开发过程

网络中知识的核心特性包括三个：①动态性；②隐性；③生长性。知识时刻处于变化之中是不言而喻的；知识存在于成千上万的神经细胞之间的连接之中，不是一个词也不是一个句子；网络中的知识通过与其他的节点彼此交互而建立新的连接。在网络中，知识是一种组织，而不是一个结构。高质量的网络及其联通就一定产生高品质的知识分享（George Siemens，2006）②。针对这样的特点，在实训课程中如果可以把实践者或学习者的经验放在具有联通特性的网络平台中分享，会达成较好的教学效果。在教学中，学习者的生成性知识成为构成课程的最主要内容，这区别于传统课程中由教师提供全部的材料。

---

① 理念是对客观事物原理的认识和理解，并由此而产生的思想、观念、信念，它是价值观的集中体现和高度概括，是相应制度建立的基础，具有哲理性和理性化，属于主观意识范畴，具有高层次指导作用。

② SIEMENS G. Knowing knowledge [M]. Morrisville：Lulu. com，2006：2.

教师的作用和地位发生了怎样的转变？在这种新型的实训教学中，教师的作用由传统课堂教学中的控制变为影响，即教师不再是控制整个课堂，而是影响或者塑造一个网络。在网络化的学习环境中，教师的作用主要体现在以下几个方面：放大、策划者、促进寻径和社会化——驱动意会、聚合、过滤、模仿和持续存在（George Siemens，2010）。课程内容是在交互的过程中动态生成的，教师和学习者通过在网络中持续不断交互，生成课程内容。

二、学习观：学习即链接

学习是建立网络链接的过程（Downes，2005）。链接的节点可能是某个网站、某本书、某篇论文或任何其他信息源。学习网络可以理解为我们建立的一种结构，而建立这种结构的目的就是为了持续获得经验，并不断连通外部新知识。在连通过程中，知识和学习就在发生，它不完全受个人掌控，而是聚焦在联通的"管道"中。如今对学习和知识而言，"知道在哪里""知道谁"比"知道什么""知道怎样"更加重要。信息超载的环境要求我们应具备这样的能力：能够分辨哪些信息是重要的，然后当信息变化时还可以继续保持连通。物理空间的学习者应该努力用在线工具和资源丰富他们自己的网络。建立网络，使学习者能够继续在迅速发展的知识面前保持时代性。管道比管道里的内容更重要（因为内容在迅速地改变着；乔治·西蒙斯，2009）①。新手学员在网络平台与相对有经验的专家、学员交流、学习的同时也建立链接。

三、环境观：社会性软件支持的网络学习环境

社会性软件（Social Software）是近几年教育领域内关注的热点之一，它代表支持全体交互的一类软件，包括 Blog（Vlog）、Wiki、Tag、RSS 等和其他的多对多社群系统及系统过滤技术。社会性软件在使用过程中能够促进集体协作行为和用户社会关系网络的发生与发展；它是帮助人们建立社会网络和自动组织群体的软件；它能帮助并促进人们之间的沟通、交流和合作。它主要的作用包含：促进反思性学习，提高学习者的自主学习能力；构建虚拟学习共同体，促进共同学习；有助于学习者发散性思维的培养，为问题的解决找到更多更好的

---

① 乔治·西蒙斯：网络时代的知识和学习：走向联通 [M]. 祝智庭，顾小清，译. 上海：华东师范大学出版社，2009：30.

途径；提升个人的知识管理水平，提高自主学习者自我效能感（杨敏，卢成林，2008）①。

社会性软件强调了在互联网世界中人的主体性，考虑了社会网络的存在和传播效应，呈现了应用过程中产生的内容和社会关系。澳大利亚的 Casey 和 Evans② 把开放社会网络 Ning 作为教室的学习环境，发现学生痴迷于"生成性（emergence）"和"连接点（connecting the dots）"。学习者在使用社会性软件的过程中积累信誉、建立信任、形成关系和联结，在这一过程中软件的效用是逐步增加的。"在父母眼中只有一个正确答案，在孩子的思想里通过开放社会网络的交流会有无尽的想象空间。"比如当下年轻人主要使用的"微微一抖+B站"，这主要是因为在社会网络交往中所积累的"生成性知识"的价值。

社会性软件的发展为学习提供了良好的支持，它能促使人们分享知识、激发知识创新，并培养信息处理能力和协作沟通能力。社会性软件不仅给学习者带来了更多的获取学习资源的渠道，而且拓宽了个人和组织的学习空间。在生成课程的实施中，社会性软件支持的网络学习环境为其提供了很好的支撑。

第二节　生成课程开发流程的构建

我国部分学者提出应当依据工作过程设计课程组织流程，这种理念认为工作过程导向的课程的实质，在于课程的内容和结构；追求的不是学科架构的系统化，而是工作过程的系统化。姜大源教授用"学科体系的解构与行动体系的重构"描述了职业课程组织的这一重大转换（姜大源，2006）③。从课程开发的角度看，徐国庆认为工作组织包含三个重要方面，即活动组织、任务组织和情境组织，这三个方面分别对应于课程体系组织、课程内容组织和课程情境组织

① 杨敏，卢成林．社会性软件在网络学习中的应用［J］．现代远程教育研究，2008（03）：66-68，72.

② CASEY G，EVANS T. Designing for learning：Online social networks as a classroom environment［J］．The International Review of Research in Open and Pistributed Learning，2011，12（7）：26.

③ 姜大源．学科体系的解构与行动体系的重构：职业教育课程内容序化的教育学解读［J］．中国职业技术教育，2006（07）：14-17.

(徐国庆，2008)①。这些是上文理论基础中工作过程系统化的职业教育课程理论给研究者的启示。同时，随着近二十年网络技术的蓬勃发展，网络时代的学习理论联通主义产生。联通主义理论的突出特点是把学习视为连接和网络形成的过程。基于联通主义的在线课程认为，知识是一个持续不断动态发生变化的过程，它就如同管道中的水不断流通，而管道本身就是联通的节点；知识以碎片的形式散布在网络中，每个学习者都拥有其中一部分，并且都可以对网络中的知识进行创造、完善、更新和批判等（George Siemens，2005），与此同时也不断生成着新的知识。实训生成课程是基于联通主义开发的课程，它也将成为未来联通主义的一种重要课程形式。它聚焦于特定行业领域，大量知识存在于实践案例中，在实训教学中汇聚学员的经验生成一门课程。警务培训中的生成课程能很好地克服目前培训中存在的一些难题，真正做到尊重学员的主体性，"解放兴趣"，有效地促进信息时代警察的职业发展。

网络时代课程本身结构在发生变化（见理论基础；George Siemens，2011），对于课程开发者而言，开发的范式也会发生变化。"在传统的课程开发中，课程内容的确定被认为是课程开发的核心工作，而这个核心工作是学科专家或者行业专家依靠自身的经验来完成的"（杨开城，2011）。本研究旨在警察实训中生成一门课程，各地实践案例及其参与者（警察）的经验构成了课程的主要内容。根据前面的文献研究和理论基础，本研究提出了课程开发流程：实训生成课程的开发会经历如下阶段，见图4-1（何伏刚，等，2015）。该流程的设计是针对前文为什么要开展这项研究的回答。因为当前在课程开发领域有来自一线实践的需求，而当下课程开发领域已有的课程开发理论不能为这类课程开发提供合适的模式。该流程反映了在实训中开发生成课程要凸显在网络空间的学习中生成性经验的重要性。经过后文课程生成相关规则的筛选，这些生成性知识进入课程，并成为下一轮学生学习的主要内容。

① 徐国庆. 从工作组织到课程组织：职业教育课程设计的组织观［J］. 教育科学，2008（06）：37-41.

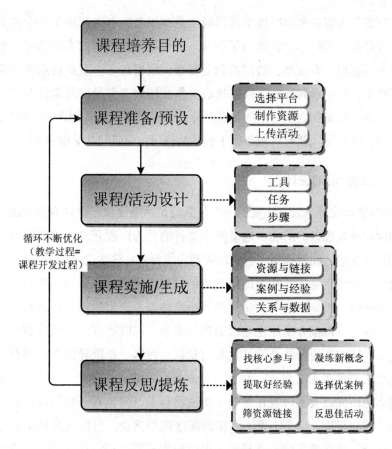

图 4-1　课程开发流程构建

一、课程准备/预设

课程准备/预设阶段：该阶段主要是课程开发或者教学的前期准备工作，主要是根据总体的培养目的、专家的访谈、素材的收集来预设一个生成课程开发的框架。这个框架主要包含内容素材的准备以及搭建一个平台系统。系统要满足基本的功能需求，如聊天室讨论区、思维导图、Web2.0 相关工具等。本研究使用了开源的 Moodle 平台。这个平台的特点是能够按照学习任务流而不是软件技术功能（如资源、讨论区、作业等）来呈现各种教学事项（郭文革，2012)①。

---

① 郭文革．引领式网络课程：理念及设计［J］．江苏广播电视大学学报，2012（03）：13-17.

研究者作为课程实训的教学者同时也是组织者，首先调研了几个地方的公安局，并对部分实际办案者进行了访谈。预设资源以脱密的案例为主；提供的案例分为问题型、发散型、错误型和分享型。根据每一个案例特点要求学生完成如下任务：贴一系列标签；根据核心工作技能调查引导问题设计和学生讨论交流的板块；对案例表达自己的观点并评价他人的观点；利用 Wiki 整理学生的讨论内容，将其纳入课程资源库供下轮学生使用。调研问卷见附录 1。

二、课程/活动设计

课程/活动设计阶段：主要的一个任务就是活动设计，包含为教学准备的活动和为课程开发准备的活动。这里的主要目的是为课程开发所需要的内容设置对应的活动支架，同时也为了教学的顺利完成而做好教学设计。

这个阶段的主要任务是为即将开始的课程生成设计好活动。典型的活动任务有案例研讨、Wiki 共创等。为了给每个个体以及群组提供表达他们自身经验的机会，并且可以很方便地建立联通进行聚合，同时还可以生成内容并进行分享和完善，还需要提供活动工具比如讨论区、博客、思维导图等，还有活动资源，比如案例的发布、解剖、评价等。根据（孙洪涛，2013）对 Web2.0 工具支持能力的研究以及本研究在教学中生成课程的开发流程，特别设计对应的社会联通、经验反思、信息汇聚、协作创新这四类活动。当然这是四类活动而不是四个活动，比如社会联通类活动，可以根据需要采用讨论活动、辩论活动或者自我介绍活动等（郭文革，2014）①。

三、课程实施/生成

课程实施/生成阶段：课程实施的过程也是课程生成的过程，这里主要包含学生生成的资源和教师生成的活动。比如，教师和学生共同提供资源及链接；根据课程需要或迭代师生共同就针对性活动支架开展活动；活动包含案例研讨、Wiki 共创、思维导图等。然后经过聚合产出和分析提取生成课程资源，供下一轮学生使用。其中也包含引入学生和专家的评价来不断修正课程内容。

课程实施/生成主要是数据的生成和采集，包括从"社会联通—经验反思—信息汇聚—协作创新"的活动中产生的数据以及课程直接生成的资源链接、案

---

① 郭文革. 网络课程类别分析：基于互联网教育传播模型的分析视角［J］. 远程教育杂志，2014（05）：41-46.

例经验和关系数据等。

四、课程反思/提炼

课程反思/提炼阶段：学生既是课程的学习者也是课程的建设者。学生通过实践总结他们的经验而形成课程。在本轮课程中分析寻找出的核心参与者，可以作为下一轮课程的助教。

在以上阶段的师生共同参与活动之后，教师要整理这一轮课程的内容为下一轮班级的教学做准备。同时平台本身随着多轮教学的进行会产生一些有价值的内容，如平台 tag：随着内容逐渐丰富，历届同学公认的有价值的内容就会浮现出来。通过利用数据挖掘、学习分析的方法对下一轮课程进行改进。典型的做法包括：找核心参与、凝练新概念、提取好经验、选择优案例、筛资源链接、反思佳活动等。这些做法对下一轮课程的改进会起到很大的帮助作用。

第三节　课程活动设计生成与提炼

基于设计的研究的目的，除了上述设计理论即联通主义环境下实训生成课程开发流程的构建外，研究者还需要提升理论形成设计原则。理论提升并产生设计原则需要分析课程生成的结果，并生成规则。本研究中在上述流程的"课程实施/生成"阶段就可以直接产生三类数据。这三类数据是原始的资源，需要经过"课程反思/提炼"阶段的加工才能成为课程的要件。那么这一加工过程要充分考虑每轮迭代循环的结果，把三轮数据统观分析，才可能提升理论产出设计原则，架起教育理论与实践的桥梁（Anderson，Shattuck，2012）。

因为是在实训教学的同时进行生成课程开发，实训生成课程开发的活动设计生成也是教学实施的关键步骤。课程开发的过程也是教学过程，课程实施遵循联通主义学习理论，按照"社会联通—经验反思—信息汇聚—协作创新"的流程进行。每个阶段需要设计对应的学习活动来促进课程教学的实施。活动的设计对应着本研究中课程活动的生成。所以本部分主要内容是课程活动的设计、教学实施的关键步骤介绍。在前人研究的基础上，研究者认为生成课程的学习是按照"社会联通—经验反思—信息汇聚—协作创新"这四个流程进行的（孙洪涛，2013；王志军，2014）。

一、课程活动的设计

（一）社会联通类活动

社会联通类活动包含个人介绍、安排小组等。根据学员本身的熟悉程度，这项工作在预备活动中一般也可以完成。社会联通类活动是促进生成课程开发的基础。我们的课程学员每周可以面对面交流一次，剩下的时间在网络上完成学习任务。对于本研究而言这很容易实现，但是如果在纯粹的网络环境下，社会联通是促进寻径意会及网络形成的基础，这部分的活动可以根据需要自行调整。

社会联通意味着形成一种较为稳定的人与人之间的联系，多体现为某种形式的网络。在这个网络中，人们可以进行不同深度、不同频繁程度的交流互动。从联通主义的视角而言，社会网络形态的形成过程与联通主义所提出的"寻径"（Wayfinding）有密切关联。根据联通主义的解释，网络形成的过程可以理解为路径发现和优化的过程。这些内容在后续章节会详细论述。

（二）经验反思类活动

经验反思类活动包含撰写博客、阅读资源材料等。经验反思类活动是生成课程在活动设计方面的特色，要充分根据生成课程内容的需要，设计出能够促进学习者对过往经验以及当下学习内容反思的活动。对平台提供的上一轮课程内容的学习，是学员实践技能提升训练的基础；对当下生成的经验的学习，是学员实践技能提升的主要渠道。

联通主义中"意义建构"（Sensemaking）体现了基于自我的反思，这是通过一种载体产生内容并通过网络进行传播，不断对其他学习者所提供的内容进行加工且提升意义水平的过程。Web2.0 对于用户生成的支持有两个主要方面：个体通过反思的生成，群体通过某种机制进行交互的生成。

（三）信息汇聚类活动

信息汇聚类活动包含 Wiki 编辑、论坛讨论等。信息汇聚类活动的组织实施决定了生成课程内容的质量。活动的设计要确实能把学员反思的经验在平台上呈现，要能将学员对他们自身案例的分析讨论在平台上展示。

联通主义强调网络作为通道的作用，强调信息通过联通路径的流动。联通网络的形成为信息聚合提供了前提，为消息和内容的传递打下了基础。聚合要体现对信息汇聚的支持；分享是对信息分发的支持；管理则是对资源进行整理、归类、标签化和标注的支持。基于寻径和意会创造的"生成性知识"是这类课程开发内容方面的特色。

（四）协作创新类活动

协作创新类活动包含汇编总结、提炼创新等。协作创新类活动的实施主要有两个目标：首先是聚类，确保过滤掉大量与课程无关的信息，把与本课程内容关系紧密的内容聚类进来；其次是择优，确保优秀的内容可以进入下一轮课程。在大数据和网络技术的支持下通过协作实现创新。

基于联通主义的课程结构是网状的、动态的，是超链接的、非层级的、可以任意方式组织起来的。通过以上四个流程设计的四类活动可以生成一个课程，而这个课程结构区别于传统意义上的课程。

我们的技术会发生变化，课程开发的形态采取混合式的、完全基于网络的或者基于移动终端的都没有问题。关键是活动的设计要按照"社会联通—经验反思—信息汇聚—协作创新"的流程进行。至于设计怎样的活动来促进社会联通、经验反思、信息汇聚和协作创新，要完全根据学习者自身的特点以及课程内容的需要进行。

二、课程实施生成的关键步骤

本研究尝试在实训教学中探索生成课程的开发模式，总结生成性课程的工具和生成规则，发现培训中的生成课程能很好地克服目前培训中存在的一些难题，做到真正尊重学生的主体性，"解放兴趣"，有效地促进信息时代警察的职业发展。根据前面的文献和研究者的预研究，研究者对上述阶段中的"课程实施/生成"部分进行了细化，整理了生成课程开发的关键步骤，见图4-2。因为教学实施过程等于课程开发生成过程，这一关键步骤链接了教学过程和课程开发过程。

课程活动主要的任务是根据联通主义学习理论"社会联通—经验反思—信息汇聚—协作创新"的流程设计四类活动。这一环节的核心是活动任务，其中活动的组织形式、方式方法、过程、规则等要素围绕着活动任务展开，而工具（调查工具、知识管理工具、协作交流工具等）、资源（重要的讨论观点、案例的评析等）以及教师的组织成为课程活动的服务性支持。这一环节的关键是教师生成活动。

从分析提取到课程生成阶段是利用相关定量和定性的方法对平台与课程活

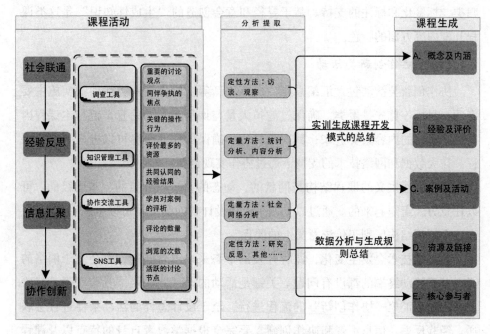

图4-2 课程实施生成的关键步骤

动的数据进行分析，从而得到课程生成的概念及内涵、经验及评析、案例及活动、资源及链接和核心参与者。这一过程可以提升理论产生设计的原则，同时可以对生成课程开发流程进行总结并可以产生数据的分析指标和课程生成规则（课程生成的方法）。这一环节的关键是学生生成资源。

经过课程实训教学实施的关键步骤，可以得到生成活动和资源。而这里的活动和资源就构成了生成课程的主体。在本研究的课程中，主要是产生了概念及内涵、经验及评析、案例及活动、资源及链接还有核心参与者。

第四节 研究迭代的困难和目标

前面研究者已经从课程开发理论的一个有意义的"障碍"出发，这个障碍也是研究实践的需求和理论的需要。本研究充分整合"联通主义学习理论"和"工作过程系统化的职业教育课程理论"，构建了生成课程开发的流程，并对课程实施生成的关键步骤进行设计。那么紧接着伴随基于设计的研究（DBR）的推进，研究者要对迭代研究中可能的问题困难以及实现的目标有一个预期（王文静，2010)①。根据 DBR 取向，在目标方面还可分为实践目标（旨在解决问题，成果含教学产品和实践纲领）和理论目标（旨在建构关于学习与教学的设计理论，成果除包含前面所提到的，更重视揭示学习发生机制和基于实践的知识建构；王文静，2009）。根据研究者前期的文献和理论研究，结合专家的访谈和调研，本研究预期设计研究中会面临如下三个困难：

首先，如何保证课程生成的方向并激发课程参与者的积极参与和贡献？

其次，有了大家的积极参与和贡献势必会产生大量的资源，如何提取、筛选、择优？

最后，要总结影响课程生成的因素以及课程是如何生成的。

以上问题的解决还需要围绕着设计研究的目标进行，也就是设计研究的理论和实践的双重目标。在理论目标上，研究者希望生成课程开发模式得到检验，配套的课程生成的规则与工具得到丰富。在实践目标上，研究者希望课程实例得到生成，课程实现培养目的，得到课程产品使用者的认可。下面本研究将会分别从每轮迭代进行研究（第五章）、统观三轮迭代之后的数据以及最后是否解决真实情景中的教育问题进行研究（第六章）。

---

① 王文静. 基于设计的研究：教育研究范式的创新 [J]. 教育理论与实践，2010（22）：3-6.

第五章

课程实例的教学迭代实践

基于设计的研究（DBR）的操作流程，研究者在真实情景中设计一个在实训教学中进行生成课程开发的实例。在实践中选择了课程实例进行迭代研究，通过课程的不断完善生成课程开发流程以及关键步骤的操作细节。研究者根据预期研究迭代的问题以及课程迭代的目标，把每轮结束后可能需要分析、评价、提取的数据和指标提出来；然后如实记录整个过程的演进路径，尝试进行研究评估与修订；最后对整个过程进行迭代循环，希望可以不断改进研究，发展更成熟的理论、产品以及实践纲领。

本部分主要内容包含生成课程开发的实例介绍和第一轮生成课程的情况分析及结果，第二轮生成课程的情况分析及结果，第三轮生成课程的情况分析及结果和第四轮课程生成的情况。目前该门课程还在持续生成中。以下是生成课程实例在四轮迭代中从设计、研发、实施、评估到修订的全过程。研究者如实记录了整个过程，后续会把设计研究从理论到实践再到理论产生的设计原则以及发现过程（包含活动、资源、核心参与者及网络的生成）可视化、具体化记录下来。

第一节　生成课程开发实例介绍

公安部《关于大力推进警务实战化建设的意见》明确指出：以构建科学高效的实战化警务运行机制为总目标，以提升公安机关整体战斗力为总要求，重点围绕打击犯罪、维稳处突、治安治理三项任务，紧紧抓住侦查办案、指挥处置、巡逻防控三个环节，牢牢把握专业训练、情报信息、警力装备三大支撑，强化实战引领，注重机制创新，大力推进合成作业的侦查办案机制、一体化运作的情报指挥机制、立体常态的巡逻防控机制和实用实效的警务保障体系建设，进一步提升公安机关整体战斗力。这是公安部在过去"三项建设"（包括执法规范化、基础信息化、队伍正规化）的基础上，明确提出增加"警务实战化"，大力加强"四项建设"。这是公安部党委在认真总结有益经验、深入分析公安工作发展态势基础上做出的一项重大决策部署，也是当前和今后一个时期公安工作的重心。

在这个大背景下，我们发现各地公安机关对"网侦"实战有着迫切的需求。根据教学实践的需要，公安院校作为高校却还没有开设这样前沿并且面向实战的课程。同时，随着计算机网络的发展，各地的犯罪形式以及办理处置的方式逐渐增多。公安院校的学员来自各省的基层公安局，每个个体虽不全面但都有一定的经验。如果要对"网侦"开展实训教学，采用实训生成课程这种模式是最佳选择。它切合当前信息社会终身学习的需要，有网络环境下最新的联通主义学习理论作为支撑，同时满足"警务实战化"的实践需要。为了在实训教学中生成课程，在课程开发的各阶段主要依据社会网络分析、数据挖掘、课程提炼等方法。

一、"网侦"实战课程实例

该课程是一门探讨公安机关如何进行"网侦"的课程。课程开发者在针对全国各地一线公安机关做调研时发现：很多地方公安局对办案民警提出了每个民警要学会信息研判、网上作战等的要求。它能够为侦查工作提供线索寻找、思路拓展等作用，每一位从事案件办理的民警都需要具备这方面的能力。随着计算机网络的发展，各地的犯罪形式以及办理处置的方式逐渐增多。过去传统师傅带徒弟的方式已经不能充分满足实践的需要。在当下信息蓬勃发展的社会，师傅们（指老警察）有时都难以跟上新的犯罪形式的变化。公安院校的学员是来自各省基层公安局到京培训的优秀民警，每个个体虽不全面但都有一定的经验。作为高校的教师，我们要走向基层，调研帮助一线公安机关，在总结提炼经验的同时为高校的课程开发服务。但是课程开发的周期比较长，也很难满足基层的迫切需要，这样就造成无法及时开发课程，而实践本身又迫切需要的矛盾。高校没有这样的课程，一方面是因为一线公安机关还在摸索和探索"网侦"的应用；另一方面还没有形成这方面的学科专家或行业专家。用传统课程开发方法（dephi、dacum、bag 等前文已述）进行开发，于是实训生成课程应运而生。该课程主要不是对"网侦"固定内容知识的学习，更多的是对生成性内容的学习。

二、课程平台介绍

(一) Moodle 介绍

课程选用的平台魔灯（Moodle①）是由澳大利亚马丁·多格玛斯（Martin. Dougiamas）博士主持他的志愿者团队合作开发的。除了位于澳大利亚珀斯的总部以外，Moodle 在全球还有 54 个官方合作伙伴，共同持续开发平台新的教育功能，并提供平台建设的咨询、定制、培训等服务（张伟远，段承贵，2012）②。Moodle 系统是一套基于"社会建构主义理论"设计开发的开放源代码的软件，能够帮助教师高质量创建和管理在线课程。由于 Moodle 的模块化和动态化的特点，平台不仅能保持使用 Web 1.0 的资源传递技术和 Web 2.0 的互动技术与功能，同时能整合和增加任何新型的技术，特别是 Web 3.0 的功能（张伟远，段承贵，封晨，2016)③。这一方面满足了教学的功能要求与内容学习要求；另一方面作为本研究依赖的课程开发工具，充分满足了课程开发的需要。

---

① Moodle（Modular Object Oriented Dynamic Learning Environment）是"面向对象的模块化动态学习环境"的首字母缩写。为了促进 Moodle 在我国教育中的使用更加本土化，黎加厚教授给 Moodle 翻译了一个中文名称"魔灯"。正如 Google 的中文名"谷歌"，蕴含"丰收之歌"的含义一样，"魔灯"蕴含"教师是课堂上的真正魔法师，而 Moodle 则是他手中的那盏阿拉丁神灯"之义。Moodle 基于先进的网络教学理念，具有开放性、灵活性、互动性、共享性、良好成本效益等优势，从根本上改变了技术驱动的网络教学模式，并转型为以教育和网络教学论驱动的新一代网络教学工具，深受教育和培训机构的欢迎。目前，国内部分中小学老师开始尝试利用 Moodle 管理自己的教学活动。Moodle 以上这些社会建构主义理论为其设计基础，主要特色有：简单轻便，相容性高，技术门槛低。其在线教学模块采用可自由组合的动态模块化设计，教师搭建在线课程时就像搭积木一样简单有趣。支持多种教学模式，可以帮助教师学生在一个积极协作的在线环境中进行交流，在线活动记录能够详细呈现。

② 张伟远，段承贵. 网络教学平台发展的全球合作和共建共享：2012 国际 Moodle 大会综述 [J]. 中国远程教育，2012（10）：32-36.

③ 张伟远，段承贵，封晨. 香港大学"互联网+"继续教育系统模式的实践思考 [J]. 现代远程教育研究，2016（01）：11-18，26.

（二）Moodle 的功能

Moodle 的功能①大致分为网站管理功能、学习管理功能、课程管理功能三大部分，是一款功能和服务都很强大的开源课程管理系统软件。在本研究中，我们在 Moodle 首页提供课程协同共建机制的说明；提供讨论主题；根据初始的主题编码，提供多个层次的讨论。这个层次可以作为未来该课程的原型。系统在用户注册时首先提供博客、论坛的 feed 地址；并且指定一个 feed 的过滤标签，这个标签就是共建该课程的主题。在未来几周时间内，每周提供一系列活动；通过连续几周的讨论不断完善和丰富课程内容。具体的功能如下：

1. Rss

参与课程共建的开发者，提供 feed；指定该门课程的主题标签，比如"网侦"、"网上作战"等。只有 feed 内容带有指定的标签，内容才会被聚合到课程中去。这样能够聚焦课程共建者在他们个人学习环境中的贡献。

2. Tag

用户可以在任何时候在系统中发布内容（包含发主帖、评论主帖等），提供对应的标签选择；用户也可自行添加标签，课程鼓励参与的学生根据内容自己添加认可的标签。

3. Newsletter

系统针对不同标签自动进行聚合；系统提供选择，可以每天或每周发送讨论的新闻组。该新闻组应该能够提供一周以来课程参与开发者在博客、论坛等所发表的标注课程指定 Tag 的内容。系统还提供聚合的 Newsletter 按日期和 tag 自动归档的功能。

4. Wiki

系统提供 Wiki，要求课程协调者在读完 Newsletter 后在 Wiki 上给出初始框架。Wiki 系统方便大家在每周写完自己的 feed 并且阅读完全站聚合的 feed 后，

---

① Moodle 主要功能分为：网站管理功能、学习管理功能、课程管理功能三大部分。其中课程管理中有灵活、丰富的课程活动：论坛、测验、资源、投票、问卷调查、作业、聊天室、Blog 和 Wiki 等。Moodle 拥有多种语言版本，其中包括中文简体和繁体版。Moodle 是目前世界上最流行的课程管理系统（CMS）之一，由于它是开源软件，免费、设计的教育理念先进，其开放的理念使得全世界的老师和爱好者都可以参与到系统的设计开发中，其功能越来越强大，成为国际上首选的能够替代 Blackboard 的学习平台（Blackboard 是一款功能和服务都很强大的优秀的商品化课程管理系统软件，目前正在国内的许多高校推广）。英特尔公司 CEO 贝瑞特博士有一句名言："计算机不是什么神奇的魔法，教师才是真正的魔术师。Moodle 就是教师魔术师手中的'魔灯'！"

提供协同编辑内容的功能。

课程技术及数据来源：课程技术是指课程的参与者使用多种多样的技术和工具，例如博客、论坛、Wiki 等。数据来源是课程 Moodle 平台"网侦"中的数据，本研究将数据的来源区分为三块并给出具体指标。

第二节 第一轮生成课程情况分析及生成结果

在课程开发之初，采取传统的课程开发方法辅助进行访谈（提纲见附录 1）、案例调研和典型工作任务分析等是必要的。研究者作为课程实训教学者同时也是组织者，首先调研了几个地方的公安局案例并对部分擅长"网侦"的办案者进行了访谈。受访者以为"网侦"主要是以"网上作战"的形式开展的。依靠网侦手段、网上作战获得的线索为很多案件的侦破提供了重要的帮助。"网侦"是在网络时代迅速发展起来的侦查思路，它区别于传统的侦查措施，是对传统侦查措施的有力补充。2010 年 7 月 27 日至 28 日，公安部刑侦局在广东广州召开了全国公安机关首次网上作战经验交流会，十年时间，"网上作战"从无到有①。于是在第一轮生成课程中，研究者就以"网上作战"为切入点来尝试探讨这类课程的内容体系、组织框架，并进行"网侦"生成课程开发的第一次尝试。当时研究者对"网上作战"相关内涵、外延、具体做法以及成功失败案例还知之甚少，以为"网上作战"就代表了"网侦"实战，这在第一轮生成课程的时间环境里也许是正确的。课程初始提供了一些调研所得的资源，预设资源以脱密的案例为主；提供的案例分为问题型、发散型、错误型和分享型。根据每一个案例特点要求学员完成如下任务：贴一系列标签；根据核心工作技能调查引导问题，设计学员讨论交流的板块；对案例表达自己的观点并评价他人的观点；利用 Wiki 整理学员的讨论内容，将提交的案例纳入课程资源库供下轮学员使用。

---

① 公安部. 以"网上作战"为载体发展打击犯罪新机制［EB/OL］.（2010-07-29）［2023-07-17］. https：//www. gov. cn/gzdt/2010-07/29/content_ 1666445. htm.

一、研究实施与数据收集

（一）课程准备/预设情况

第一轮生成课程在经过 2012 年的预研究准备后，正式实施于 2013 学年的春季学期。准备工作与混合式的网络课程开课前的工作相似，主要包含调研访谈、平台搭建、案例加工、教学设计等；只是在课程内容选择与组织方面花费精力较小（当然后续几轮内容选择与组织工作量是很大的）；在活动设计方面花费精力最多（后文活动的生成部分详述）。

第一轮生成课程选择的平台版本是 Moodle2.4，主要选用了论坛、博客、Wiki 等功能。考虑到这是第一轮的生成课程，课程开发者把更多的权利给了学习者。

在课程资源制作方面，根据课程组织者前期的调研，我们把一线基层公安机关成功开展"网侦"的案例挑选出来，按照前文文献综述中案例开发的步骤进行开发。希望把教师从案例中进行知识获取的经验展示给学员，让学员学会分析总结案例的方法（见附录 2 案例开发模板）。第一轮生成课程研究在 Moodle 中上传了四个主题，如图 5-1 所示。

（二）课程/活动设计介绍

第一轮活动在设计的时候侧重以学习者贡献为主，所以以提交案例 Wiki 汇编的活动较多。研究者把全国各基层公安局到北京进修的 100 名学员分成三个大组，每个大组又分成若干小组，在教学的同时进行生成课程开发。主题 1 的活动是预备活动，目的是让参与的学员迅速熟悉网络平台的功能，并进行一个初步的交流与讨论。主题 2 的活动是以呈现预设的资源为主，供学员学习与反思；这些资源是研究者在开课之初通过访谈、调研所得。主题 3 的活动是分小组进行 Wiki 编辑的活动，将每个大组随机分成几个小组，每个小组 8 人左右。活动之初小组之间不可见，只有小组内部成员才能看到本组的内容；活动结束之后设置组间可见，小组之间可以互相阅读各组的内容。主题 4 是要求各小组进行汇报，然后每个小组推举一名优秀的学员组建成三个大组。每个大组根据各小组汇报的情况进行汇总，推举的优秀学员具有 Wiki 的编辑权限，其他同学具有评论的权限。

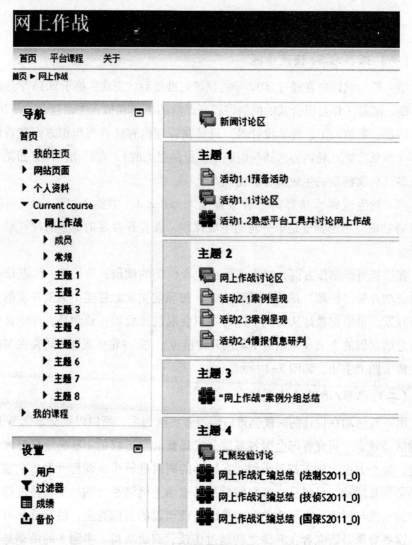

图 5-1　网上作战

　　每轮课程迭代，研究者会截取重点的几个活动展示活动情况、实施生成情况，详细的课程生成与提炼参见后面的章节。典型的"网上作战"案例分组总结活动上传以及 Wiki 讨论区情况如图 5-2 所示。

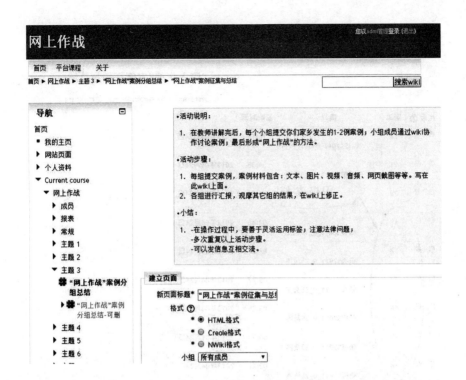

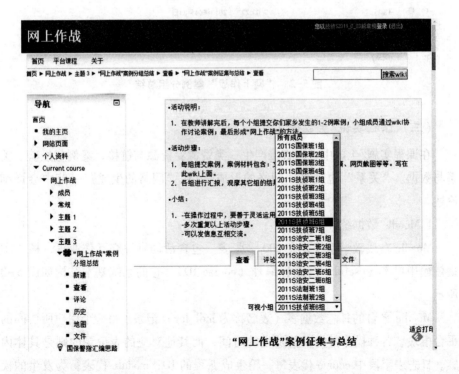

"网上作战"案例征集与总结

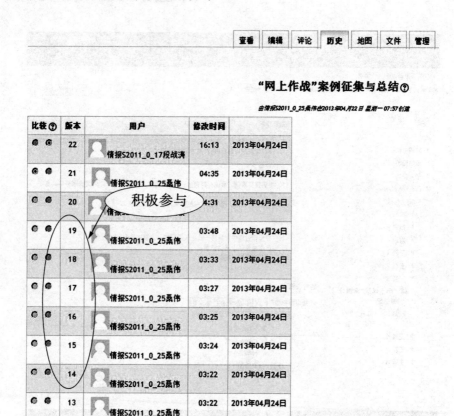

图 5-2　"网上作战"案例分组总结

（三）课程实施/生成情况

在课程实施/生成中可以直接产生三类资源：资源与链接、案例与经验、关系与数据。"关系"也就是"网络的形成"，在"网络的生成"一节中会详细论述。

1. Moodle 数据统计情况介绍

Moodle 在线教学系统，有 200 多张表。包含活动资源交互作业等，核心主键依赖用户名（userid）与课程编号（course ID）。它的系统基本结构如图 5-3 所示。

Moodle 平台的日志数据表（表名称为 mdl_log）记录了每一个用户所访问的平台模块、各种操作行为以及发生的时间，而其他对应的表记录的则是具体内容。日志表字段中 course 代表每一轮生成课程的 ID；module 代表行为发生的模

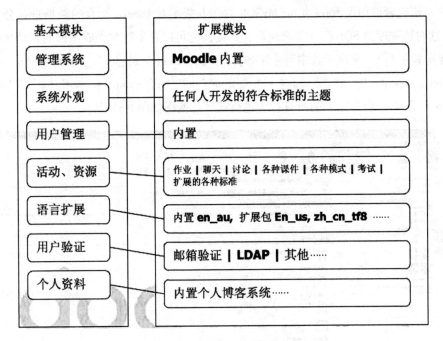

图 5-3　Moodle 系统基本结构

块（主要含作业、课程、论坛、消息、Wiki 等），如图 5-4 所示。利用这一日志数据表，研究者可对该门课程生成过程中访问平台模块总体情况、学员和教师的访问平台模块和各类操作行为情况等进行统计和聚类分析，并对分析结果进行可视化表示（魏顺平，2011）。

名	类型	长度	小数点	不是 null	
id	bigint	10	0	☑	🗝1
time	bigint	10	0	☑	
userid	bigint	10	0	☑	
ip	varchar	45	0	☑	
course	bigint	10	0	☑	
module	varchar	20	0	☑	
cmid	bigint	10	0	☑	
action	varchar	40	0	☑	
url	varchar	100	0	☑	
info	varchar	255	0	☑	

图 5-4　日志表字段

研究者选用了 Navicat for MySQL 11.0① 版本对 Moodle 平台的数据进行分析（这对数据库的 SQL 语言要求较高，后续研究可以开发针对生成课程的自动化数据分析工具）。在该工具中可采用 SQL 语句 "select 'mdl_log'. 'action' AS 'action', count（0）AS 'count（*）' from 'mdl_log' group by 'mdl_log'. 'action'" 对平台日志表的所有行为进行统计。截图如图 5-5 所示。

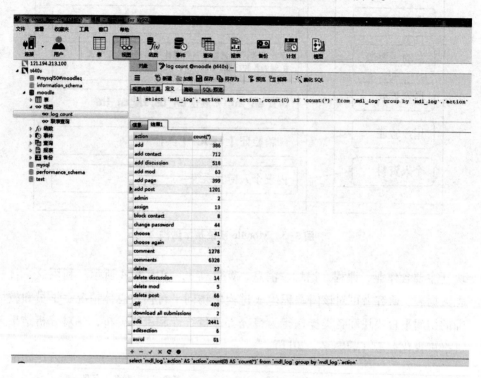

图 5-5　行为统计截图示例

2. 第一轮生成课程数据统计

第一轮共有 153 名学员，如图 5-6 所示。他们来自全国各地，被分成了三个大组，每个大组下面又设若干小组。表 5-1 是生成课程第一轮师生访问平台模块的频次统计结果。统计算法如下：

---

① https：//navicat. com/. "Navicat" 是一套可创建多个连接的数据库管理工具，用以方便管理 MySQL、Oracle、PostgreSQL、SQLite、SQL Server、MariaDB 和/或 MongoDB 等不同类型的数据库，并支持管理某些云数据库，例如阿里云、腾讯云等。

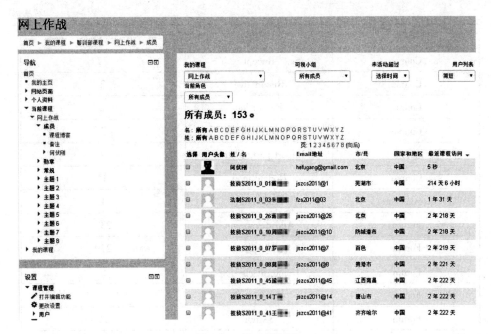

图 5-6　第一轮学员

select 'mdl_log'. 'module' AS '模块', 'mdl_log'. 'action' AS '行为',
count (0) AS '统计' from 'mdl_log'

where course = 4

group by 'mdl_log'. 'action'

表 5-1　第一轮数据统计

模块	行为	统计
Blog	View	16158
Calendar	Add	17
Calendar	Edit	1071
Chat	Report	55
Chat	Talk	193
Chat	Update	64
Course	Add mod	16
Course	Delete mod	2
Course	Enrol	49

续表

模块	行为	统计
Course	Recent	27
Course	Report live	2
Course	Report log	2
Course	Report outline	3
Course	Report participation	2
Course	Update mod	32
Discussion	Mark read	1
Forum	Add discussion	232
Forum	Add post	279
Forum	Delete discussion	5
Forum	Delete post	7
Forum	Search	11
Forum	Subscribe	2
Forum	Unsubscribe	1
Forum	Update post	54
Forum	User report	23
Forum	View discussion	2202
Forum	View forum	3187
Role	Assign	1
User	Change password	1
User	View all	1309
Wiki	Add page	128
Wiki	Comment	489
Wiki	Comments	2401
Wiki	Diff	195
Wiki	History	1746
Wiki	Map	207
Wiki	Overridelocks	1
Wiki	Restore	8

　　从统计结果可知，师生最常访问的模块是"博客"；其次是喜欢看讨论区并发布新话题；最后是在 Wiki 中发表评论观点。这说明学员对于表达自己观点的欲望很强烈，也特别乐于发表自己的想法。

　　图 5-7 是第一轮迭代平台数据的一些截图，目前已经积累了部分的数据信息。被 LMS（Learning Management Syetem，学习管理系统）捕获的关于学生行为的数据、同伴互助的数据和教师相关的数据对于提供课程生成已经成为可能。一旦数据收集齐全，数据可视化、数据挖掘和机器学习等技术工具将迫切被需要。

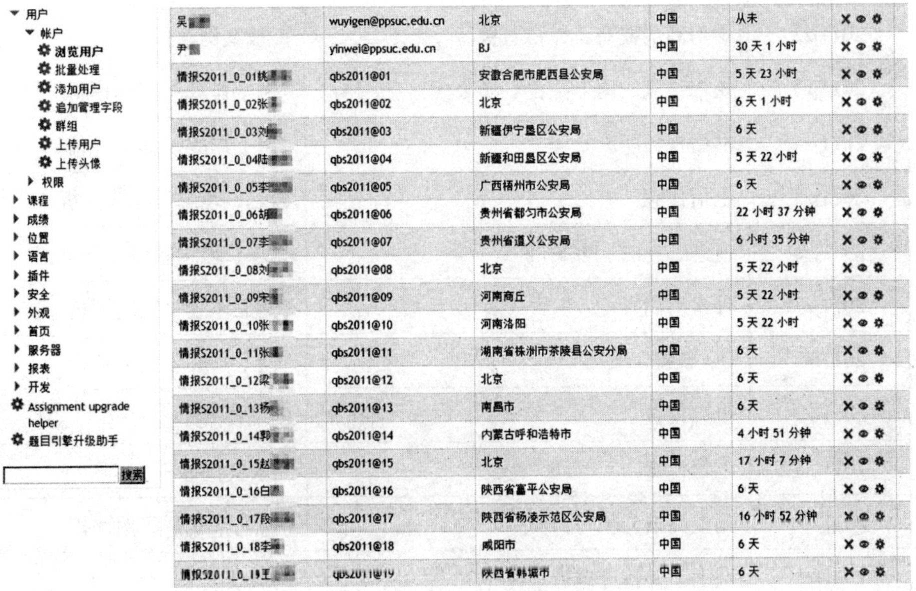

图 5-7　学员情况截图示例

3. 课程案例情况

　　在第一轮课程迭代中，学员一共分成了三个大组，每个大组又分成若干小组。经过研究者阅读文本并进行内容分析，最后统计获得 11 个关于"网上作战"案例的评析；2 个一般案例的评析；直接推荐了 3 个"网络技战法"；2 个关于"网上作战"概念、理念等的综合分析；推荐了一个资源链接"网络神鹰"追逃工具，具体如表 5-2 所示。在后文课程生成与提炼部分，会给出每轮内容择优和淘汰所依据的规则。

表 5-2 第一轮内容分析

小组	资源生成	统计归纳
2011Gb1	网络赌博案	"网上作战"案例评析
2011Gb2	网络卖淫案	"网上作战"案例评析
2011Gb3	"网络神鹰"追逃工具	资源链接推荐
2011Gb4	网络盗窃虚拟货币	"网上作战"案例评析
2011jz1	网上贩卖高考答案、扬言偷渡越南、信息化破获抢劫案	"网上作战"案例评析
2011jz2	楼房高层盗窃、盗窃石兽	一般案例评析
2011jz3	短信诈骗、网上买枪、卖公民信息	"网上作战"案例评析
2011jz4	网络视频聊天卖淫	"网上作战"案例评析
2011jz5	电信诈骗	概念、理念等综合分析
2011jz6	概念、方法、多案例	概念、理念等综合分析
2011jz7	种木马病毒	"网上作战"案例评析
2011fz1	QQ 破盗窃案	"网上作战"案例评析
2011fz2	视频侦查	网络技战法
2011fz3	电信诈骗	一般案例评析
2011fz4	网上征婚诈骗	"网上作战"案例评析
2011fz5	网上串并轨迹碰撞	网络技战法
2011fz6	视频侦查盗窃	网络技战法
2011zh1	网络吸贩毒	"网上作战"案例评析
2011zh2	网络诈骗	"网上作战"案例评析

（四）课程反思/提炼情况

经过第一轮生成课程情况的总结，研究者对课程进行反思和提炼。课程结束后，教师挑选了几个课上表现优秀的学员并且也是课程的核心参与者（后文详述）一起进行资源的筛选和总结。总结发现，各地公安机关对于"网上作战"的方法更加重视。不仅标签"网络技战法"张贴数量多（见凝练新概念一节），而且每个大组都自发地对各小组的案例进行了合并和总结，梳理出来了好几个典型的"网上作战"方法（见上表第一轮内容分析）。这让参与课程开发的老师们印象深刻——一线公安机关对"网侦"的需求更多的是要明确一步一步怎么做，也就是"网络技战法"的需求。这也成为我们下一轮生成课程开发的重点。当然他们也对概念内涵和经验案例等进行了更精准的总结，下一章会专门论述。

二、研究评估与修订

研究评估围绕课程迭代的几个难点问题以及研究迭代的理论或实践目标的实现进行（详细见后文研究迭代的困难和目标）。研究修订围绕模式的修订进行，包含模式中流程步骤的完善、工具规则的丰富。基于设计的研究者收集数据以便揭示如何很好地解决问题，"流程"怎样帮助生成课程开发。每一轮迭代对设计的评价是形成性的，因为这些数据可能需要研究者去进一步提炼最初的设计理论（见下一章），开发一个更详尽的设计干预。随着时间的推移，这个新的设计干预可以在类似的及更广泛的情境中加以实施（焦建利，2008）[1]。

（一）难点解决与目标实现

1. 难点问题解决情况评估

在第一轮研究中，为激发学员的参与积极性，研究者在课程开始之初设计了一些破冰类活动来引导学员探索课程平台功能，引起大家的兴趣。紧接着按照联通主义学习理论的流程开展活动，每周呈现一个主题。下面是第一轮课程生成中的一些统计图。

结合后文的社会网络分析，就可以找出课程的核心参与者。核心参与者与教师共同进行反思或提炼，决定下一轮生成课程开发需要的资源与活动，并确定阶段性生成课程的目标。大部分学生的参与积极性还是很高，小部分学生不感兴趣[2]。研究者分析其主要原因是第一轮课程提供的知识比较浅显，研究者本身也是课程开发者，对"网侦"实战课程的内容深度和广度把握不够。

图5-8是学员在课程教学期间，学员对论坛有所贡献的主要时间段。高峰的时间点可能正是平台中某个案例被发布或者某个有争议的话题被贴出来的时间。

---

① 焦建利. 基于设计的研究：教育技术学研究的新取向 [J]. 现代教育技术, 2008 (05): 5-11.
② 何伏刚，陈丽，朱群. "互联网+"环境下实训生成课程开发模式的设计研究 [J]. 中国远程教育, 2019 (09)：32-42.

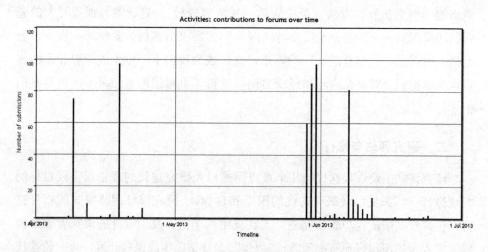

图5-8 第一轮论坛访问与贡献

由上图可以看出，学员对这种新颖的网络学习形式还是比较热衷的。尤其是有了这样一个社区论坛，论坛中发言的都是同行业的人，很容易引起共鸣。

2. 设计研究的实践目标与理论目标的实现情况

因为是第一轮迭代课程生成，所以研究者更多地关注了研究的实践目标即课程能否生成。我们发现一线公安机关特别重视网络技战法，且热情高涨；并且参与"网侦"工作的同学们对Web2.0这一技术普遍有兴趣。Web2.0的典型技术形式有Rss、Blog、Wiki、Tag等。比如Tag，对没有Web2.0网络应用经验的新手而言，他们填写标签时存在忽视内容背后的"人"、缺乏提炼主题词的意识、主题词选择不当及缺乏多角度互联管理等问题，应灵活运用人物策略和内容策略，不断调整完善标签内容，以适应新的网络学习形式（王莹，庄秀丽，2011）①；在预备活动中，增加关于Web2.0的学习。于是在第二轮生成课程中，研究者以"Web2.0与网络技战法"为主题，探讨各地公安机关开展"网侦"工作的内容。

（二）模式的修订与规则工具的丰富

开发模式的修订则是围绕生成课程开发流程的完善以及课程生成的规则与工具的丰富进行论述。关于每轮迭代在理论提升之后产生的设计原则，将会放在下一章统观三轮迭代产生的数据后统一进行分析。在本章不再进行详细论述。

① 王莹，庄秀丽. 网络学习中的标签应用问题及策略［J］. 现代远程教育研究，2011（03）：78-83.

1. 验证分析

在第一轮生成课程开发中，在"课程准备/预设"阶段花费了大量时间，尤其是在平台的选择上面。平台选择的好坏主要体现在对资源和活动的灵活支持方面。研究者在预研究中首先选用了 gRRshoppers①，该平台在西蒙斯的 cMOOC 课程（见《联通主义和联通化知识》CCK08）中一直在用，但因为技术支持的问题，在本研究中一直没有搭建成功，最后才选择了目前本研究使用的 Moodle 平台。在"课程准备/预设"阶段，那个平台可以很方便地整合资源和活动需要进行专门研究。考虑到研究者的个人能力、时间和精力，"流程"中的这部分内容相对缺乏。

在课程活动设计方面，本轮迭代选择了论坛作为"经验反思"活动的工具。在活动的引导语中，没有明确学员参与网络讨论的规则，导致大量与研究无关的帖子充斥论坛。虽然参与者积极性高涨，但是没有使学员借助论坛实现对自己工作过往经验的反思。在线学习和传统面授有很大的不同，它主要依靠学习者之间基于文本的交流维持和发展。讨论内容的丰富需要学习者在平台中提供案例和资源，并通过论据对自己的观点进行论证，而论坛中存在大量的"顶""我也同意你的观点"等简单的回复，显然达不到观点的碰撞，因此需要对如何开展网络讨论进行必要的指导，帮助学习者进行有意义的交流互动。在线学习首先需要学习者成为一个具有自主学习能力的人，很多学习者在这方面存在问题，比如，缺乏必要的时间管理技能和批判性思维能力。为此，在下一轮迭代开始前作者已经准备了一些有助于提高个人学习网络技术素养的材料，以帮助他们在参与网络学习的同时，提高相应的技能（何伏刚，2011）②。另外在线学习要求学习者具备必要的协作技能，而不少学习者缺乏必要的协作学习能力，因此研究者拟在课程教学伊始，通过破冰活动等，给学习者提供必要的协作学习技能指导。

2. 模式修订完善

在第一轮的教学实践之后，研究者反思出现上述问题的原因，除了直观的网上学习能力的缺乏，更重要的是研究者在课程活动设计方面只关注活动设计的工具、任务、步骤，而忽视完整教学设计过程。虽然整体的课程知识体系不清晰，但这一轮课程生成的目标"网上作战"却是明确的。一旦教学目标明确，

---

① gRRShopper is a personal web environment that combines resource aggregation, a personal dataspace, and personal publishing. It allows you to organize your online content any way you want to, to import content – your own or others' – from remote sites, to remix and repurpose it, and to distribute it as RSS, web pages, JSON data, or RSS feeds.

② 何伏刚. 个人学习网络技术及教育应用研究［J］. 中国远程教育，2011（07）：81-83.

那么课程活动设计阶段的内容框架、小组分配、评价方案等也需要完整给出。
修订后的流程如图 5-9 所示。

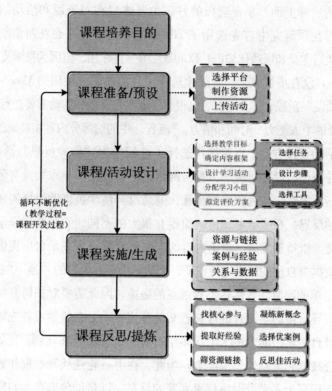

图 5-9 第一轮迭代修订

在如何丰富模式工具方面，研究者尝试了 Tag 工具，主要的用法是借助标
签云。研究者尝试利用标签凝练新概念并发现课程的主题（详见后文）。

第三节 第二轮生成课程情况分析及生成结果

一、研究实施与数据收集

（一）课程准备/预设情况

第二轮生成课程正式实施的时间为 2013 学年的暑假。课程选择的平台版本
依然是 Moodle2.4，主要以资源呈现和 Wiki 并重。资源以上一轮筛选的优秀案

例为主（见下一章选择优秀案例一节）。

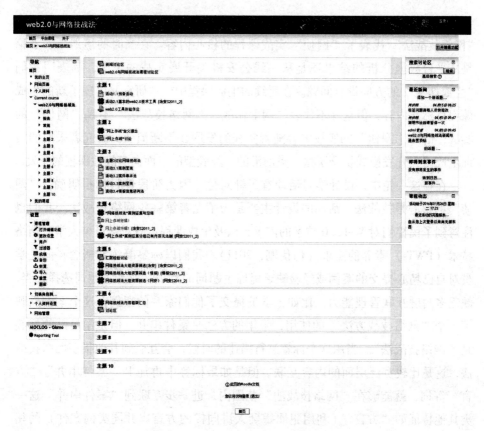

图 5-10　Web2.0 与网络技战法

　　研究在 Moodle 中设计了五个主题，如图 5-10 所示。主题 1 的活动是预备活动，增加了"基本的 Web2.0 技术工具"介绍，并且结合 Moodle 平台设计了 Web2.0 工具的体验作业。主题 2 的活动是对上一轮生成的资源"网上作战的概念与理念"进行讨论。主题 3 的活动是把上一轮课程中凸显的"网络技战法"进行整理并讨论。主题 4 是分小组进行 Wiki 编辑的活动，将每个大组随机分成几个小组。活动之初小组之间不可见，只有小组内部成员才能看到本组的内容；活动结束之后设置组间可见，小组之间可以互相阅读各组的内容。为了达成更好的效果，利用每周见面一次的机会，进行课堂汇报。主题 5 是要求每个小组挑选出专家组长，对课程中上一轮的资源以及本轮各组汇报的案例进行投票，选择优秀案例。

(二) 课程/活动设计介绍

第二轮生成课程的目标是探讨"网侦"实战中的技战法问题。研究者认为"网络技战法"代表了"网侦"实战课程的核心内容。在当时的境遇下，不论是从平台数据分析的结果还是从一线公安机关开展实战的情况，都表明我们"生成课程"的方向没有问题。在后续的生成课程中，本研究又出现了新的生成课程目标与内容，但这并不代表"网上作战""网络技战法"不是"网侦"的实战，恰恰"网侦"的实战内容随着实践的发展在不断演变。研究者采取的实训生成课程开发模式切合了这一类前沿的、经验型的、面向实战性课程的开发。

在在这一轮中，设计学习活动有了针对性，因为阶段性目标很明确，"网侦"的核心是技战法。活动的设计主要是为了完善第一轮网络技战法。我们也注意到了民警们对 Web2.0 技术的需求，以及生成课程本身对学员个人学习网络技术（PWTs）素养的需求（何伏刚，2011）。我们以标签凝练新概念，但是学员对自己精心提交的案例或经验缺乏提炼主题词的意识，或者主题词选择不当，缺乏多角度互联管理能力。比如，学员提交了他们家乡的案例，这个案例反映了一个"网络技战方法"的使用，采用的方法是案件串并。但是学员贴的标签是"网络技战法"。当用这个标签进行描述的时候，会互联到其他很多网络技战法，这是比较宽泛层面的内容互联。但是如果标签中再加上"案件串并""方言"等词，就能够在"网络技战法"范围内，进一步互联到"案件串并"这一类其他特征如"方言"（利用犯罪嫌疑人讲同样的方言串并同类的案件）的相关内容，查找起来也更加方便。

在分配小组方面，吸取了学员的意见，不再随机分组，而是按照地域进行分组，方便小组内部及时沟通，共同总结。针对这期的100多名学员，分成了三个大组，每个大组又分成若干小组，在教学的同时进行生成课程开发。

在第一轮生成课程时，没有完整的评价方案，课程参与者的动机不强。从已有的经验看，学习者已经习惯于教师提供全部课程内容并进行讲授式教学。究其原因，其实不在于学习者没有内在学习动机，而是没有设置好有针对性的活动，不能激发学习者的参与热情。因此从学习内容的设置上，拟把学习内容和实战性的学习任务联系在一起，激发学习者的学习动机；同时在课程考核方面，也对学习者参与讨论做出相应的规定。

（三）课程实施/生成情况

1. 第二轮生成课程数据统计情况

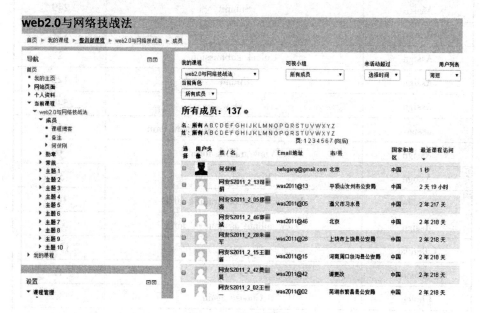

图 5-11 第二轮学员

第二轮共有 137 名学员，如图 5-11 所示。他们来自全国各地，被分成了三个大组，每个大组下面又设若干小组。表 5-3 是生成课程第二轮师生访问平台模块的频次统计结果。统计算法如下：

select 'mdl_log'.'module' AS '模块'，'mdl_log'.'action' AS '行为'，count（0）AS '统计' from 'mdl_log'

where course = 2

group by 'mdl_log'.'action'

表 5-3 第二轮数据统计

模块	行为	统计
Assign	Add	18
Assign	Download all submissions	2
Assign	Grade submission	57
Assign	Lock submission	2
Assign	Revert submission to draft	31

续表

模块	行为	统计
Assign	Submit	249
Assign	Submit for grading	117
Assign	Unlock submission	2
Assign	Update	125
Assign	View	25427
assign	View confirm submit assignment form	152
Assign	View grading form	6
Assign	View submission	31
Assign	View submission grading table	146
Assign	View submit assignment form	387
Calendar	Edit	1327
Choice	Choose	41
Choice	Choose again	2
Choice	Report	3
Course	Add mod	17
Course	Delete mod	3
Course	Enrol	2
Course	Recent	30
Course	Report live	1
Course	Report log	1
Course	Report outline	1
Course	Report participation	6
Course	Unenrol	2
Course	Update mod	57
Discussion	Mark read	26
Forum	Add discussion	212
Forum	Add post	596
Forum	Delete discussion	5

模块	行为	统计
Forum	Delete post	25
Forum	Move discussion	2
Forum	Search	44
Forum	Subscribe	3
Forum	Unsubscribe	1
Forum	Update post	99
Forum	User report	28
Forum	View discussion	4687
Forum	View forum	4824
Lesson	Start	8
User	Change password	1
User	View all	2017
Wiki	Add page	262
Wiki	Admin	2
Wiki	Comment	680
Wiki	Comments	3469
Wiki	Diff	205
Wiki	History	2187
Wiki	Map	838
Wiki	Overridelocks	1
Wiki	Restore	17

从统计结果可知，师生最常访问的模块是"作业"；其次是喜欢看讨论区并仔细观看回帖；最后是在 Wiki 中发表评论观点，并相互间发消息交流。本轮生成课程的学员依然对表达自己观点的欲望很强烈，也特别乐于发表自己的想法。同时因为加强了评价，所以学员对于教师布置的作业格外重视，并且也特别乐于观看别人的作业。学员提交的作业都是他们自己工作经验的积累，大量的作业丰富了课程资源；学员作业提交完成后，开放作业的访问权限，学员在观看别人作业的同时，得到自我提升。

2. 网络技战法统计情况

在第二轮课程迭代中，一共分成了三个大组，每个大组有若干小组。经过研究者阅读文本并进行内容分析，最后统计获得 3 个关于"网上作战"案例的评析，3 个一般案例的评析，直接推荐了 8 个"网络技战法"，3 个大案分析，大案往往是反映综合作战而不仅仅是单一的"网络技战法"。

表5-4　第二轮内容分析

小组	资源生成	统计归纳
2011wa1	微博打拐	网络技战法：微博用法
2011wa2	网络视频卖淫	网络技战法：Ip 定位
2011wa3	河南洛阳性奴案	大案分析
2011wa4	盗打电话、淫秽网站	网络技战法：串并情报分析
2011wa5	盗窃篮球明星财物	一般案例评析
2011wa6	新疆首例网络黑客案	"网上作战"案例评析
2011qb1	抢劫强奸	网络技战法：摸排、串并
2011qb2	周克华案	大案分析
2011qb3	网上雇凶杀人	"网上作战"案例评析
2011qb4	抢劫杀人	网络技战法：串并、追逃
2011qb5	网上贩卖四六级试卷	网络技战法：Ip 定位
2011za1	盗窃 4S 店	一般案例评析
2011za2	盗窃诈骗等多案例	一般案例评析
2011za3	网络赌博、网络卖淫	网络技战法：围绕人员、物品、信息研判
2011za4	抢劫	网络技战法：串并
2011za5	张高平、张辉叔侄案	大案分析
2011za6	网络传销、网络传播淫秽物品	"网上作战"案例评析

（四）课程反思/提炼情况

课程结束后，教师与课程的核心参与者一起进行资源的筛选和总结。总结发现各地公安机关对于开展网上作战、提炼"网络技战法"都很热衷。每个大组都自发地对各小组的案例进行了合并和总结，不仅梳理出来了一线公安机关典型的"网络技战法",而且发现案件办理已经完全离不开信息化侦查措施。民警在日常工作中已经离不开公安计算机网络,到达现场后已经习惯性地开始查证现场的监控、通信、网络等。

在下一轮生成课程开发中,迫切需要对前面两轮生成课程"网上作战"和"Web2.0与网络技战法"进行归纳总结。这也确实是高校老师应该做好的事情。一线公安机关在办案实践中已经应用出了大量的技战法,但是他们没有时间,也没有足够的理论水平对其进行梳理,需要教师进行提炼总结。

二、研究评估与修订

研究评估和修订总体会围绕课程生成的几个难点问题以及要实现的目标进行:首先课程的生成及学员的贡献参与情况如何?案例经验等的择优和筛选情况如何?课程生成的结果如何?研究修订围绕实现生成课程模式的改进或完善如何?

(一) 难点解决与目标实现

1. 难点问题解决情况评估

第二轮生成课程中,课程的阶段性目标很明确,就是要对"网侦"的网络技战方法进行梳理总结。之所以课程活动的开展严格按照"课程实施的关键步骤"进行,是因为研究者想检验前文的理论构建能否促成课程的生成。下面是第二轮课程生成中一些统计数据。

首先是每名学员访问平台的情况,结合后文的社会网络分析,就可以找出课程的核心参与者[①]。核心参与者与教师共同进行反思/提炼,决定下一轮生成课程开发需要的资源与活动,并确定阶段性生成课程的目标。

图5-12是Wiki活动中,学员阅读内容或修改内容的总体情况。每个学员对Wiki内容的读写都可以清晰地呈现出来。借助"专家组长",每位学员对课程做出的有价值的贡献都会被丰富到每轮课程中来。

---

① 何伏刚. 联通主义视角下生成课程开发技术研究 [J]. 现代教育技术,2019,29 (10):87-93.

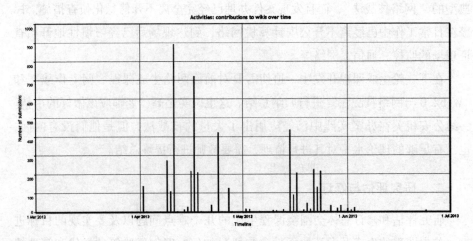

图 5-12　第二轮 Wiki 活动贡献

2. 设计研究的实践目标与理论目标的实现情况

根据本轮迭代研究数据的初步统计分析，在实践目标方面，研究确实获得了大量的资源（包含案例、经验、工具等），但在这些资源的提炼方面却遇到了困难。研究者希望在协作创新阶段完成资源的提炼，形成课程的组织框架。于是在第二轮生成课程活动中，研究者尝试设计了主题 5 的活动。由各小组推举一名"专家组长"（在小组中被大家公认为专家型人物）组建成三个大组，然后每个大组对各小组提交的内容进行选择，并且按照他们以为的顺序进行组织，最后的成效并不是很好。因为研究发现，让学员来决定课程的组织还是很困难的，但是这对课程教师而言是很好的参考。

在理论上也使得研究者反思，生成课程如预料的一样可以获得大量的资源，但是按怎样的顺序组织这些内容却是一个难点，让学员去决定课程内容的组织是不可行的。

（二）模式的修订与规则工具的丰富

在第二轮生成课程迭代中，从要探究"网络技战法"这个课程目标出发，遇到的主要问题是课程活动设计的生成与提炼，研究者在课程生成的资源的提炼方面也遇到困难。这个困难是因为部分活动在设计时，过分依赖全体参与学员，学员在挑选资源组成课程内容时发生争论，而不能产生决断（都说自己的案例经验更好）。同时，教师作为实践者分析课程生成的规则不够完善。在第一轮课程生成时，冲突没有那样严重，因为资源较少；在第二轮课程生成时这个问题就必须解决了。解决的方案就是下一章统观三轮数据专门论述课程的生成与提炼，这是提升理论产生设计原则的必由之路。这个原则的构成就是随着多轮课程迭代、资源丰富的同时，挑选资源的规则或工具也越来越丰富。在探讨课程开发的实践方法方面，本轮主要完善如下方面：

一是研究者尝试提出核心参与者的算法。生成课程中的核心参与者不能按一般课程论坛中的仅用出度、入度和中间中心性等指标进行衡量，要充分考量他们对课程生成的贡献。具体分析见后文"找核心参与"一节。

二是研究者精细化设计了"选择优秀案例"的活动，该活动属于一种"信息汇聚"活动，目的是在课程参与者进行经验反思后，把相关资源汇聚到课程中来。

三是研究者明确课程实施生成的关键步骤，在课程按照联通主义学习理论，完成从社会联通、经验反思、信息汇聚到协作创新的过程后，要有专门的分析提取过程。分析提取主要使用"大数据"提供的方法，也包括使用各种定性定量的方法，这样才有可能获得课程生成的"要件"。

除了以上研究者利用课程开发的实践操作方法解决问题以外，在参与全国公安院校优质课程评比过程中，同行专家们也提出了相应的意见。专家们认为该类课程已经具有了时代性的特征，对教师的能力要求极高。专家建议生成课程在确定课程培养目的以后，应该从课程/活动设计开始。因为伴随着课程多轮生成迭代，课程资源会越来越丰富。这需要课程组织者在核心参与者的帮助下挑选整合资源，进行以活动为中心的教学设计。这一意见也得到了教育学领域的教育技术、远程教育研究机构同人的认可。本轮修订后的流程如图 5-13 所示。

研究者调整了生成课程开发流程中"课程/活动设计"和"课程准备/预设"的顺序，同时在设计学习活动时加强"整合资源"。但研究者，同时也是课程组织的实践者认为：在第一轮生成课程开发时，可以考虑把"课程准备/预设"放在"课程/活动设计"前面进行。这样做的原因是在第一次选择平台、制作资源、上传活动时都需要花费大量的时间。

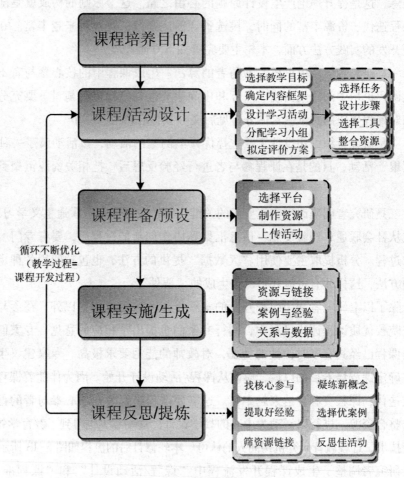

图 5-13 第二轮迭代修订

第四节 第三轮生成课程情况分析及生成结果

2013 年到 2014 年，研究者利用在一线公安机关实践锻炼的机会，充分调研基层派出所、刑警队在利用"网侦"实战方面的现状。随着实践的发展，充分利用"网侦"手段在侦查措施中进行线索的寻找和发现已经成为常态，基层公安机关每个民警都已经具备网上作战、信息研判的能力。

《中华人民共和国刑事诉讼法》关于侦查措施有明确的规定①，在公安院校也会开设"侦查措施""技术侦查措施"等课程，但是在实践中采用传统侦查措施的案件很难得以侦破。尽管在当前的立法中，还没有对信息化侦查措施进行相关约定，但是这已经越来越成为民警日常工作的必需。

一、研究实施与数据收集

（一）课程/活动设计介绍

第三轮生成课程实施的时间为 2015 学年的春季学期。随着实践的发展，"网侦技战法"已经越来越成为侦查措施中线索发现必不可少的要件。所以非常有必要在生成课程中对当前一线公安机关的信息化侦查措施进行总结，即把过去零散的"网侦技战法"归纳与提炼为几类信息化侦查措施。根据研究者的调研和与一线民警的交流，以及上一轮生成课程中一线民警提供的很多"网络技战法"，研究者进行了归纳总结。

在这一轮课程/活动设计中，研究者总结归纳上一轮的"网络技战法"为几类具体的"信息化侦查措施"，并以资源呈现为主。本轮实训课程的目标是完善"信息化侦查措施"并发现一线公安机关在"网侦"实战方面新的做法与经验。在内容框架方面，结合上一轮生成课程的网络技战法，进行归纳与总结。最后确定这一轮学习活动以学员浏览过往的课程并阅读课程组织者归纳和呈现的资源为主，并进行反思汇聚创新。在分配学习小组方面则采取了与以往不同的策略。学员根据工作经验，自行选择承担某一个主题的学习任务并自行生成完善和汇报。评价方案则以平台讨论区，上传作业和汇报等的实际评分为主。评价的方式会有自评、互评和教师评价等。

（二）课程准备/预设情况

考虑到基层民警对这种基于经验的实战类课程需求更高，为了提升平台的性能，在这一轮生成课程开发中，研究者把平台升级到稳定版本的 Moodle2.8，并把数据和应用分开部署。研究者不仅希望将来能够对各地来京培训的民警进

---

① 《中华人民共和国刑事诉讼法》（1979 年 7 月 1 日第五届全国人民代表大会第二次会议通过，根据 1996 年 3 月 17 日第八届全国人民代表大会第四次会议《关于修改〈中华人民共和国刑事诉讼法〉的决定》第一次修正；根据 2012 年 3 月 14 日第十一届全国人民代表大会第五次会议《关于修改〈中华人民共和国刑事诉讼法〉的决定》第二次修正）http://www.gov.cn/flfg/2012-03/17/content_2094354.htm.

行生成课程开发，将课程放在公安网上，开放访问权限，还可以针对公安民警开发"警务通"移动终端，真正实现一种新的课程开发形态。"互联网+"的落脚点是要形成新的发展业态与产业形态。"互联网+教育"谋求的不是教育的技术化或互联网化，而是以互联网为基础设施和创新要素，构建新的教育生态体系（陈丽，林世员，郑勤华，2016)①。这种"新课态"是随着"互联网+"时代到来的，课程开发中有了新的生产要素数据和新的机制，即不仅仅用技术做传统的事，而是推动教育变革，改进教和学的实践模式。

在制作资源与上传活动方面，我们一共拟定了 7 个主题，如图 5-14 所示。首先主题 1 依然是预备活动，解决基本的工具使用问题，设计破冰活动辅助以Web2.0 工具的介绍。然后依然从让学员建立社会联通开始。紧接着在主题 2 开始经验反思活动，教师开放过往两次生成课程给所有学员访问阅读，并且要求学员结合当前的工作经验进行反思。紧接着从主题 3 到主题 6，教师与核心参与者结合研究者在一线公安机关的调研，把上一轮课程生成中的"网络技战法"根据他们的功能特点进行归类，呈现到网络平台上，配套的活动更多以讨论为主。主要归纳成了四类：网上摸排、网上串并、网上人员与物品调控、网上追逃与预警。课程组织者把这次培训的学员分成四组，每一组根据他们的兴趣负责一个主题的讨论组织和信息汇聚，讨论各自小组的内容是否合适、是否要补充新的案例等。主题 7 是总结与建议。

---

① 陈丽，林世员，郑勤华. "互联网+"时代中国远程教育的机遇和挑战 [J]. 现代远程教育研究，2016（01）：3-10.

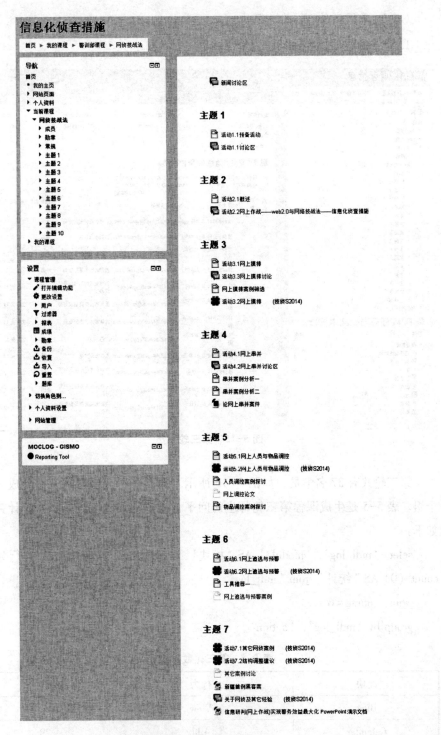

图 5-14　信息化侦查措施

（三）课程实施/生成情况

1. 第三轮生成课程数据统计情况

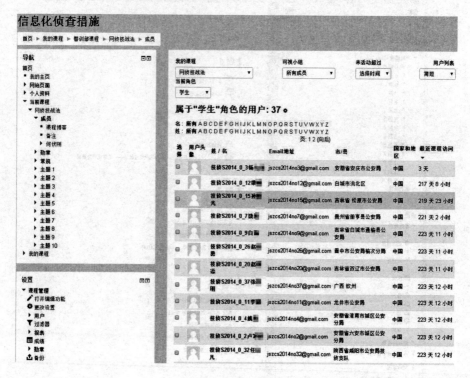

图 5-15　第三轮学员

第三轮共有 37 名学员，如图 5-15 所示。他们来自全国各地，被分成了四个组。表 5-5 是生成课程第三轮师生访问平台模块的频次统计结果。统计算法如下：

select 'mdl_log'. 'module' AS '模块'，'mdl_log'. 'action' AS '行为'，count（0）AS '统计' from 'mdl_log'

where course = 6

group by 'mdl_log'. 'action'

表 5-5　第三轮数据统计

模块	行为	统计
Blog	View	4026
Calendar	Add	29

续表

模块	行为	统计
Course	Add mod	28
Course	Recent	8
Course	Update	53
Course	Update mod	42
Discussion	Mark read	11
Forum	Add discussion	65
Forum	Add post	300
Forum	Delete discussion	3
Forum	Delete post	29
Forum	Search	10
Forum	Subscribe	2
Forum	Unsubscribe	1
Forum	Update post	65
Forum	User report	12
Forum	View discussion	1939
Forum	View forum	1624
Forum	View forums	3
User	View all	184
Wiki	Add page	13
Wiki	Comment	109
Wiki	Comments	461
Wiki	Edit	43
Wiki	History	79
Wiki	Map	9

从统计结果可知，师生在阅读过往的博客之外，最常访问的模块是"讨论区"；根据每个组分配的任务不同，各组成员主要是在小组内进行讨论与沟通，最后由四个组各自选派代表进行汇报，并且和课程组织者一起把生成的资源丰富到课程中去。所以本轮生成课程对课程资源的添加、操作行为的更新明显多

于前面两轮课程。

2. 生成案例与经验情况

在第三轮课程迭代中，一共分成了四个组，每个组负责一个主题内容的学习、汇报与生成。经过研究者阅读文本并进行内容分析，最后统计获得 10 个关于"网上作战"案例的评析，直接推荐了 2 个"网络技战法"，1 个关于"合成作战"概念、案例等的综合分析，推荐了一个资源链接《论网上串并案件》。

表 5-6　第三轮内容分析

小组	资源生成	统计归纳
2014jz01	网上摸排案例 1：文身	"网上作战"案例评析
2014jz01	网上摸排案例 2：口吃	"网上作战"案例评析
2014jz01	网上摸排案例 3：绰号	"网上作战"案例评析
2014jz01	网上摸排案例 4：系统	"网上作战"案例评析
2014jz02	《论网上串并案件》论文	资源链接推荐
2014jz03	网上人员调控案例 1：指纹	"网上作战"案例评析
2014jz03	网上人员调控案例 2：信息系统	"网上作战"案例评析
2014jz03	网上物品调控案例 1：车辆	"网上作战"案例评析
2014jz03	网上物品调控案例 2：信息系统	"网上作战"案例评析
2014jz04	网上追逃案例	"网上作战"案例评析
2014jz04	网上预警案例	"网上作战"案例评析
2014jz	网上合成作战	概念、案例等综合分析
2014jz	新型网络技战法补充案例	网络技战法：补充
2014jz	综合战法	网络技战法：综合

（四）课程反思/提炼情况

经过第三轮课程实施/生成的情况，课程组织者与核心参与者（后文会有专门数据分析本轮核心参与者的寻找经过）凝练了新的概念"合成作战"（后文会有凝练新概念方法的具体介绍），对"新型网络技战法""综合作战法"的经验进行了分析提取，对课程中过时的案例进行剔除并补充本轮新的案例，对本轮课程新的资源如论文等进行筛选。

二、研究评估与修订

(一) 难点解决与目标实现

1. 难点问题解决情况评估

第三轮生成课程中，课程的阶段性目标很明确，就是要完善和丰富"网侦"信息侦查措施。所以课程活动的开展严格按照前文"课程流程及活动的实施"进行，图5-16是第三轮课程生成中学员对平台资源的总体学习情况。

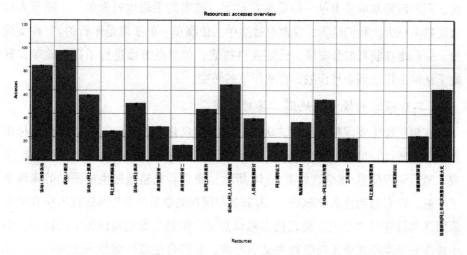

图5-16 第三轮平台资源浏览情况

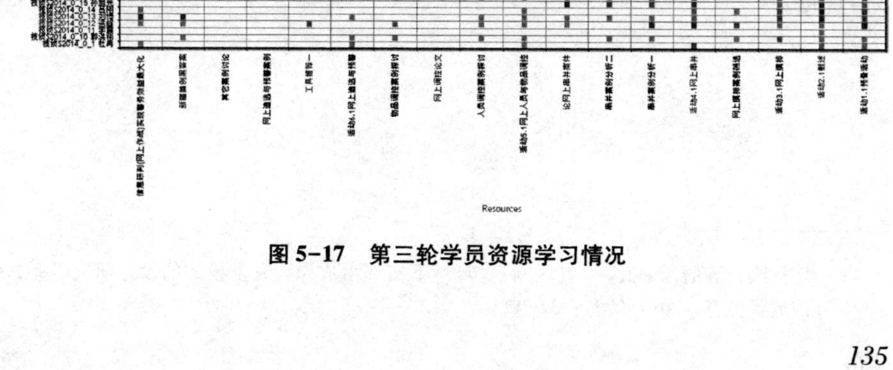

图5-17 第三轮学员资源学习情况

2. 设计研究的实践目标与理论目标的实现情况

经过对这轮生成课程情况的总结，研究者与核心参与者一起对课程进行反思和提炼。在各组提交的资源案例以及汇报中可以看出，本轮课程的结构基本没有太大的问题，缺乏或陈旧的案例和经验得到了充分的补充和完善。另外在学生提交的案例中，凸显了新的"网侦"实战理念（见表5-6第三轮内容分析）。当前，一线公安机关在"网侦"实战中发现，某一个单一的"网络技战法"或某一类侦查化措施已经不能够解决问题。一名参与课程的学员说："之前，刑事破案基本是由单一的警种在破案，破案的手段也较为单一。随着人口流动越来越大，我们认为，在刑事破案中，依靠单一的手段是不行的。"在实战中，一些走在前列的公安局，已经在科技战、信息战方面进行了深入改革，开始了从网上作战到全息作战、合成作战的转变。

（二）模式的修订与规则工具的丰富

在第三轮生成课程迭代中，从要探究"信息化侦查措施"这个课程目标出发进行课程/活动设计，然后课程准备/预设，制作资源上传，再课程实施/生成，最后课程反思/提炼，如图5-18所示。研究者完整地把生成课程的流程走了一遍，没有遇到什么"障碍"。内部参与课程的学员以及外部研究者所在的专家团队都没有对"模式"流程提出修订意见。但是专家们建议要突出特点，即生成课程开发模式要反映联通主义学习观，要符合生成性课程开发的特点。课程内容在学习中不断生成，课程内容本身比较前沿，这些都必须依赖一线实践者的经验，所以要把人员角色加入流程中去，体现课程参与者同时也是课程主要建设者的作用（何伏刚，陈丽，朱群，2019）①。

在设计研究中，针对每轮设计实施过程的结果进行分析、评价、提取是下一轮再次开展设计的依据。经过了三轮迭代，当课程生成逐渐成熟、资源极大丰富时，研究者给出了其他资源链接的筛选建议（见下一章"提取好经验"和"筛资源链接"）。

---

① 何伏刚，陈丽，朱群."互联网+"环境下实训生成课程开发模式的设计研究［J］.中国远程教育，2019（09）：32-42.

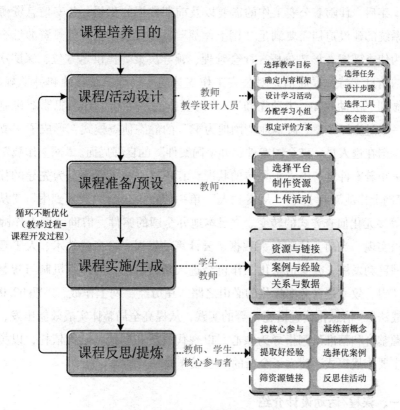

图5-18　第三轮迭代修订

第五节　第四轮生成课程开发

　　公安部于1998年9月做出重大决策，在全国范围内开展公安工作信息化工程建设①。全国公安工作信息化工程实施以来，显著提升了公安机关侦查破案、打击犯罪的能力和水平，进一步加强了公安基层基础工作，提高了公安行政管理工作的水平和服务群众的能力，在队伍建设和管理上进行了有益尝试并取得了新的突破，逐渐凸显公安信息化应用转化为公安战斗力的优势。

---

　　① 公安部于1998年9月做出重大决策，决定以公安信息网络建设为先导，以各项公安业务信息化为主要内容，以建立统一指挥、快速反应、协同作战的工作机制为目标，在全国范围内开展公安工作信息化工程。

　　十年后，伴随着公安工作的需要以及前期数据的积累，公安信息资源综合应用系统的建设迫切需要满足"网上作战"蓬勃发展。公安信息资源综合应用系统为侦查破案、形势分析、社会管理、领导决策等提供多方位、深层次、预警性的信息支持，提高信息对公安工作支持的主动性、及时性和科学规范性，切实做到"敌动我知、未动先知"。"网上作战"带动了打击犯罪新机制的创建，一改过去盯个案、盯本地"画地为牢"的静态侦查模式，形成了"立足本地抓全国在逃人员、破全国案件、办全国案件"的良好局面。"网上作战"改变了过去跟着案件走、围着领导转的状况，真正树立起了以信息为先导的侦查理念。"网上作战"促进了"从案到人"单一侦查模式到"从人到案""从物到案"等多元化侦查方式的转变。立足本地办全国的案件，借助"网上作战"可以轻松实现。当前，伴随着大数据、云计算的发展，可穿戴技术、人工智能和物联网蓬勃发展，公安信息化工作也会进入新的阶段，向体制机制与智慧警务要生产力、效率是警务实战化的必由之路。在历经"网上作战""Web2.0与网络技战法""信息化侦查措施"等的实践，从提高全局整体实战效能出发，以信息资源整合和精准研判指导为核心，以现代科技和刑侦基础为依托，以类案侦查为主要作战模式，建立了全新的"合成作战"。

一、课程/活动设计介绍

　　本轮课程的教学目标是要在整理从"网上作战—网络技战法—信息化侦查措施"的基础上，探讨"从网上作战到信息化合成作战"。内容框架是在上一轮生成课程内容的基础上，增加合成作战的内容框架和案例。设计学习活动会围绕着让"网侦"实战课程越来越成熟的这个目标进行。这里以课程组织者为主设计的活动就是我们一门生成课程开发中"活动生成"的主要来源。有了活动再加上后续"生成的资源"以及"网络的生成"，这三部分构成了研究者开发的生成课程。

二、课程准备/预设情况

　　课程生成的平台依然选择 Moodle2.8，上一轮的课程资源制作完毕，并把活动设计上传完毕，就可以再次开启一轮课程的生成。限于篇幅及公安工作的保密性，本书不再做详细介绍。"网侦"实战四轮生成课程开发的迭代见图5-19。

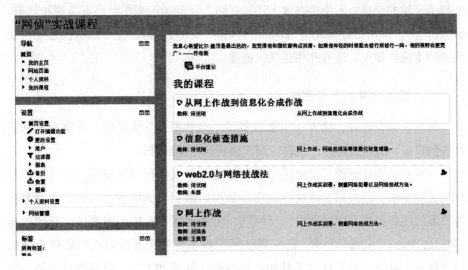

图 5-19　四轮课程的迭代

第六节　迭代研究的目标实现情况小结

设计研究的旨趣兼有实践和理论取向，设计研究的结果既有新理论也有新产品。本研究的实践目标是开发出课程产品实例，理论目标是修订完善生成课程开发模式。模式中的流程具有一般性的理论意义，部分技术工具、活动方法则具有针对本研究情境的特殊性。

一、迭代研究的实践改进

信息时代的公安工作必须着眼战略全局，把握全部信息，进行全面筹划。各警种合成作战打击犯罪一体化，治安防控与扁平指挥一体化，应急处突与各项保障一体化，这样才能争取全局优势和全面主动，最大限度依靠技术促进警务实战化，最大限度提升"网侦"工作的整体作战效能。经过课程生成的几轮迭代，"网侦"实战课程从第一轮"网上作战"到"Web2.0与网络技战法"，再到"信息化侦查措施"，最后到"从网上作战到信息化合成作战"课程的生成，均立足紧贴时代前沿，逐渐丰富内容，受到了课程参与者与学校同仁的好评。但因为实战内容的多变性，这类课程没有成熟态，只有将成态。在后续的训练中，生成课程还会持续地进行。在课程实施中，课程组织者与核心参与者进行了密切的交流，不论是在课上还是在网上（除了课程平台还有微博粉丝群、微信群等），网络已经形成（George Siemens，2005）。师生受益的不仅是平台交流中的生成性知识，还有互相建立的链接。

二、迭代研究的理论改进

研究者结合人种志的方法主要收集了平台数据、学生反馈、专家意见和研究者的反思，对模式进行了从理论到实践再到理论的修订。

本研究的生成课程开发模式不仅包含实训生成课程开发流程、课程实施生成的关键步骤，还包括支撑这些流程步骤得以顺利实施的技术工具、活动方法等，最后还要再提升理论形成设计原则、实践纲领和解决实践教学问题的目标（Wang，Hannafin，2005）①。研究者已经完成了对生成开发模式中流程步骤的检验修订，部分完成了技术工具和活动方法的完善和丰富，但在设计原则、实践纲领以及最后解决真实情境中的问题方面还需要统观三轮迭代数据，综合进行分析，运用这个模式进行课程开发还需要方法技术的支撑。在后续章节的论述中，研究者将继续完成设计研究的双重目标。

---

① WANG F, HANNAFIN M J. Design-based research and technology-enhanced learning environments [J]. Educational technology research and development, 2005, 53 (4): 5-23.

第六章

实例课程的开发生成

本书前一章已经针对课程实例的三轮教学迭代怎样修订完善课程开发模式进行了论述。实践中要想运用这个模式开发一门课程，还需要大量技术工具、活动方法的支撑，这将在本章节进行呈现。按照生成课程开发的流程，课程需要循环和不断优化，教学过程等于课程开发过程。本章将会就每轮教学迭代时，课程如何开发以及最后课程如何生成进行论述。因为实例课程情境的特殊性，研究者不再对每一轮迭代一一进行论述，而是对三轮循环迭代的课程生成结果数据进行综合分析。这门课程实例分析目的在于证明上一章迭代的模式可以生成一门课，生成出来的课本身又可以检验这个模式并改进模式。

第一节　课程的生成与提炼

在有了上面设计理论也即联通主义环境下实训生成课程开发流程步骤的构建并进行三轮迭代之后，研究者还需要提升理论形成设计原则。理论提升并产生设计原则需要对三轮循环迭代的课程生成结果数据进行综合分析。所以研究者把几轮生成课程中可能需要分析、评价的维度提出来，希望可以不断改进研究。通过几轮的迭代研究直到课程生成，同时生成性课程的模式得到稳定，得到课程生成的规则，其中关键的步骤流程中产生数据分析指标是重要的研究结果。它是在实训教学的同时进行生成性课程开发的衡量标准。

在课程实施/生成阶段，研究发现可直接产出三类数据：一是资源与链接数据，如教师或学员提供的资源产生的信息；二是案例与经验数据，如教师设计针对性活动而产生的内容，学员之间基于 web2.0 工具产生的内容；三是学习者相关数据和社会网络关系，如平台学习分析（LA）获取的内容、学习日志、学习成果、学习路径等。以上三类数据本身可以在一些分析提取的机制作用下生成课程需要的内容：首先依据文本分析（如重要的讨论观点、同伴争执的焦点等），教师可以进行内涵的提炼、概念的归纳总结；其次依据内容分析（如筛选出的优质资源、共同认同的经验结果、学员的高度评价等），可以得到经验及评价；最后依据行为分析、知识建模和其他一些机制（如密切的联系网络、活跃的讨论节点、较好的活动组织等），可以优化案例及活动，同时分析出核心参与者为下一轮课程服务。这里课程数据分析的主要指标可以从"社会联通—经验反思—信息汇聚—协作创新"这一流程中利用定量、定性和数据挖掘的方法进行分析。在进行数据分析的时候为了生成资源主要对以下课程数据指标进行分析。具体见表6-1。

表6-1 生成性课程数据分析指标

	行为分析指标	社会网络分析指标	内容分析指标	问卷、访谈、知识建模、研究反思等
社会联通	讨论区、博客、信息、小组（浏览、添加）	出度、入度（联通情况）；互惠性、中间中心性（相互影响情况）		
经验反思	标签、博客（次数）		论坛博客编码指标	
信息汇聚	论坛、Wiki（浏览、添加）；作业、资源（上传、订阅）		案例（文本）、案例（多媒体）、概念或特定称谓、工具、链接、论文或简报等，其他意群	效度
协作创新	资源（浏览、订阅）	学生深入讨论的主题或内容	学生深入讨论的主题或内容；教师进行的领域知识建模或总结PPT；其他争议性内容	概念及内涵、经验及评析、案例及活动、资源及链接

在课程的反思与提炼过程中，针对课程实施/生成直接产出的三类数据，根据研究者三轮迭代的实证研究，基本上是沿着先找核心参与、凝练新概念；再由核心参与者和教师一起选择优案例、提取好经验、筛资源链接；最后师生共

同反思佳活动。这部分内容应该是前一章每轮迭代"课程提炼/反思"中的主要内容，但因为实例课程情境的特殊性，只针对本研究"网侦"实战课程的开发，同时部分环节要统观三轮数据进行分析，所以在本节完整呈现。

一、找核心参与

生成课程开发的核心参与者发挥着重要的作用，网络平台中的数据可以很清楚地发现核心参与者。教师和学员之间社会网络关系的生成是这类课程开发中非常大的收获，它完全符合网络时代的联通主义学习理论的精神。

核心参与者日益受到研究者的关注，不仅因为在线讨论的成功很大程度上需要依靠他们的推动，而且课程资源的丰富同样也需要核心参与者的贡献。已有的研究对核心参与者、积极参与者、消极参与者和边缘者四种学习者类型多数是从虚拟学习社区的论坛分析获得。比如，戴心来、王丽红、崔春阳、李玉斌（2015）[1] 利用 SNAPP 与 UCINET 对学习社会进行的社会性交互的研究；还有胡勇、赵凤梅（2011）[2] 对虚拟学习社区中的核心——边缘结构的分析。本研究的核心参与者除了考察他们在线讨论的贡献，还包括他们在参与其他活动中的积极程度，同时还要考虑他们对资源的学习与访问次数以及最后对课程内容案例的丰富程度。

（一）核心参与者的算法

在课程中积极参与是核心参与者的基本要求。在教学实施的过程中，研究者有时候需要及时统计核心参与者，这样在课程进行中就可以与核心参与者一起及时把课程生成的资源增补到课程内容中。在每轮生成课程中有多少积极参与者很容易计算。研究者使用这样一条 SQL 语句就可以算出：

```
SELECT COUNT （username） AS Users
FROM mdl_user
WHERE currentlogin>= '1323459499'
```

当然也可以使用 Moodle 平台的插件 Activeusers。它计算积极参与者的算法如下：

---

① 戴心来，王丽红，崔春阳，等．基于学习分析的虚拟学习社区社会性交互研究［J］．电化教育研究，2015（12）：59-64.

② 胡勇，赵凤梅．虚拟学习社区中的核心：边缘结构分析［J］．中国电化教育，2011（03）：45-49.

Rank of User X

= (Hits by X - Avg. of hits made by a user)

/Std Dev of hits made by users

这样平台中前 X 名积极参与者的头像就会实时出现在平台课程的左侧。这不仅可以为研究者遴选核心参与者提供参考,同时对学习者本人在课程平台中的表现也能起到很好的促进作用。当然研究者在后续课程找核心参与者的统计中,为了更准确地把每年不同月份或不同活动中核心参与者都可视化呈现,也可以把以上的算法利用下面的 SQL 语句随时在数据库查询积极参与者:

SELECT DISTINCT (COUNT (u. id)) AS total, FROM _UNIXTIME (la. timeaccess, '%Y-%m')

FROM mdl_user u

JOIN mdl_user_lastaccess la ON la. userid = u. id

WHERE (FROM _UNIXTIME (la. timeaccess, '%Y')) BETWEEN '2013' AND '2014'

GROUP BY MONTH (FROM_UNIXTIME (la. timeaccess))

ORDER BY la. timeaccess

(二) 本研究中的核心参与者

在课程活动中,每位学员访问参与的频率与时间可以通过 Moodle 平台数据统计出来。图 6-1 是本研究第三轮生成课程开发中,学习者对活动的参与情况。这里包含每位学员在平台活动中参与的频率与时间。由图中可见技侦 2014_0_3、2014_0_12 两人参与的频率与时间最多。当然根据每轮课程的不同需要,也会考查学员在专门设计的某个活动中比如作业、聊天室、讨论区等的积极程度。这是本研究找核心参与者的第一个因素。

找核心参与者的第二个因素是考查学员对资源的整体的学习与访问情况。这是在生成课程开发进入内容逐渐丰富的情况下,对已有内容和生成性知识的学习与消化,是开展进一步协作创新的必然要求。这里的资源包括教师在上一轮课程生成之后经过课程反思提炼精心制作并上传的资源,主要包括网页(网络课程)、文件、图书论文等。图 6-2 是学员对资源的整体访问和学习情况,由图中可见技侦 2014_0_30、2014_0_21、2014_0_12 三人对资源的学习与访问次数最多。

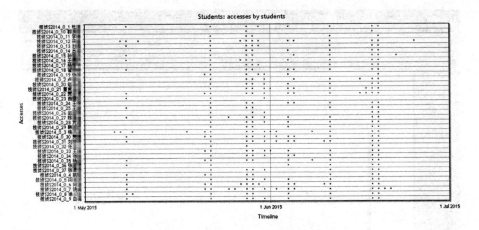

图 6-1　第三轮学生参与平台活动情况

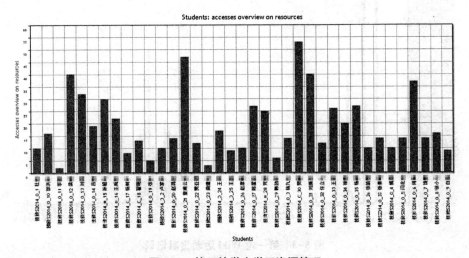

图 6-2　第三轮学生学习资源情况

　　核心参与者考察的第三个因素是对课程生成的贡献。对于课程生成的贡献在本研究中主要是通过案例征集与总结活动中的表现来体现。该类活动借助的工具是 Wiki,活动要求学员提交他们自己亲历的案例并分析总结经验。活动完成后,全部学员可以阅读别人 Wiki 编辑的结果,进行投票评选,以此确定学员对课程生成的贡献。图 6-3 是第一轮 Wiki 编辑活动的学员提交修改的次数。

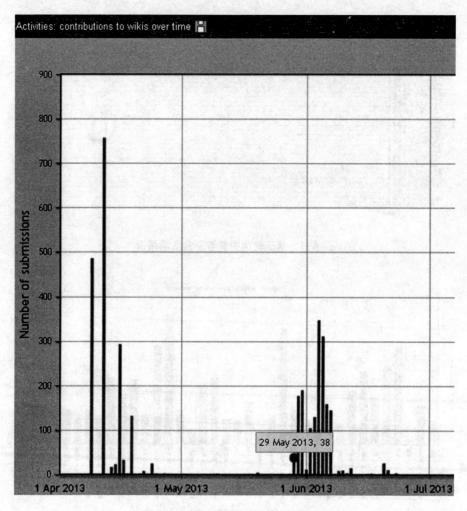

图 6-3 第一轮 Wiki 活动贡献记录

（三）核心参与者的作用与讨论

当生成课程的资源足够丰富，挑选什么内容来进行课程开发，以及这些内容按照什么顺序组织就会成为一个重要问题。生成课程的核心参与者在帮助这些问题的解决方面起到了重要的作用。学习者之间以及学习者与课程组织者构建的网络成为这类前沿性知识课程的额外收获。

本研究采取上文的三个因素找核心参与者。第一个因素中课程平台的参与频率与时间只是一个绝对值，但它是一个基本保障，如果学员都没有访问平台，谈进一步的学习是不可能的。紧接着就是如果学员已经登录了课程平台，那么是否参与了学习平台已有的活动,这是第二个因素。生成课程开发对核心参与者的额外要求是他们对课程的贡献,本研究采取考察活动中对案例与经验的分享,这是找核心参与者的第三个因素。

二、凝练新概念

凝练新概念是对生成课程概念、内涵等提取方法的概括,除了包含一个新产生概念的内涵和外延,还包含对“网侦”课程主题和方向发现的参考,比如“网上作战”“Web2.0 与网络技战法”“信息化侦查措施”和即将开展的“从网上作战到信息化合成作战”等。在本研究中,采取主要的技术方法是标签云及教师内涵提炼。

(一)凝练新概念的工具

作为 Web2.0 组织内容的分类方式,标签对网络学习内容和学习者人际的互联起着至关重要的作用。标签是 Tag 的中文翻译,也称社会化标签。标签作为一种应用功能,相继出现在诸多社会性软件平台中。图片 Flickr、社会书签 Delicio. us、网志 Blog、视频 YouTube 等,都支持用户填写标签(王莹,庄秀丽,2011)。标签云(Tag Cloud)图反映了 Tag 的权重,往往字体越大或其他视觉效果越明显则权重越大。标签云可以用于描述网站中的每个独立条目,也可以用于刻画网站所有条目的整体情况。标签作为一种自由而有效的信息组织和管理工具,已经引起以图书情报学、计算机科学为主的多个领域学者的关注。在本研究中,研究者把标签用于课程生成中,在对学员进行标签使用指导后,配合标签云根据 Tag 的权重来发现重要的概念。

Tag 与传统类名、关键词等元数据的根本区别在于它是由用户,即资源的消费者创建的,是为方便自己再次使用资源而创建的;而传统的元数据则是由资源的创建者或组织者创建的,是为他人共享使用资源而创建的。Tag 将互联网从以关键字为核心的组织方式和阅读方式,过渡到了以个人的思想脉络为线索的阅读方式。通过点击权重高的 Tag 关联到背后的案例与经验,最后由教师对案例或经验进行内涵的提炼。下面是本研究利用标签工具,结合数据可视化算法进行概念内涵凝练的实例。

(二)“网上作战”举例

“网上作战”是指公安机关在信息化时代下,利用信息网络开展防范、控制、打击各类违法犯罪的工作。1999 年,公安部建立在逃人员信息系统,展开网上追逃,第一次将信息技术与追捕在逃人员工作结合起来,这是刑侦部门开展"网上作战"的开始。2011年,全国公安机关开展"网上作战"经验交流会。十年间,"网上作战"从无到有、从起步到壮大,已经成为侦查破案的主要作战方式。多年来,一线公安机关的经验亟待总结。

在对课程平台的 tag 梳理中,研究者利用 Navicat for MySQL 工具撰写 SQL 语句进行联表查询,这样可以清晰地把平台中人气比较旺的 tag 排列出来。数据可视化算法及结果如下:

```
select name AS '标签名',count(tagid) AS '数量'
from ('mdl_tag' 't' join 'mdl_tag_instance' 'i')
where ('t'.'id' = 'i'.'tagid')
GROUP BY name Order BY COUNT (tagid)
```

表 6-2　标签数据

标签名	数量	标签名	数量
网上作战	84	信息化	4
网络技战法	46	信息资源	4
网侦	29	信息化侦查	4
警察	19	情报信息	3
Web2.0	12	战法	3
网上办案	11	网络追踪	3
信息研判	11	跨域协作	3
案件串并	9	视频监控	3
学警	6	安徽	3
情报	6	打击流窜犯罪	3
电信诈骗	5	合成作战	3
治安	5	网络技战方法	3
网络作战	5	计算机取证	3
情报分析	4	周俊军工作法	3
电子证据	4	刑事侦查	3
自我介绍	4	呼和浩特	2
网络技战	4	网络	2

标签名	数量	标签名	数量
警察心理	2	案例	2
资源共享	2	网络侦查	2
音乐	2	Ip 定位	2
公安机关办理刑事案件程序规定	2	案件	2
警察运动损伤	2	情报研判	2
学习	2	Course，警指	2
民警	2	周克华	2
网上案件串并	2	网络诈骗	2
网络犯罪，电子证据，特点	2	视频侦查	2
QQ 诈骗	2	Pgis	1
情报信息主导侦查	2	侦查	1
信息	2	情报交流	1
战法转变	2	公安机关，互联网，管控	1
"网上作战"新战法、新技法	2	执法公信力	1
基层	2	计算机网络	1
案件串并，钢材销售，电信诈骗，深挖同案	2	网上作战技战法	1
案件串并法	2	婚恋网站	1
黑客	2	网络发案新动向	1
整合资源	2	信息化侦查方法	1
串并	2	战斗力	1
网上追逃	2	网络违法 网络犯罪	1
网上串并	2	研判	1
基层民警	2	刑事侦查主导模式	1
治安管理处罚	2	网上查证	1
犯罪	2	强奸杀人案	1
打击犯罪	2	淘宝网	1
		网络犯罪	1
		全国一体	1

标签名	数量	标签名	数量
视频分析	1	电信，网络诈骗	1
系列盗窃案件	1	公安队伍	1
DNA	1	技侦	1
网上作战，串并案，案例	1	警情研判，户籍管理，外来人口	1
Pranav mistry	1		
案件串并 警情研判	1	诈骗	1
网络，QQ，网上招嫖，卖淫软件	1	网上作战能力	1
		民警执法	1
侦查破案	1	网络安全	1
用户参与	1	信息收集	1
执法资格	1	战法的转变	1
网上作战技能	1	职责	1
网络吸贩毒，网络犯罪，禁毒法律	1	社会性软件	1
		刑事技术	1
信息技术	1	智慧，科技	1
研判机制	1	网上物品调控	1
刑事侦查理念	1	互联网资源	1
支付宝	1	微博打拐	1
景德镇案件	1	熟悉网站	1
互联	1	网络犯罪初查	1
公共安全	1	公共平台	1
视频图像侦查	1	经验交流	1
DNA 比对	1	Fps 网游	1
网上作战，信息研判	1	警情研判，案件串并	1
案件串并，信息研判	1	SIS 系统	1
网络，诈骗，第三方交易平台，虚假信息	1	地下黑彩	1
		案件串并，网络安全，网络作战	1
侦破案件	1		

标签名	数量	标签名	数量
高密度落脚点	1	网络平台	1
网络串并法	1	信息比对	1
情报共享，情报主导作战	1	聚众淫乱	1
典型案例	1	科技武装	1
技侦人	1	"网上作战"理念、定义、战法	1
网上侦查	1		
个人网络化	1	刑事犯罪	1
网络布控	1	服务日志	1
信息时代	1	逃犯	1
联动	1	网上诈骗	1
科技	1	交友	1
刑事案件	1	性奴案，斯德哥尔摩综合征，安全防范	1
智能化、流窜化犯罪	1		
网上缉捕	1	网络社会化	1
网络社会交往	1	公安	1
视频监控，嫌疑人，方法	1	警务信息	1
结构，建议	1	综合查询	1
Geek	1	警用地理信息系统	1
警民合作，正能量	1	网上作战，案例，经验	1
VPN	1	基层公安	1
高频率异常行迹	1	网络作战定义，网安二区	1
信息互通	1	信息传递	1
电子商务	1	情报分析法	1
技战法	1	技术侦查	1
数据库	1	语义，数据库，人工智能	1
试点改革	1	网上办案，技战法	1
丰满罪犯	1	治安案件	1
治安学	1	网络执法平台	1

标签名	数量	标签名	数量
信息流程化	1	公安信息化	1
移动网络，定位技术	1	警务平台	1
刑侦案件	1	网上串并案件	1
未来科技	1	Ip 地址	1
通信数据	1	警用移动图像传输	1
人才建设	1	网上作战，网上串并，信息资源库	1
总结教训	1		
公安业务	1	Web2.0 与网络技战法	1
警务实战	1	多警种合成作战	1
Inner mongolia	1	信息共享	1
警用技能	1	情报收集	1
网上作战，电子警务	1	网络舆情	1
Web2.0，网上作战，情报信息	1	监控	1
		凝聚力	1
网络作战案例	1	抢劫	1
信息依托	1	动态数据碰撞	1
情报工作	1	文强涉黑案	1
网络神鹰	1	课程体会	1
决策机关	1	网上协作	1
技术开锁	1	串并案件	1
创新工作的警察	1	法律分析	1
网上办案作业	1	信息研判合成作战队	1
串并案	1	芮城县，持枪杀人，刑侦，技侦	1
定义	1		
舆情监控	1	第六感技术	1
查询 Ip 地址	1	合成作战法	1
通讯追踪	1	标签	1
网上通缉	1	重庆，虚拟货币，Q 币	1

标签名	数量	标签名	数量
网上预警	1	何伏刚	1
情报，网络，研判	1	情报主导警务	1
犯罪高危群体	1	犯罪高发地域、部位	1
公安信息资源库	1	公安工作	1
警务战术	1	扫黑除恶	1
网上人员调控	1	警务技能	1
Ip 地址，情报信息，协同分析	1	计算机技术	1
网上作战、以动制动	1	网上作战实训课	1
Web3.0	1	Win2.0	1
多警种同步上案	1	网络信息时代	1
案例分析	1	信息化作战	1
网络侦破	1	网络色情	1
情报整理	1	分析研判	1
网络舆情，情报	1	挑战	1
盲区追捕	1	博客	1
抢夺罪	1	新技法	1
协查通报	1	贵州公安破获一起最大金额网络赌博案件	1
新战法	1	网上战法	1
课程相关	1	云端技术	1
网上布控	1	庆安事件	1
串并法	1	流程化	1
派出所正规化建设	1	网络攻防	1
网络搜索	1	案件，分析	1
信息系统	1	陆兆禧	1
行政执法	1	作战新技法	1
Course 网上串并	1	情报主导警务，网上办案，郭声琨	1
金库盗窃	1		
网吧信息分析	1		

续表

标签名	数量
犯罪高发时段	1
公安改革	1
执法	1
网上作战，情报主导警务，信息化	1
计算机犯罪侦查	1
网上作战战法	1
太原周秀云	1
死刑	1
网络发展	1
情报研判，户外运动	1
接处警	1
新科技	1
贷款诈骗	1
网上技战法	1
涉网案件，法律依据	1
网络特勤	1
精准打击	1

如表 6–2 标签数据所示，研究者发现，尽管初看起来这些标签贴得有点混乱，但是结合三轮生成课程的实践来看，这些标签确实不仅表明了当下“网侦”实战的热点，而且对很多新的概念内涵有准确的反映。研究者对相似的标签进行筛选和归类，发现了“网上作战”“网络技战法”的绝对数量都靠前。而被贴数量较少的标签比如“网络布控”“网上布控”“网吧信息分析”等，其实都可以进行归类。尽管很多标签只被张贴了一次，但是它们反映的内涵是一致的。

本研究在实施中没有给出大量的官方标签，而是让学生根据自己的案例和实践经验自由张贴。尽管给后续研究工作的数据筛选增加很多工作量，但如实反映了“网侦”在一线公安机关的实践情况。图 6–4 的平台标签云更是直观做了展示：

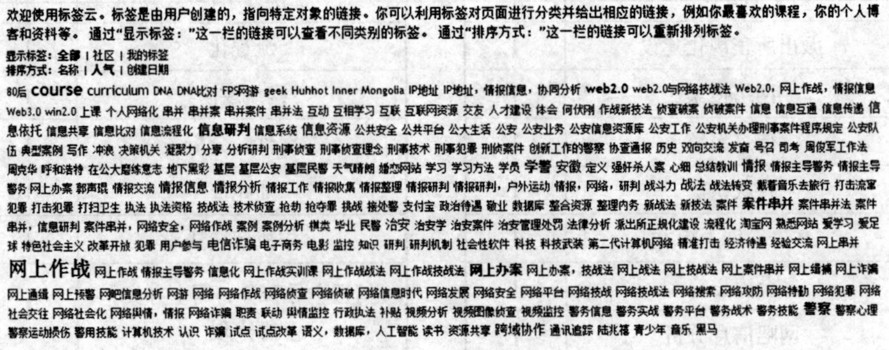
标签云
欢迎使用标签云。标签是由用户创建的，指向特定对象的链接。你可以利用标签对页面进行分类并给出相应的链接，例如你最喜欢的课程，你的个人博客和资料等。通过“显示标签：”这一栏的链接可以查看不同类别的标签。通过“排序方式：”这一栏的链接可以重新排列标签。
显示标签：全部 | 社区 | 我的标签
排序方式：名称 | 人气 | 创建日期
80后 course curriculum DNA DNA比对 FPS网游 geek Huhhot Inner Mongolia IP地址 IP地址，情报信息，协同分析 web2.0 web2.0与网络技战法 Web2.0，网上作战，情报信息 Web3.0 win2.0 上课 个人网络化 串并 串并案 串并案件 串并法 互动 互相学习 互联 互联网资源 交友 人才建设 体会 何伏刚 作战新技法 侦查破案 侦破案件 信息 信息互通 信息传递 信息依托 信息共享 信息比对 信息流程化 信息研判 信息系统 信息资源 公共安全 公共平台 公大生活 公安 公安业务 公安信息资源库 公安工作 公安机关办理刑事案件程序规定 公安队伍 典型案例 写作 冲浪 决策机关 凝聚力 分享 分析研判 刑事侦查 刑事侦查理念 刑事技术 刑事犯罪 刑侦案件 创新工作的警察 协查通报 历史 双向交流 发奋 号召 司考 周俊军工作法 周克华 呼和浩特 在公大磨练意志 地下黑彩 基层 基层公安 基层民警 天气晴朗 婚恋网站 学习 学习方法 学员 学警 安徽 定义 强奸杀人案 心细 总结教训 情报 情报主导警务 情报主导警务 网上办案 郭声琨 情报交流 情报信息 情报分析 情报工作 情报收集 情报整理 情报研判 情报研判，户外运动 情报，网络，研判 战斗力 战法 战法转变 戴着音乐去旅行 打击流窜犯罪 打击犯罪 打扫卫生 执法 执法资格 技战法 技术侦查 抢劫 抢夺罪 挑战 接处警 支付宝 政治待遇 敬业 数据库 整合资源 整理内务 新战法 新技法 案件 案件串并 案件串并法 案件串并，信息研判 案件串并，网络安全，网络作战 案例 案例分析 棋类 毕业 民警 治安 治安学 治安案件 治安管理处罚 法律分析 派出所正规化建设 流程化 淘宝网 熟悉网站 爱学习 爱足球 特色社会主义 改革开放 犯罪 用户参与 电信诈骗 电子商务 电影 监控 知识 研判 研判机制 社会性软件 科技 科技武装 第二代计算机网络 精准打击 经济待遇 经验交流 网上串并
网上作战 网上作战 情报主导警务 信息化 网上作战实训课 网上作战战法 网上作战技战法 网上办案 网上办案，技战法 网上战法 网上技战法 网上案件串并 网上缉捕 网上诈骗 网上通缉 网上预警 网吧信息分析 网游 网络 网络作战 网络侦查 网络侦破 网络信息时代 网络发展 网络安全 网络平台 网络技战 网络技战法 网络搜索 网络攻防 网络特勤 网络犯罪 网络社会交往 网络社会化 网络舆情，情报 网络诈骗 职责 联动 舆情监控 行政执法 补贴 视频分析 视频图像侦查 视频监控 警务信息 警务实战 警务平台 警务战术 警务技能 警察 警察心理 警察运动损伤 警用技能 计算机技术 认识 诈骗 试点 试点改革 语义，数据库，人工智能 读书 资源共享 跨域协作 通讯追踪 陆兆禧 青少年 音乐 黑马

图 6–4　标签云

平台标签云中，张贴次数越多，则字体越大，这很好地表征出了人气比较旺的标签。研究者就以张贴标签人气最高的"网上作战"标签进行举例说明内涵概念的凝练。经过教师的加工，这个概念得以生成。这里的规则来自平台数据可视化。

研究者把最近标记为"网上作战"标签的内容打开进行观看，如图 6-5。"网上作战的前景"（警指 S2011_0_11 刘腊梅）为我们介绍"网上作战"的由来，如图 6-6 所示，许多"老刑侦"都记得始自"网上追逃"。侧重于依赖技术的"新战法"，必将成为"主导模式"。

图 6-5 "网上作战"标签的内容

"网上作战"将成刑事侦查主导模式，（技侦 S2011_0_45 熊俊文）又介绍了当下的发展状况及模式，如图 6-7 所示。

后续的同学又介绍了"网上作战"的理念、意义、遇到的瓶颈并辅助以一些案例，这样我们对"网上作战"从概念到内涵都有了清晰的认识。同样，提炼方法也用在后续几轮课程迭代中，生成课程的主题"Web2.0 网络技战法""信息化侦查措施""从网上作战到信息化合成作战"也相应产生；每轮生成课程中新产生的概念也通过这样的方法进行提炼，研究者不再一一赘述。

网上作战的前景

由 警指S2011_0_11刘腊梅 发表于 2013年06月4日 星期二 08:32

任意注册用户

“网上作战”新战法、新技法的作用与理念

“网上作战不仅仅是战法的转变，更是刑事侦查理念和方式的创新，是丰富发展打击犯罪新机制的主要载体。网上作战与传统作战的优势互补，必将成为刑事侦查发展的趋势，也对刑事技术基础工作提出了更高的标准和要求。实践证明，网上作战绝不等于高投入、高成本，它是性价比很高的一项投入。十几年间，“网上作战”从一个陌生词语成为越来越多的刑侦民警的实践，也引领着刑侦工作的未来之路。

从“网上追逃”到“网上作战” “网上作战”，简言之，就是运用信息资源和信息化手段侦查破案的刑侦模式。全国公安刑侦部门的“网上作战”，始自“网上追逃”。许多“老刑侦”都清楚地记得，1999年，公安部建立在逃人员信息系统，第一次将信息技术与追捕在逃人员工作结合起来。在全国公安信息化刚刚起步的当时，“网上追逃”专项行动短短三个月就抓获在逃人员23万余名。此后，“网上作战”一发不可收拾。随着公安信息化建设的加快推进，全国公安机关先后建成了八大公安信息资源库和全国被盗抢汽车、重大案件、DNA等一大批刑事犯罪信息系统。依托这些系统，全国刑侦部门积极创建打击犯罪新机制，在全国范围内迅速对相关案件、人员、痕迹、物质进行跨区域核查比对，大大提高了公安机关打击犯罪特别是跨区域流窜犯罪的能力水平。网上摸排、网上串并、网上取证、网上缉捕……10年多来，几乎所有的刑事侦查破案工作都打上了信息化的深刻印记，“网上作战”成效越来越明显。“网上作战”使传统的“网下侦查”模式难以解决的多种疑难案件相继被攻破。

从“画地为牢”到“全国一体”

“网上作战”带动了打击犯罪新机制的创建，一改过去盯个案、盯本地‘画地为牢’的静态侦查模式，形成了‘立足本地抓全国在逃人员、破全国案件、办全国案件’的良好局面。‘网上作战’改变了过去围着领导转、跟着案件走的状况，真正树立起了以信息为先导的侦查理念。“网上作战”促进了‘从案到人’单一侦查模式到‘从人到案’‘从物到案’多元化侦查方式的转变。立足本地办全国的案件，借助“网上作战”可以轻松实现。自2008年9月公安部开通跨区域办案协作平台至今，实实在在地提高了刑侦部门的打击效率。在当前刑事犯罪流动性越来越强、侵财案件多发的情况下，“网上作战”以其串案、类案侦查的优势，破解了流窜犯罪打击难和管小案难的传统难题。

“网上作战”将成刑事侦查主导模式

图 6-6 “网上作战”标签的截图一

"网上作战"将成刑事侦查主导模式

由 技侦S2011_0_45熊俊文 发表于 2013年05月29日 星期三 19:08

任意注册用户

网上作战是刑侦工作的必由之路，也将是今后侦查破案的主要作战方式。"公安部刑侦局局长白少康表示，在全国公安机关深入推进社会管理创新的今天，依托信息化手段推进侦查方式转变，不断丰富和发展打击犯罪新机制，是当前和今后一个时期内刑侦部门最重要的改革创新。从全国来看，"网上作战"侦查模式的发展目前还存在地区间的不平衡。采访中，许多地方的刑侦民警们都感到，在信息化基础建设已基本完成的今天，"网上作战"并不是高成本的"奢侈投入"。广东省珠海市公安局刑警徐飞说，珠海市近年来应用于"网上作战"的研发成本不足20万元，而其所节省的警力资源、发挥的效力却远远不止于此。经济发展水平在广东垫底的云浮市也同样通过"三侦"平台的建立，将"网上作战"开展得有声有色。"网上作战没有统一模式。越是暂时落后的地方，越有后发优势。"白少康说。在全国公安机关深入开展2010严打整治行动的过程中，公安部刑侦局要求各地突出打信息战、科技战，大力推进信息化的深度应用和规模应用，以实战需求来引领和推进"网上作战"，做好信息资源整合共享、研究推广网上作战新工具、新技法，加强专业队伍建设，不断提升打击犯罪的能力和水平。"网上作战'虽是新生事物，但已显现出勃勃生机。随着我国社会信息化的快速发展，网上作战前景将更加广阔，其作用和成效难以估量。

图 6-7 “网上作战”标签的截图二

（三）工具及方法小结

以标签（Tag）为基础的大众分类法（Folksonomy）在生成课程中会发挥重要的作用。标签云在发现新概念、聚合相似的内容方面会发挥重要的作用。当我们的课程知识体系不清晰、工作岗位不明确时，用这样的方式可以帮助研究者发现新的概念，并根据链接的深入进一步进行内涵的提炼。

需要注意的是，从学员对平台功能以及标签标注方法的掌握情况，明显可以看到少部分学员还是没有充分掌握标签标注的方法。比如，用中文的逗号分隔标签，那么这个标签还是会被当作一个标签并没有被分隔。当然这也与选择的平台是国外开发的有关系。对英文的标点符号，平台就能够较好地识别出来。

三、选择优案例

（一）选择优案例的活动

随着第一轮"网侦"实战课程的开展，研究者发现"网络技战法"发挥着特别重要的作用。在第二轮生成课程实训时，研究者设计了一个活动，对优秀"网络技战法"案例进行征集与总结。活动截图如图6-8所示。

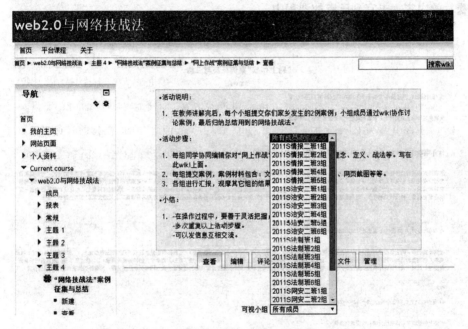

图6-8 "网络技战法"案例征集与总结活动

首先，案例研讨开始阶段，采取分隔小组的方法，各组之间内容不可见。活动说明与步骤如下：

1. 活动说明

在教师讲解完后，每个小组的学员提交在自己家乡发生的1~2例案例；小组成员通过Wiki协作讨论案例；最后归纳总结案例中用到的"网络技战法"。

157

2. 活动步骤

每组提交案例，案例材料包含文本、图片、视频、音频、网页截图等。将案件材料上传到 Wiki 中并进行初步总结。

各组进行汇报，观摩其他组的结果，在 Wiki 上进行修正。

3. 小结

——在操作过程中，要善于灵活运用标签；注意法律问题；

——多次重复以上活动步骤；

——可以发信息互相交流。

在上述活动完成以后，更改活动为可视小组模式，各组内容可见，根据评论，各组完善自己的内容；引入一些评选的机制，评选出 2～3 组让所有同学都受益的内容，丰富到已有的课程中。

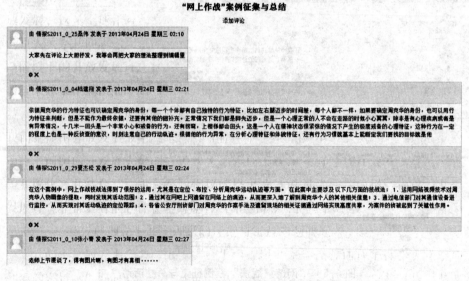

图 6-9　案例征集与总结 Wiki 评论截图

（二）择优的内容分析法

内容分析法属于定量研究范畴，不同于文本分析法和话语分析的定性研究方法，它是工具导向的，借由数据统计对传播内容进行量化的分析与描述，其产出结果通常为数据及其说明。

选择优秀案例的关键是要进行数据挖掘，具体的操作方法是内容分析法。

根据平台内容分析获得的数据（具体见前文表5-4第二轮内容分析），结合研究者的教学反思，采用微信投票的方式选择优秀案例。只要活动工具选择恰当、分组合理，结合数据统计即可产生优秀的案例及评析。

以第二轮生成课程的微信投票为例，第二轮的137个学生共有129位参与微信投票。每人在这轮课程生成的17个案例中选出2例最优案例。从投票结果来看，2011wa1小组提供的案例"微博打拐"、2011za3小组提供的案例"网络赌博、网络卖淫"受到了大家的好评，具体投票结果如下。

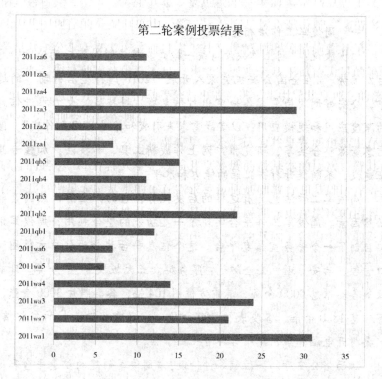

图6-10　第二轮课程案例的投票结果

在选择优秀案例活动中，研究生成资源的方式很简单。主要规则首先是活动工具选择恰当、分组合理，其次是结合平台数据进行内容分析。

四、提取好经验

在一线公安机关工作经验的获得方面，本研究主要采取了两种方法。方法一是发现在课程平台中直接凸显的好经验；方法二是对平台讨论区、博客等进行内容分析，获得有价值的经验。

（一）周俊军工作方法

周俊军是江西省的一名民警。在研究者开展第一轮生成课程的时候，几名来自江西的同学把周俊军在江西省"网侦"基础工作方面的做法放到学习平台上，并进行了整理，形成了"周俊军工作法"，该工作方法得到了大家的一致好评。

周俊军工作法

一、周俊军工作法相关背景

白少康说："网上作战没有统一模式。越是暂时落后的地方，越有后发优势。"在全国公安机关深入开展"2010 严打整治行动"的过程中，公安部刑侦局要求各地突出打信息战、科技战，大力推进信息化的深度应用和规模应用，以实战需求来引领和推进"网上作战"，做好信息资源整合共享，研究推广网上作战新工具、新技法，加强专业队伍建设，不断提升打击犯罪的能力和水平。

周俊军工作法也具有这样的后发优势，它的产生有偶然因素也有必然因素。周俊军工作平台实现了一些功能的整合利用，周俊军用电脑自创了一个警务室信息平台。这个信息平台共分为住户方位图、人口管理、治安管理、安全防范、服务群众五大板块 37 个分类。目前已收集各类信息 5000 余条，其中方位图 104 幅、各类照片 3000 余张、文字信息 1800 余条、各类表格 400 余份。一旦需要洪一村的任何信息，只要打开电脑登录信息平台即可一目了然。

江西省公安厅的一位领导评价说："周俊军创建的信息平台和他总结的'四用'工作法，成功地破解了农村警务室民警如何沉下去、沉下去后干什么怎么干的难题，诠释了'基础工作信息化、信息工作基础化'的基本内涵。"

二、应用案例

2009 年 10 月 31 日，在瑞金市某乡"观音堂"庙内，76 岁的寺庙住持肖某被警方带走，当民警宣布他涉嫌一起故意杀人案时，在众人震惊的目光下，肖某一声不吭地低下了头。早在 14 年前的 1995 年 5 月 13 日，江西省会昌县庄口乡（今庄口镇）大排村的肖某（女）起来做农活，发现其堆放在家中厕所外的芦萁草被放进了厕所，疑惑的地上前翻开杂乱的芦萁草，霍然发现一具年轻的女尸。胆战心惊的她叫来了几名邻居，经过众人辨认，死者系本村 17 岁的女青年肖海英。

接警后，会昌警方经过缜密侦查，确定本村的肖某（男，时年 62 岁）有重大作案嫌疑，但是肖某突然神秘消失，下落不明。会昌警方将此案列入了重点督办案件，把肖某列为网上逃犯进行追缉，每年逢年过节都派民警秘密查访其家中和相关家属，但是犯罪嫌疑人并没有与家属联系，案件没有获得有价值的线索。

时间推移到了 2009 年，会昌县公安局在"金盾 09"专项行动中，重新部署了追逃工作，整合警力成立了专门的追逃小组，会昌县人民政府副县长、公安局局长管长达要求追逃组按照市局"命案回头看"的部署，迅速落实追逃机制，利用"周俊军工作法"深入基层排查核实所有线索，并请求周边县市和三省协作区单位共同参与案件侦破工作。

10 月 27 日，庄口镇派出所民警利用信息检索排查和秘侦方法，搜集到了一个重要线索，犯罪嫌疑人肖某在 50 多千米外的瑞金市一些宗教场所有活动痕迹。派出所所长立即率队赶赴当地核实，并请求当地派出所协助调查，证实了肖某的确在该地的一些寺庙活动过。10 月 31 日，当地派出所民警在黄陂村"观音堂"庙将肖某抓获，并移送会昌警方处理。在审讯中，肖某辩称死者肖海英系自杀身亡，自己为掩盖事实而抛尸厕所内。事发后，其先后藏匿于于都县、瑞金市等多地，从不与家里人联系。利用外地宗教场所的"掩护"，14 年来，他化名"肖慧文"，做过守庙人、小和尚，频繁更换藏身处，深居简出，抓获前甚至担任该庙的住持。

2009 年 11 月 11 日，会昌县庄口镇大排村肖某因涉嫌故意杀人被会昌县公安局提请批准逮捕。至此，这起 14 年前的积案宣告侦查终结，真相得以大白。

会昌警方依托周俊军工作平台，对人员信息进行筛查比对，最终将犯罪嫌疑人锁定在瑞金市某寺庙，进而将其抓捕归案。

具体而言，主要通过以下步骤完成该起案件的破获工作：

（一）前期对该工作平台信息进行完善，主要收集住户方位图等，要有图文显示，方便进行人口管理、治安管理，做好安全防范、服务群众等；通过信息的上传达到以物找人、以人找物的功能，从而在网上虚拟社区实现社区警务管理功能。

（二）各设平台的局、所做好网上联网工作，实现信息共享，达到网上作战的要求。此次会昌公安正是得益于平台网络化的形成，使得信息能及时反馈、比对，最终将犯罪嫌疑人锁定抓获。

（三）及时更新平台信息，对新进入平台的信息核对比较，确保进入平台的信息透明。肖某故意杀人的案件已是定论，如何将其抓获，会昌警方一个发力点就是依托平台，将其犯罪记录上传到平台上，为比对提供素材。

（四）协同办案、及时通报，各在网局、所必须及时将发现的案件上报上级公安机关，同时报送涉案区域。可以说，此次成功地将嫌疑人抓获，瑞金警方功不可没。正是他们在信息的采集、录入中抓细节、重特殊，才使犯罪嫌疑人得以暴露。这个平台实际就是每日到本地警务综合平台或相应系统中查询相关单位上报搜集的信息线索，围绕维稳、治安、刑侦、交通、队伍、保障等方面内容进行研判。通过本辖区的公安信息网及周边地区的公安信息网，发现一些带有动态性、倾向性、发展性的信息，及时调整本辖区的防控对应性措施。通过互联网检索出本辖区以及周边地区与公安工作有关的相应信息，及时了解掌握。肖某故意杀人案如果平台并没有联网共享，就不能说是网上作战；而会昌警方能成功结案正是平台的网络化、资源的共享机制发挥了作用，是一起成功的网上作战案例。

三、周俊军工作法适用条件

（一）必须有硬件支持，对电脑、信息录入设备要求高。

（二）要求人员工作方法转变、技能水平提高；建议由协警分担部分信息采集工作，并在网络上组建家乡信息采集志愿工作组。

（三）查询相关单位上报搜集的信息线索，围绕维稳、治安、刑侦、交通、队伍、保障等方面内容进行研判。

（四）制度保证，确保平台运行制度化，通过制度保证资金，确保信息共享的长效运行。

四、周俊军工作法运用应注意的问题

（一）注意对特殊场所，如寺庙、教堂的人员信息的录入汇总。

（二）信息的录入可以协同其他系统取得，如人口普查系统、车辆管理系统。

（三）必须及时更新平台信息，形成定期工作汇总、上报制度，并安排专人分管该项工作，在派出所可以直接由内勤担任此工作。

（四）地域、硬件限制，必须考虑到城区与乡村的区别，对乡村给予物质支持，而城市必须兼顾城市特性，比如一些商住房构造一致，可以采取合并处理的措施。

（五）每日到本地警务综合平台或相应系统中查询相关单位上报搜集的信息线索，围绕维稳、治安、刑侦、交通、队伍、保障等方面内容进行研判。

（来源：江西省会昌县公安局，由 2011 法制 3 组搜集、整理、提供）

在好评之外，其他各地的学员也对该工作方法进行讨论。该工作方法的产生是因为江西省某些山区较为偏僻，地广人稀，为办案增加了难度，而周俊军工作法所建立的信息平台有助于办案工作。学员们在讨论后还形成了该工作法的适用条件与注意问题。

（二）小结

除了学员在活动中直接提交资源中的直接经验，还有他们在案例讨论中的发言和评论、个人博客的反思等，都可以从中提取好的经验。因为部分内容涉及内部工作秘密，这里不再一一列出。

五、筛资源链接

除了上面提到的资源，课程中生成的其他资源链接还有很多，可能还有工具、网址、简报等要素。在对平台生成的资源链接进行筛选方面，课程组织者采取"协作创新"类活动，如"Wiki 协作汇编""核心参与者协同画思维导图"等活动。

"Wiki 协作汇编"要求核心参与者协作创新活动设计：首先每个小组推选一名"专家组长"，这个组长是他们每个小组组员比较认可的、相对比较有经验的；其次他对本组提交的案例、经验、工具等非常熟悉，并且积极参与到课程中，对其他组的资源也有更多理解。

为了活动的顺利开展，课程平台也会提供相关的学习分析工具，让学生及时了解自己在平台中学习的"相对积极度"、每个资源被访问的次数等，这也有利于"专家组长"对各小组提供的资源进行筛选时做出判断。

（一）"网络神鹰工具"筛选举例

在第三轮生成课程中，如图6-11，主题6活动6.3中，"网上作战"工具的推荐，"网络神鹰"这个工具脱颖而出。筛选的规则既要考察量的方面也要考察质的方面。量的方面：资源链接的访问绝对值大于40，超过100%访问；质的方面：功能全面且切合一线公安机关实战需求。

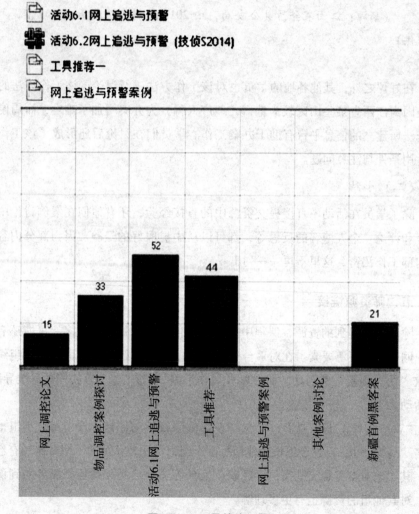

图6-11　工具的访问量

图中的工具推荐一就是"网络神鹰",于是该工具就被筛选到我们下一轮课程中来。"网络神鹰"是由湖南常德的一名基层警察在实践中开发的追逃工具,在一线很受欢迎。这类推荐的实用工具、相关链接的筛选基本规则,一是依赖"专家组长",二是依赖平台内嵌的学习分析工具。

(二)搭建内容组织框架的讨论

在有了充分的资源以后,内容如何组织是这类生成课程开发的难点。在生成课程之初,研究者较多依赖"专家组长"筛选出的资源链接。在第二轮生成课程开发中,我们每个小组选出的"专家组长"一共构成了三个大组,三个大组都分别按照他们的思路利用 Wiki 做了一轮资源的筛选。图 6-12 是其中一组的结果。

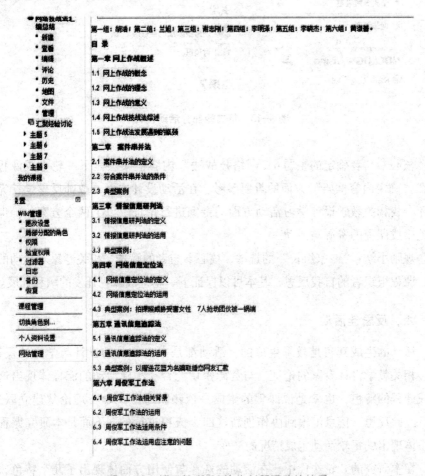

图 6-12　第二轮 Wiki 协作创新活动的结果

　　但是，在下一轮生成课程到底要选择什么内容、按照什么顺序组织却是一个难点，于是在课程结束之后我们还有一轮"课程反思/提炼"的流程。参考"专家组长"的人选以及平台的社会网络的数据研究者找到核心参与者，结合教师自身的反思来确定下一轮生成课程的内容框架。图 6-13 是第二轮生成课程开发时活动设计的方案。

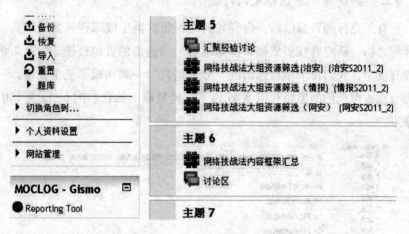

图 6-13　第二轮部分活动设计

　　核心参与者确定的主题 6"网络技战法"内容框架会是下一轮生成课程开发在"确定内容框架"方面的重要参考。在活动设计方面，教师反思设计完毕后还会找相关教学设计学习活动方面的专家进行论证。以上两个方案，确保下一轮生成课程的资源与活动。

　　规则小结："专家组长"的选举、核心参与者的筛选、相关专家对活动的论证、课程组织者的自我反思，基本可以保证下一轮生成课程开发的顺利开展。

六、反思佳活动

　　活动的生成其实是教师生成的，活动都是来自教师的设计与学生的反馈，经过相关教学设计专家的论证，与资源密切配合。实施活动的流程体现出这类生成课程的特色，也就是说课程的生成是依赖联通主义学习理论从建立联通、进行经验反思、信息汇聚到协作创新这四个流程进行的。下面是本研究课程实例中体现出的每轮活动生成情况的演变。

　　在本研究的几轮迭代中，在活动的选择与使用方面体现出了几个特色，主要是活动任务的确定、工具的选择与资源的支持。在任务的选择方面，要根据目标进行。生成课程的培养目的是明确的，课程内容的目标是模糊的，但每一轮阶段性生成课程的目标是非常清晰的。在本研究中，第一轮生成课程的阶段目标是实践的需要和调研所得，后续的生成课程的阶段目标主要是在前面几轮生成的基础上提炼反思所得。课程内容需要不断生成，关于课程内容的目标是模糊的，但有了清晰的阶段性目标，每轮课程迭代过程中，教学活动的组织与开展都会非常明确；活动中分配小组很明确，过程步骤清晰；在活动中，学习工具与学习资源的服务性支持也体现出一定的规律性。

（一）具体活动实施的反思

1. 预备活动举例

课程的生成，活动是关键，活动主要是根据课程内容的需要来设计。本研究的参与者主要是各地的民警，虽然他们已经都有一定的计算机网络的操作技能，但是针对这样一种新颖的教学培训过程，同时也是课程开发过程，很多学员仍会觉得很不适应。所以课程开设之初的破冰活动或预备活动是每一轮迭代课程开发都需要开展的。

研究选择了开源的 Moodle 平台，在第一轮生成课程的预备活动中，为了让学员熟悉平台以完成后续的学习活动，要求学员按照过程步骤，以个人或小组的形式进行一些操作，同时教师提供平台相关工具及对应资源的帮助。后续活动的组织都是根据阶段性目标围绕活动任务展开，并辅之以学习工具和学习资源。以下是第一轮的预备活动：

活动 1.1　预备活动

为了让大家熟悉课程学习网络的主要功能和特点，了解教师，建立与教师和学习伙伴的联系，为本门课程的学习之旅做好准备，请大家完成下面的任务（50 分钟）。

在本门课程学习开始之前，先听教师讲课程介绍，然后完善个人资料（注意姓名不允许修改）。

（1）熟悉讨论区：请大家按照给出的"自我介绍模板"的格式进行回帖，并浏览其他学员填写的"自我介绍"。（2）熟悉博客：写第一篇博客，并观看别人的。（3）熟悉消息：给同组的另一个成员发个消息（如果你们小组被分配有教师，一定要给教师发消息问候）。

从第二轮的预备活动开始，在原有预备活动基础上，开始增加 Web2.0 工具体验的准备活动。前文已述，这主要是为了提升学员个人学习网络技术素养。

该活动的设计目标以学习者体验为主。学习任务是以结合课程内容本身进行的，并提供工具及对应的网络资源。具体活动如下：

活动 1.2 Web2.0 工具体验

在教师讲解完后，通过此活动熟悉 Web2.0 技术工具。

活动步骤：

（1）每位学员介绍自己关注的方向、感兴趣的问题，自己正在或者可能去要研究的问题，或者目前阶段所做的事情、或者想做的事情、或者是遇到的一些问题。

（2）关于网上作战，把自己想要去解决的问题用 10 个关键词表达出来。课上每位学员已经提交了关键词。

（3）进行观摩，看看其他人如何写描述自己的关键词，调整修改优化这些词，思考每一个词会对自己产生什么作用。

（4）根据具体词的性质和所属领域，选择相应的 Web2.0 服务，以此词为 Tag 进行关键内容与关键人物查询，收藏这些内容和人物，并订阅相应关键人物的更新信息。

小结：

——在操作过程中，要善于灵活把握 Tag，必要的时候，需要考虑词性变化或者采用同义词作为 Tag 进行查询。

——可以用不同的词，多次重复以上活动步骤。

——同一个词，可以在不同的平台中多次运用。

作业：

请同学们用 10 个关键词，尝试以下网站的 Tag、RSS、SNS 等应用：http：//del.icio.us、https：//www. diigo. com、https：//www. google. com/reader/view/、http：//www. slideshare. net/、http：//www. flickr. com/、http：//www. douban. com。

在后续几轮课程迭代中，课程实施起初都会进行破冰活动。我们的活动都是以熟悉平台功能、课程特色以及提升个人学习网络技术素养为切入点，因为预备活动是这类课程后续活动可以顺利开展的保证。

2. 信息汇聚活动举例

学员在每轮课程生成中对课程不同模块的浏览、添加和评论等行为的操作频次以及分布情况可以从深度和广度上反映活动设计的受欢迎程度。在一轮生成课程实施结束后经过统计，如果学员在平台活动或资源学习的曲线处于正态分布，就表明这一轮活动任务是恰当的。因为正态分布表明大部分学员积极地参加了这项活动。研究者使用 SQL 语句"select userid AS'用户 ID', module AS '模块', action AS'行为', COUNT（action）AS'频次'from mdl_log where course = 6 GROUP BY userid, action（couseid = 4 或 2 则对应第一、二轮）"来统计每名学员在不同模块的行为频次。因为前两轮数据量太大，如表 6-3、6-4 所示，本研究给出第三轮的数据完整截图见附录 3。有了这个数据，研究者可以清楚地了解学员在"社会联通—经验反思—信息汇聚—协作创新"这四类活动中的学习状况。三轮生成课程在信息汇聚时都设计了一个借用 Wiki 模块的信息汇聚活动，下面本研究将以 Wiki 模块的操作频次来反映三轮生成课程的信息汇聚情况。

研究者使用 SQL 语句来统计三轮生成课程中利用 Wiki 模块的信息汇聚活动情况。经过数据筛选，把每名学生的读写操作包括编辑、更新、评论等进行累加，三轮活动的 SQL 语言与数据如下：

select userid AS'用户 ID', module AS'模块', COUNT（module）AS'数量'
from mdl_log
where course = 6 and module = 'Wiki'
GROUP BY userid, module
//（couseid = 4 或 2 则对应第一、二轮）

表 6-3 第一轮信息汇聚活动数据

用户 ID	模块	数量	用户 ID	模块	数量	用户 ID	模块	数量
274	Wiki	384	243	Wiki	199	112	Wiki	160
97	Wiki	307	108	Wiki	196	209	Wiki	159
280	Wiki	305	106	Wiki	192	123	Wiki	156
98	Wiki	266	3	Wiki	191	131	Wiki	151
285	Wiki	263	266	Wiki	188	199	Wiki	151
96	Wiki	235	271	Wiki	183	141	Wiki	149
95	Wiki	225	99	Wiki	182	94	Wiki	148
241	Wiki	219	284	Wiki	178	120	Wiki	146
113	Wiki	209	135	Wiki	176	111	Wiki	144
116	Wiki	205	121	Wiki	173	261	Wiki	139
107	Wiki	200	130	Wiki	171	254	Wiki	138
224	Wiki	199	102	Wiki	167	203	Wiki	136

用户 ID	模块	数量	用户 ID	模块	数量	用户 ID	模块	数量
136	Wiki	134	101	Wiki	87	100	Wiki	46
256	Wiki	133	132	Wiki	87	190	Wiki	45
115	Wiki	132	277	Wiki	85	236	Wiki	45
122	Wiki	132	227	Wiki	82	317	Wiki	45
218	Wiki	132	251	Wiki	82	110	Wiki	43
103	Wiki	131	257	Wiki	81	125	Wiki	42
134	Wiki	125	204	Wiki	79	225	Wiki	42
137	Wiki	125	105	Wiki	74	231	Wiki	42
250	Wiki	123	109	Wiki	74	117	Wiki	41
283	Wiki	122	124	Wiki	74	138	Wiki	41
228	Wiki	120	127	Wiki	73	213	Wiki	41
140	Wiki	113	119	Wiki	69	128	Wiki	40
265	Wiki	111	200	Wiki	69	193	Wiki	37
207	Wiki	109	252	Wiki	69	226	Wiki	37
133	Wiki	104	104	Wiki	68	263	Wiki	36
268	Wiki	104	118	Wiki	68	264	Wiki	36
255	Wiki	103	129	Wiki	68	126	Wiki	33
275	Wiki	102	201	Wiki	67	242	Wiki	33
267	Wiki	100	286	Wiki	67	230	Wiki	32
276	Wiki	100	281	Wiki	66	240	Wiki	32
235	Wiki	97	238	Wiki	62	273	Wiki	32
217	Wiki	95	210	Wiki	61	306	Wiki	30
260	Wiki	95	247	Wiki	61	270	Wiki	29
114	Wiki	94	194	Wiki	60	222	Wiki	28
248	Wiki	94	245	Wiki	59	196	Wiki	27
191	Wiki	90	272	Wiki	52	293	Wiki	27
258	Wiki	90	249	Wiki	51	2	Wiki	26
287	Wiki	90	139	Wiki	50	202	Wiki	26

续表

用户 ID	模块	数量	用户 ID	模块	数量	用户 ID	模块	数量
244	Wiki	26	294	Wiki	15	208	Wiki	8
262	Wiki	26	188	Wiki	14	282	Wiki	8
289	Wiki	26	232	Wiki	14	301	Wiki	8
269	Wiki	25	215	Wiki	13	322	Wiki	8
308	Wiki	25	239	Wiki	13	197	Wiki	6
234	Wiki	24	307	Wiki	13	216	Wiki	6
246	Wiki	23	312	Wiki	13	220	Wiki	6
318	Wiki	23	313	Wiki	13	316	Wiki	6
221	Wiki	22	291	Wiki	12	187	Wiki	5
314	Wiki	22	211	Wiki	11	237	Wiki	5
195	Wiki	21	214	Wiki	11	288	Wiki	5
299	Wiki	21	315	Wiki	11	298	Wiki	4
309	Wiki	21	192	Wiki	10	223	Wiki	3
212	Wiki	20	295	Wiki	10	253	Wiki	3
290	Wiki	20	305	Wiki	10	278	Wiki	2
302	Wiki	20	321	Wiki	10	279	Wiki	2
5	Wiki	18	324	Wiki	10	311	Wiki	2
292	Wiki	18	198	Wiki	9	320	Wiki	2
300	Wiki	18	206	Wiki	9	303	Wiki	1
219	Wiki	16	229	Wiki	9	304	Wiki	1
189	Wiki	15	233	Wiki	9			
205	Wiki	15	296	Wiki	9			

表 6-4 第二轮信息汇聚活动数据

用户 ID	模块	数量	用户 ID	模块	数量	用户 ID	模块	数量
171	Wiki	700	181	Wiki	189	15	Wiki	141
160	Wiki	560	142	Wiki	188	63	Wiki	140
167	Wiki	539	38	Wiki	186	79	Wiki	139
3	Wiki	411	77	Wiki	184	64	Wiki	137
47	Wiki	397	70	Wiki	183	159	Wiki	137
180	Wiki	342	174	Wiki	182	12	Wiki	136
165	Wiki	329	90	Wiki	180	19	Wiki	136
33	Wiki	305	21	Wiki	179	184	Wiki	132
45	Wiki	287	32	Wiki	179	34	Wiki	125
144	Wiki	279	85	Wiki	177	43	Wiki	125
175	Wiki	270	55	Wiki	172	13	Wiki	122
37	Wiki	269	67	Wiki	171	17	Wiki	122
74	Wiki	264	86	Wiki	171	163	Wiki	122
162	Wiki	252	154	Wiki	171	35	Wiki	117
148	Wiki	245	76	Wiki	170	23	Wiki	115
152	Wiki	238	26	Wiki	167	44	Wiki	115
179	Wiki	235	168	Wiki	167	78	Wiki	114
25	Wiki	232	39	Wiki	166	18	Wiki	113
24	Wiki	220	66	Wiki	164	57	Wiki	111
31	Wiki	220	29	Wiki	161	61	Wiki	109
16	Wiki	219	166	Wiki	157	80	Wiki	109
68	Wiki	215	22	Wiki	155	69	Wiki	106
6	Wiki	214	149	Wiki	152	164	Wiki	106
49	Wiki	207	42	Wiki	151	155	Wiki	105
158	Wiki	204	153	Wiki	148	172	Wiki	104
52	Wiki	202	40	Wiki	146	150	Wiki	103
161	Wiki	199	58	Wiki	146	182	Wiki	102
53	Wiki	191	147	Wiki	142	54	Wiki	99

续表

用户ID	模块	数量	用户ID	模块	数量	用户ID	模块	数量
88	Wiki	96	50	Wiki	62	299	Wiki	9
156	Wiki	96	46	Wiki	59	318	Wiki	8
87	Wiki	95	59	Wiki	59	302	Wiki	7
28	Wiki	94	157	Wiki	57	317	Wiki	7
60	Wiki	91	62	Wiki	56	311	Wiki	5
143	Wiki	91	151	Wiki	56	320	Wiki	5
145	Wiki	89	83	Wiki	54	300	Wiki	4
176	Wiki	89	170	Wiki	45	312	Wiki	4
72	Wiki	87	177	Wiki	42	315	Wiki	4
75	Wiki	84	41	Wiki	41	289	Wiki	3
30	Wiki	81	56	Wiki	41	293	Wiki	3
2	Wiki	78	178	Wiki	41	305	Wiki	3
36	Wiki	78	73	Wiki	36	297	Wiki	2
183	Wiki	76	65	Wiki	31	309	Wiki	2
71	Wiki	75	185	Wiki	31	316	Wiki	2
89	Wiki	74	84	Wiki	25	321	Wiki	2
173	Wiki	72	48	Wiki	24	27	Wiki	1
14	Wiki	69	51	Wiki	20	288	Wiki	1
146	Wiki	66	294	Wiki	17	290	Wiki	1
20	Wiki	65	313	Wiki	11	296	Wiki	1
186	Wiki	65	314	Wiki	11	301	Wiki	1
169	Wiki	64	308	Wiki	10	304	Wiki	1
81	Wiki	63	82	Wiki	9	319	Wiki	1

　　Wiki 模块的读写情况部分反映了学员在信息汇聚活动中的贡献程度；根据读写情况的统计再深入点击每名学员的具体内容进行分析就可以全面了解在这一活动中信息汇聚的结果。同时，所有学员在信息汇聚活动中的全部读写情况可以反映学员对该类活动的积极参与程度。图 6-14 所示的是从第三轮生成课程中 Wiki 的全部读写情况（因数据量大，略去第一和第二轮）；柱状图空缺的代

表该名学员没有参与信息汇聚活动；X 坐标代表学员数，Y 坐标代表所有的读写行为。

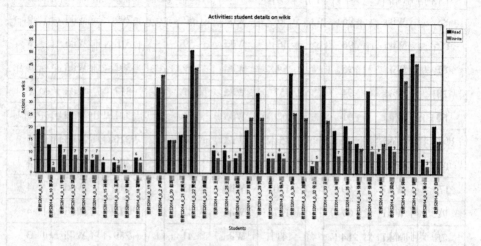

图 6-14　三轮生成课程学生 Wiki 活动细节对比

小结：三轮课程的信息汇聚活动中，因为参与学员的数量不同，每一轮要求信息汇聚的具体任务不同，所以在绝对数量上存在差异。研究中也确实存在个别学员没有参加活动（见图 6-14 中空缺部分）；但总体上三轮信息汇聚活动得到了大部分学员的积极参与，活动的设计是成功的。

（二）选择活动任务的演变

研究者结合实际工作需要，在阶段性生成课程目标方面，根据上轮课程的数据以及结合课程开发者的调研情况确定。第一轮生成课程的迭代围绕"网上作战"开展，生成的结果反映出一线公安机关对"网络技战法"的重视。第二轮生成课程的迭代围绕"Web2.0 与网络技战法"开展，生成的结果表明对各技战法进行归类提炼，总结"信息化侦查措施"的重要性。第三轮生成课程的迭代围绕"信息化侦查措施"开展。随之是第四轮的"合成作战"。整个生成课程每个阶段目标明确，活动任务随着每一轮的生成渐进演变。这门"网侦"实战的课程越来越成熟。

1. 分配小组的演变

这类课程的实施，分组是基本策略。一般情况下，学习小组由 6 名左右的学员组成，采用"组内异质，组间同质"① 的策略。要使合作小组能够正常运行，合作富有成效，还必须做好以下三件事：（1）选一名得力的组长，组长负责全组的协调、合作、组织、分工等工作。（2）为组员编一个相应的代号，在小组内按照学员学业成绩和能力水平从高到低进行编号，并且使每组相同学业水平的学员代号相同，这样便于组长分工和教师抽查。（3）为小组起一个响亮的名字，这有利于形成团队精神，凝聚人心。

在分配小组方面，我们的几轮生成课程分别经历了随机分组、按地域分组、按内容分组几个阶段。主要原因是生成课程是在实训教学中生成的。我们的课程培养目的很清楚，每个具体阶段目标也很清晰，但是在组织课程活动的时候，课程内容经历了从模糊到渐渐丰富和清楚的过程。在课程生成之初，采取随机分组是希望发挥每名学员的积极性。在第一轮生成课程结束之后，我们课程生成的阶段目标非常明确，即需要丰富课程的"网络技战法"，采取按地域分组是合适的。在第三轮生成课程中因为已经积累了大量的"网络技战法"，课程组织者已经进行了归纳，但还需要实践的检验和修正，按照对内容的兴趣进行分组，这也切合课程生成的实际情况。以上是符合三轮不同需求的"组内异质，组间同质"的策略。

2. 活动组织形式演变

在活动组织形式方面，根据每轮迭代中课程内容的需要，总体体现出下面的特点：在第一轮活动生成时，课程培养目的清楚，但是课程组织者掌握的资源有限，关于课程内容方面的目标是比较模糊的。所以第一轮活动在设计的时候，侧重以学习者贡献资源为主。在经验反思和信息汇聚阶段，都是设计对应的活动，鼓励学员把个人的经验或者自己所在基层组织的案例贡献出来。本研究课程实例中是以 Wiki 汇编的活动为主，活动既可以促进学员的反思，也可以方便信息汇聚。

第二轮活动生成时，因为有了第一轮的基础，课程生成的阶段性目标很明确。经验反思阶段的活动可以借助上一轮生成的资源进行有针对性的设计。结合上一轮课程核心参与者的贡献，可以明确要反思的具体内容细节，这样就可

---

① 所谓"同质"分组就是把学习成绩、能力、性别，甚至性格、家庭背景等方面相似的学生分在一个合作小组内；"异质"分组就是把学习成绩、能力、性别，甚至性格、家庭背景等方面不同的学生分在一个合作小组内。依据"组内异质，组间同质"的策略，就会使每个小组成为全班的缩影或截面。组内异质为互助合作奠定了基础，而组间同质又为在全班各小组间展开公平竞争创造了条件。

以根据内容有针对性地选择多种多样的经验反思类活动。比如，在研究者的第二轮活动设计中，就专门针对"网上作战"的理念，以作业并评分的活动形式要求每名学员参与进来。而针对上一轮生成课程中产生的新案例，挑选并提炼了典型的"网络技战法"进行分组讨论反思（见图6-15主题2、3）。

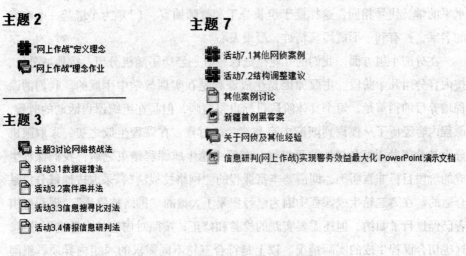

主题 2

- "网上作战"定义理念
- "网上作战"理念作业

主题 3

- 主题3讨论网络技战法
- 活动3.1数据碰撞法
- 活动3.2案件串并法
- 活动3.3信息搜寻比对法
- 活动3.4情报信息研判法

主题 7

- 活动7.1其他网侦案例
- 活动7.2结构调整建议
- 其他案例讨论
- 新疆首例黑客案
- 关于网侦及其他经验
- 信息研判(网上作战)实现警务效益最大化 PowerPoint演示文档

图 6-15　活动组织形式

第三轮活动生成时，课程资源已经比较丰富。并且在上一轮课程结束时，核心参与者已经帮助进行了课程提炼。阶段性课程内容以及组织形式已经相对清晰。在设计"社会联通—经验反思—信息汇聚—协作创新"活动时，是以资源呈现为主，配套以分组讨论和创新性汇报活动，目的是对已有课程内容的选择和组织进行学习和评价，并且在讨论中将这一轮学员的新经验丰富到课程中来（见图6-15）。

后续活动生成时，随着课程越来越成熟，已经可以借鉴以活动为中心的网络课程开发进行设计（何伏刚，2006）①。

（三）提供学习工具的演变

传统课程开发对 Dephi 调查问卷、Dacum 图表等工具有着极大的依赖，生成课程开发对网络工具有着极大的依赖，这体现在活动设计时提供的学习工具上。本研究的几轮课程迭代中提供的工具主要有调查工具、知识管理工具、协作交

---

① 何伏刚. 基于活动的网络课程设计与开发的实践研究：以《远程教育学基础》为例 [D]. 北京：北京师范大学，2006.

流工具、社会网络服务工具等。调查工具在发现重要的讨论观点、争执的焦点方面发挥着重要作用；知识管理工具主要用于案例的设计与开发；协作交流工具不论是在社会联通、经验反思还是在信息汇聚、协作创新阶段都会使用；社会网络服务工具不仅用于教师发现核心参与者、积极参与者、消极参与者和边缘者，而且本身对于学员的学习也能起到重要的促进作用。

在课程生成的几轮迭代中，根据每轮课程实施时候的不同需求，提供学习工具的侧重点也有所不同。第一轮是以协作交流与 Wiki 工具为主；第二轮则包含了协作交流、投票、Wiki 等工具；第三轮除了包含之前两轮的工具，使用更多的则是论坛。在每轮课程生成中，像标签云、博客、消息等基本工具都是要提供的。帮助师生编织一个个人学习网络，首先需要知道可以利用什么样的个人网络技术，在哪里可以找到它们，以及如何使用它们（何伏刚，2011）。本研究的平台中提供了内容交流（News）、发布（Blog）、组织（Tag）、生成（Wiki）基本工具。这些基本工具充分满足了本研究中课程活动的开展。

（四）提供学习资源的演变

课程提供的学习资源一方面是伴随着"网侦"实战的发展而渐进演变的，另一方面也是随着课程内容从不够成熟发展到慢慢成熟。

第一轮生成课程中，课程组织者仅仅提供了 2 个案例，但是对案例做了详细的分析并提供了案例开发的模板（见附录 2）。第二轮生成课程提供的主要资源是配套以案例分析得出的四个网络技战法。第三轮生成课程中，有了前面两轮生成课程的积累，资源丰富了很多。课程组织者在课程核心参与者的帮助下对资源进行了系统的梳理，以四个主题的资源较为完整地呈现了信息化侦查措施。

（五）小结

研究者从学习活动各要素的关系视角系统总结了课程研究实例中活动的生成。与阶段性课程目标构成直接因果关系的是学习活动中的活动任务，活动的组织形式、方式方法、过程、规则等要素围绕着活动任务展开；而学习工具、学习资源以及信息组织成为学习活动的服务性支持。

第二节　真实情境中的问题解决

设计研究除了它的干预真实教育情境的过程取向、研究者实践者共同参与取向、迭代循环的理论取向之外还有一个实用主义取向（Shavelson，Phillips，Towne，Feuer，2003）①。就是说研究者在构建完善理论的同时要能解决真实情境中的教育问题。本研究的问题之一就是在实训课程开发中课程怎么就生成了。

研究者以为生成课程开发的核心是课程活动、资源和网络的生成。后现代主义教学观认为："传统的学科知识过于注重逻辑性、历史性、专一性，而忽视了学科间的横向联系。这种线性组织培养方式，难以使学生用开放的眼光看待无限多样性的世界。如果要培养学生发散性和创造性思维，需要依靠多样性的和网状的知识结构；而这种知识结构的培养在很大程度上依赖教学观的转变。这种教学观主要由既定知识转变为流动知识；由普遍化知识转变为境遇化知识"（王文霞，2007）②。随着网络社会的蓬勃发展，越来越多的课程是以境遇化知识为主的。它没有稳定的结构，实践性强，并且内容不断丰富。这类课程开发的实践问题的解决具有重要的价值和意义。本部分主要内容包含总结课程实施时的活动模型、资源生成的工具及规则以及网络关系的形成。

一、活动的生成：课程实施的关键步骤

课程中生成性活动特别重要，教师组织、把控得不好，生成的内容就不行，所以学习活动的设计不能是教师随心所欲去做的，而要通过邀请教学设计专家对活动的设计进行改进。

（一）实施的关键步骤总结

因为是在实训教学的同时进行生成课程开发，活动的设计对应着本研究中课程活动的生成。生成课程的学习其实是以联通主义学习理论为支撑的，活动其实是教师生成的，活动都是来自教师的设计与学生的反馈，经过相关教学设计专家的论证，与资源密切配合。实施活动的流程体现出这类生成课程的特色。根据孙洪涛等人的研究，联通主义的学习基本上是按照"社会联通—经验反思—信息汇聚—协作创新"的流程进行的。本研究中活动的设计也主要是促进社会联通、经验反思、信息汇聚、协作创新这四类活动。活动生成的关键其实是教师根据课程开发的需要设计并生成的。课程实施的关键步骤可以提炼为从建立社会联通开始，到经验反思、信息汇聚最后协作创新的过程。根据三轮迭

---

① SHAVELSON R J, PHILLIPS D C, TOWNE L, et al. On the science of education design studies [J]. Educational researcher, 2003, 32 (1): 25-28.

② 王文霞. 关于教师信息化教学资源观的研究 [D]. 兰州：西北师范大学，2007.

代的研究发现，总结了生成课程 CRCI 活动模型。本研究提炼了生成课程 CRCI 活动模型，CRCI 是英文单词 Connection、Reflection、Convergence、Innovation 的首字母缩写。

图 6-16　生成课程 CRCI 活动模型

活动之间的关系可以用图 6-16 的四阶段模型展示。第一阶段强调社会联通，它代表着师生和生生之间社会性联系的建立和优化。第二阶段强调经验反思，它代表着需要根据内容设计促进学习者对过往经验的反思。第三阶段强调信息汇聚，它代表以网络为管道，经验和内容的聚合、分享与管理。第四阶段协作创新，它代表在交流对话、观点碰撞、内容生成中知识的产生以及群体协作任务的完成。

（二）讨论

生成课程开发的难点在于教师组织活动实施教学，组织活动把控得不好，生成没法进行。在知识体系清晰、学习内容明确的课程中，学习内容分析、活动任务设计都有明确的方法。比如，知识网络图的内容分析、知识建模图和"知识网络图变形法"活动任务设计方法（杨开城，2012）①。以学习活动为中心的教学设计理论认为，教学设计的任务不仅仅是学习内容序列化、教学媒体选择，还包括学习活动的设计，其中学习活动任务的设计是最核心的工作。根据每轮生成课程开发的阶段性目标（不是内容目标）将学习活动区分为"社会

---

① 杨开城. 教学设计技术：教师的核心专业技术 [J]. 电化教育研究，2012（08）：5-9.

联通"类、"经验反思"类、"信息汇聚"类和"协作创新"类四种。不同类型的学习活动，其学习任务有很大的差异，且这四类活动建议按照顺序实施，以符合联通主义学习理论的核心观点。

要注意的是，虽然我们在设计学习活动时区分为四类，但是设计出来的活动不一定是单类型的。

二、资源的生成：工具及规则总结

多轮的课程迭代也是基于课程资源越来越丰富，可以作为课程的内容越来越多。伴随着课程资源越来越丰富，研究者可以提供更多资源聚类择优等的工具、规则或提取方法。这些工具、规则与方法是同类生成课程开发中可以部分借鉴的。

资源的生成是在实训教学中进行生成课程开发的核心。资源的丰富需要伴随着实践的发展不断进行课程迭代；同时课程生成的工具及规则才能更加丰富。在本研究的三轮课程生成迭代中，凸显了算法、工具、活动等的重要性。在课程提炼/反思，比如找核心参与者、凝练新概念、选择优案例等过程中，生成课程开发方法技术即工具规则越来越成熟。

（一）课程生成的工具总结

在生成课程开发中，哪些工具是必需的？研究者根据三轮生成课程开发的实践进行了梳理总结，首先是课程平台中的工具，然后是其他补充的工具。

1. 课程平台工具

课程平台中的论坛（Forum）、博客（Blog）、维基（Wiki）、标签（Tag）是最为重要的四类工具。Forum 工具贯穿整个课程生成的始终。从社会联通类活动开始，课程就会经常用到论坛。最常见的社会联通活动是发布自我介绍帖，前文已经介绍过该类活动。论坛中的帖子在每轮生成课程开发中的发布都会被参与的同学看到，这是彼此之间建立联通的最稳定的渠道。

在论坛中，一名学习者如果看了你的自我介绍，对你的实践经历有兴趣，这名学习者就会持续地关注你的博客。而 Blog 则是第二类重要的工具，研究者设计了很多促进课程参与者进行经验反思的活动。博客则是最佳的日常经验反思工具。在第三轮生成课程开发结束时，第一轮生成课程中的所有学员的 Blog 总计已经被浏览了 16158 次。

维基 Wiki 工具在本研究中用得非常多，因为是在警察实践训练的同时进行生成课程开发，而且课程学习的内容不是对固定知识的学习，而是主要针对生成性知识的学习，所以维基在很多活动中被作为信息汇聚的主要工具。

在以上所有工具使用的时候，产生的内容都被允许贴上标签 Tag。标签不仅可以作为凝练新概念的工具，也是师生在网络环境下实现协作创新的辅助工具。由大量的标签组成的标签云对于发现实践中的热点方向起着航向标的作用。

2. 其他工具的补充

除了上文提到的课程平台中的工具以外，统计分析工具，社会网络分析工具，数据挖掘工具，移动互联网上的微信、社会化书签（Diigo）等工具在课程生成中也发挥了积极的作用。研究者建立了微信公众号，在课程实施时可以保持与学员的积极沟通，同时在某些课程活动开展时，可以提供投票、问卷调查等功能。

Diigo 是一款社会化书签工具，它的核心功能是在网页上勾画重点、写批注（像在书上一样），这些重点和批注，都统一存放在你的 Diigo 账号里，作为你的学习资料永久保存。Diigo 典型的应用场景是这样的：授课老师创建一个小组（group），把他的学生都加入进去，然后大家不但可以一起分享网页链接，还可以分享文章的重点内容（highlight）和笔记（sticky note），并在论坛里面参加讨论。通过 Diigo 工具，研究者实现了和学员的持续联系和沟通。

（二）资源生成的规则

资源生成的规则其实也是这类课程开发的方法。课程开发理论的重点在于探寻课程开发更合适的方法技术以及组织。本研究重点是对生成课程开发模式的探讨，所以对于方法技术及其组织即课程开发技术并未做过多研究。

1. 概念及内涵生成规则

生成课程的主题以及每轮生成课程的目标其实很关键。在第一轮生成课程开始之初，采用了传统的课程开发方法去调研当下课程内容的热点。当然这也与院校部门对人才的培养目标密切相关。在生成课程实施时，如何保证课程的生成朝着贴近实践、解决问题的方向迈进，这是生成课程开发模式成功的关键。在本研究的几轮迭代中，研究者选用贴标签（Tag）的方式保证生成的主题与热点方向。学习者在课程平台撰写或者提交的任何内容都可以根据自己的经验贴上他们认可的关键词作为标签。研究者需要做的是把关键词按照被贴的数量排序出来，并对相似的关键词进行数据筛选与归类，最后阅读标签对应的内容（包含概念、案例、经验等）和核心参与者一起进行提炼。

2. 案例与经验生成规则

本研究选择的生成课程，实践性较强，还没有形成专家权威，所以在课程实施的时候，研究者通过"专家组长"帮助进行案例与经验的择优，这也切合一线实践的需要。在这类课程本身还没有形成清晰的知识体系时，谁的实践案例与经验好，就采纳谁的。这里重要的是保证样本的可靠性。参与本研究的三轮学员共计三百多人，都是来自全国各地的优秀成员，他们保证了本研究案例与经验生成的可靠性。案例与经验的生成规则主要依靠课程参与者来共同定夺。

3. 其他资源链接生成规则

一门课程的构成内容很多，尤其是这类面向实战的课程。除了本研究所探讨的内容，课程中可能还有工具、网址、方法等要素。那么这些资源，并不是在一次、两次的课程迭代中就可以生成的。在实践技能训练的同时进行生成课程开发，多轮迭代是保证课程其他资源链接丰富的重要规则。

（三）总结与讨论

当前在面向成人学习者提供教育服务时，常常忽视了成人学习者积极性和主动性的发挥，教学策略与方法以知识传递型策略和行为主义的教学方式为主，教学实施中坚持专家教师的权威，很少把学习者作为知识的"建构者"加以考虑，从而限制了高阶学习目标的达成（陈丽，等，2016）。而目前已有部分研究采取混合式教学方法，很少能够把有一定经验的学习者作为课程开发主体或积极建构者加以考虑，更多的是把线上学习与线下学习相结合。这样做看似给学习者更多选择的空间，但从实质上来说，除去学习手段的变化和可选择性增多外，在教学上并没有多少本质的变化。本研究中课程内容主要来源于资源的生成，资源主要包含概念、案例、经验和其他资源链接等。概念主要来源于平台中的标签云。在发现这些名词后，概念内涵与外延由教师与课程核心参与者共同确定。生成课程的开发主要依赖的资源在不同的领域可能不同。本研究是在职业技能实践训练中进行生成课程开发，所以案例的开发是这类课程内容的重要构成。从多个案例中归类概括出的共同规律性的做法，以及每轮学生在博客讨论区中发布的基于他们自身经历的工作经验，对于课程内容的丰富和完善都是极好的补充。课程平台中每轮学员提供的其他资源链接，如论文、简报、工具、网址等也是课程资源的重要生成部分。

本研究在进行大组资源筛选、核心参与者内容框架的确定时，经过观察和总结，基本上可以产生一个让学员满意的内容组织框架。再配合下一轮生成课程的目标，经过相关专家把关学习活动设计，下一轮生成课程在选择教学目标、确定内容框架、设计学习活动方面都得到了清晰的保障。

三、网络的生成：额外的收获

在研究的后续座谈和与学生的对话中，学生普遍反映网络的生成对他们有很大的帮助。这个帮助不仅仅是指平台中生成的知识，还包括与生成知识的人建立的链接。尽管他们彼此之间也许没有参加同期学习也互相不认识，但是通过这个课程平台中生成的活动和资源，他们已经彼此熟知对方，在今后的工作中，可以更进一步相互学习。本研究中课程的价值已经完全超越传统意义上课程的价值。

（一）社会网络的生成

研究选择了第三轮生成课程开发时的一次"经验反思"活动。这次活动的组织是在课程开始之初要求新一轮学习者对过往两次课程内容进行反思。活动借助讨论区进行，并利用 Mod_sna 进行社会网络分析。类似的工具还有 SNAPP、NodeXL、Gephi、NetDraw、UCINET 等。其中，SNAPP 的特点尤为突出，它无须了解原数据细节，在很大程度上减少了教学者数据预处理的工作量。相比其他网络分析工具，SNAPP 可以智能化生成可视化网络交互图形，具有更强的操作性。同时，SNAPP 可实现对实时数据的分析，它可以从论坛数据中直接提取VNA 和 GraphML 原始数据。研究者无须像传统做法那样，先从平台的后台数据库中获取数据建立关系矩阵，再分析数据之间的关系。利用这些原始数据，研究者可以使用专业的社会网络分析软件做进一步的分析（王丽红，戴心来，乔诗淇，2015）[①]。本轮课程共有学员 37 名，所有学员都不同程度地参与了这个活动。研究者隐去参与者的真实姓名、参与情况以及社会网络关系，经验反思活动情况。

整体社群图 6-17 直观地表达了所有社区成员间的关系网络，节点间的连线反映了成员间的互动及所形成的各种社会关系，清晰地展示了成员间发起者和接受者的关系。但当成员数量较多时，图形会变得相当复杂，难以直观地揭示网络关系结构。由于网络论坛中发帖总数仅从某个侧面反映参与者在论坛中的活跃程度，难以确定参与者在网络中具体的回帖、收帖数量以及中心地位，为

---

① 王丽红，戴心来，乔诗淇. 开源工具支持的社会网络分析研究：SNAPP 介绍与案例研究 [J]. 中国教育信息化，2015（01）：25-28.

此引入点入度、点出度和特征向量中心度三个指标进行量化分析。度代表学员与他人交互的频繁程度，度越高表示该学员与他人交流越频繁，反之则交流程度较低。点入度即收到帖数，是对网络中其他成员与该参与者建立联系程度的衡量，数值越高，表明该参与者在网络中的声望越高。图 6-18 表明 ID302、ID289 两名学员的声望最高。

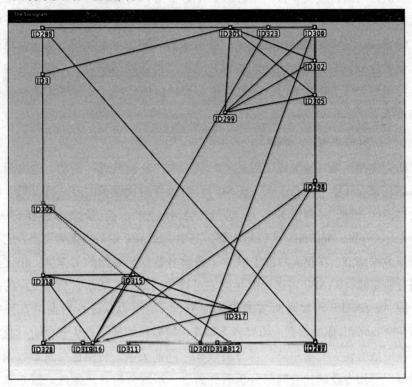

图 6-17　整体社群图

点出度即回复帖数，这是对参与者在社会网络中寻求互动程度的衡量。数值越高，表明该参与者越能积极地与他人互动。如图 6-19 所示，ID301、ID300、ID313 三名学员最为积极地参与互动。其他几乎每名学员也都参加了互动，虽然回帖不多但都表明了自己的观点。

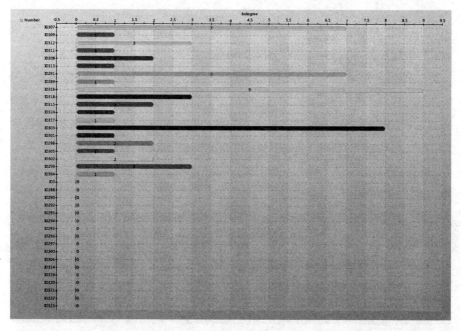

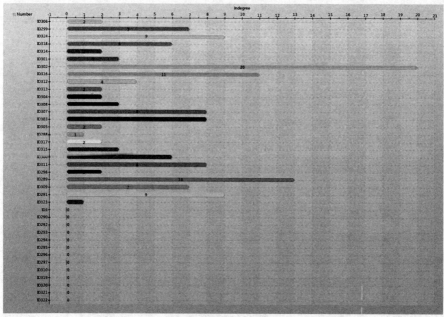

图 6-18 点入度

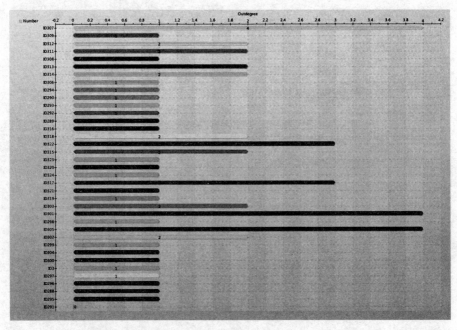

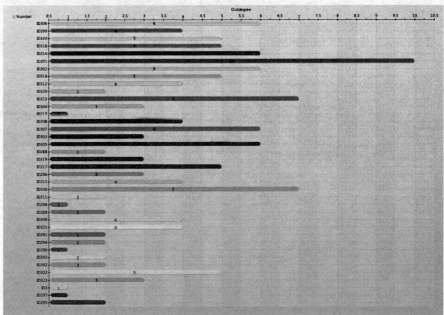

图 6-19　点出度

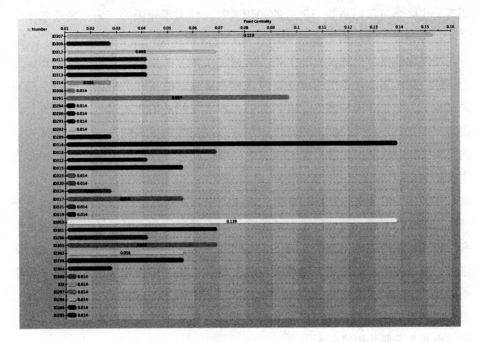

图 6-20 点中心度

特征向量中心度是通过标准化的测度来确定社会网络中最核心的成员。数值越高，表明该参与者跃居于网络核心位置。如图 6-20 所示，ID307、ID316、ID303 数值最高，表明这三名学员是社会网络中最核心的成员。

美国教育部 2012 年发布了《通过教育数据挖掘和学习分析技术来提高教与学》，报告提出通过教育数据挖掘、学习分析技术和可视化数据分析来改进教学。本研究把核心参与者及网络的生成作为网络环境下生成课程的重要构成，这是对传统课程概念的突破，是按照联通主义对课程结构的界定。网络环境下的课程结构除包含传统课程的要素外还增加了包含"联结"在内的诸多要素。生成课程的结构是超链接的，是网状的、动态的、非层级的、可以任意方式组织起来的课程。

（二）研究发现及讨论

网络环境下生成课程中的知识有多个特性，最核心的有三个：一是动态性，即知识时刻处于变化中；二是隐性，知识存在于成千上万的神经细胞的连接之中，不是一个词也不是一个句子，还存在于情境和环境之中；三是生长性，即网络中的知识通过与其他节点的彼此交互而建立新的连接。联通主义学习的知识观，主张学习目标是基于创造的知识生长，即实现知识的流通。联通主义学习不仅强调建立与已有节点之间的连接，还强调在学习过程中创造新的节点，并与之建立连接，促进知识的生长。联通主义学习的知识概念与传统的知识概念不同，强调知识是连接的建立，但这种连接建立的基础不是对已有信息或资源的重复，而是在理解基础上进行创造，即人工制品的生成过程。知识生长即创造，创造不是最终目标，最终目标是通过创造吸引更多的参与者，保持知识的持续生长。联通主义学习中的知识生产模式即这种有机知识生长模式（王志军，陈丽，2014）。

知识生长的关键是寻径和意会。本研究中每个学员个体作为社会的组成部分，通过寻径与意会的过程建立经验之间的连接联通，在网络平台中进行定向和反思，并保持碎片化分布式的信息之间的聚合，由此创建学习制品实现协作创新，从而促进知识的持续流动和生长，最后生成的课程越来越成熟。这类生成课程概念的界定就区别于传统课程，因为网络中的知识是持续流动和生长的。随着网络的生成并不断成熟，网络本身就是生成课程除了活动、资源生成之外另一个非常重要的构成要素。

真实情境中的问题解决是对"生成课程开发中课程怎么就生成了"问题的回答。

第三节　课程开发的实例总结

课程三轮迭代共有参与学员 327 人。课程生成之初有比较多的学员参与了课程，保证了课程资源的丰富；后续课程生成对学员人数不再有明确的要求。课程实例中从第一轮课程生成时只有 4 个主题，含 4 个活动和 2 个案例；到第二轮生成课程有 6 个主题，含若干活动和资源；到第三轮生成课程有 7 个主题，有清晰的阶段目标、丰富的课程内容、完整的组织顺序，并有合适的评价方案。课程的成果在公安部"科技活动周"中展出，受到师生一致的好评。本研究中的活动、资源和网络构成了生成课程。

一、课程活动总结

在本研究的生成课程中，课程活动可以总结成如下几点：首先，活动的设计要遵循联通主义学习的过程，这在前文已详细说明，见生成课程的 CRCI 活动模型；其次，选择怎样的社会联通活动、经验反思活动、信息汇聚活动、协作创新活动，要完全根据学习者的特点以及课程的内容而定，这部分还有待后面继续研究；最后，对活动数据的收集、整理和分析，本研究的每轮生成课程中都会进行统计分析、内容分析、文本分析，分析的同时还可借鉴本研究中提供的工具和规则进行把控。

二、课程资源总结

本研究中的课程资源可以概括为概念内涵、案例经验、其他资源链接等。

在课程生成中，首先，通过严密的活动设计来对课程资源的生成进行管理。参与课程的学习者都是各地的警察，只要课程组织者在课程开设之初把课程生成的相关要求告诉大家，基本平台上不会出现大量无关的信息。

其次，课程中生成了大量的资源，课程组织者与核心参与者可以对相同的知识点进行聚类，但是在择优方面会面临冲突。因为课程中没有绝对的"专家"，课程组织者通过筛选"专家组长"、生成核心参与者来共同确保课程中的优质资源。

最后，每轮生成课程确保用选择出来的优秀资源构成课程体系，这样的课程资源生成过程没有结束，只有渐进。

真正运用生成课程开发模式开发一门好的课程，除了按照模式的流程进行，还需要选择合适的工具，使用恰当的方法，做大量的工作。在这一章，研究者把实例课程开发实施的过程呈现了出来，课程实例获得了师生的一致好评。模式的应用在不同的课程情境中还依赖于不同的工具、方法等。

第七章

研究的未来预期

本章研究者首先总结了本研究的研究成果、创新点、研究中存在的问题与不足之处，然后规划了未来的研究方向与计划。

第一节　研究成果

本研究的研究成果从理论和实践角度可以总结为以下三方面：（1）研究者构建了初始的模式假设，并在设计研究中完善了生成课程开发模式；（2）公安"网侦"实战课程生成的实例；（3）在课程生成中，不断丰富的生成规则（课程开发方法技术）。

一、生成课程开发模式

生成课程开发模式包含开发者的理念、课程生成的流程、课程实施的关键步骤和课程开发的工具。

生成课程开发应该持有教学过程也是课程开发过程的教学观；学习即链接的学习观；社会性软件支持的网络学习环境的环境观。它的开发流程是从课程培养目的开始，沿着"课程/活动设计—课程准备预设—课程实施/生成—课程反思/提炼"进行。课程没有成熟态，只有将成态，循环并不断优化。因为课程的教学过程就是课程开发过程，所以课程实施的关键步骤要遵循联通主义学习的过程，即按照"社会联通—经验反思—信息汇聚—协作创新"的课程实施，直到每轮课程活动完成。在课程实施生成中会直接产生三类数据（资源与链接、案例与经验、关系与数据），经过找核心参与、凝练新概念、选择优案例、提取好经验、筛资源链接，最后反思佳活动，可以生成一门实战化的课程。

在这一过程中，统计分析工具、社会网络分析工具、数据挖掘工具、

Web2.0工具（Forum、Blog、Wiki、Tag）等都是必需的工具。研究者需要说明的是，本研究只探索了小部分工具。后续的研究者在应用这个模式进行课程开发时，可以尝试更多的工具。

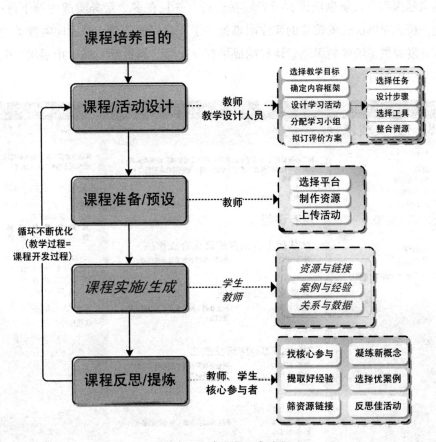

图7-1 生成课程开发流程

研究者经过迭代研究检验并修订的模式具有三个显著特点：一是模式的理念先进，体现了联通主义的学习观；二是流程中"课程实施/生成"环节（见图7-1斜体部分）凸显了联通主义理论基础中的"生成性""联结"的特点；三是从"社会联通—经验反思—信息汇聚—协作创新"的活动设计中体现了课程实施时联通主义的学习过程。

二、生成课程开发实例

2012年确定警务实战研究主题之后，研究者就开始了研究设计，经过了三年多时间，开展了多轮课程教学的迭代。研究团队又经过数据整理和期刊论文成果发表，从"网上作战"到"从网上作战到信息化合成作战"，网侦实战课程内容越发成熟，见图7-2。在这一过程中，课程开发者对课程本身的理解也越来越深刻。目前生成课程开发还在进行，并且在多个警务实战主题下进行。这一模式对解决公安院校的实际困难提供了非常好的帮助，对面向实战类的课程开发提供了清晰的思路。课程的成果在公安部"科技活动周"中展出，受到师生一致的好评。

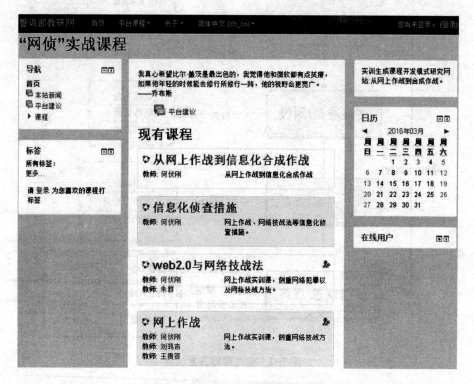

图7-2 四轮迭代后课程生成实例

　　研究者深度参与生成的这样一门课程与其他类实训课程有着显著不同：一是该门课程贴近公安一线的实战，帮助解决了实践领域的现实迫切问题；二是课程本身没有晦涩的高深理论，易学易用，大部分内容来自一线实践"经验"并经过课程参与者不断生成和提升；三是课程诞生之初就拥有"网络"的基因，它既提供了方便学习的网络渠道，又为"寻径和意会"提供了丰富的网络"连接点"；四是该门课程的成熟也为本研究"生成课程开发模式"提供了一个最佳的范例。

三、课程生成规则（方法技术）

课程生成规则（方法技术）主要来源于课程活动、资源、核心参与者及网络生成中的总结与提炼，它是随着课程生成的多轮迭代而不断成熟的。本研究侧重的是生成课程开发模式的研究，研究中总结的生成规则还有待丰富。

生成活动的规则：主要是按照联通主义学习理论，从"社会联通—经验反思—信息汇聚—协作创新"这四个流程进行设计然后生成。至于采用怎样的社会联通活动、经验反思活动、信息汇聚活动、协作创新活动，要根据学习者的特点、环境媒体的条件、内容的特点等确定，但是活动要生成并发挥教学效果，以上联通主义学习理论的四个流程必须遵守。

生成资源的规则：主要是依据平台数据、活动数据、生成数据这三个数据来源进行分析；在得到课程概念内涵、经验评析、资源链接和核心参与者等资源的过程中进行总结，比如，前文的算法、工具等；最后在课程几轮迭代中，不断优化课程生成的规则。

以上的活动和资源构成了生成课程。通过生成课程开发过程，课程开发的流程、关键步骤以及工具都有了详细的探讨。在关键步骤提炼的 CRCI 活动模型中具体的活动选择和设计，后续教师可根据内容需要自行选择；生成资源的规则供其他同类课程借鉴，可在后续使用中不断完善。

第二节　创新点

生成课程是一类实践性强、无知识体系、内容日新月异的课程，现有的课程开发理论不能为这类课程开发提供合适的模式。它的理论基础是互联网时代最新的联通主义学习理论，流程反映了实训课程的生成性和学生经验的汇聚。本研究创新之处体现在：一是针对模糊知识目标下的生成课程，大量知识主要来自实践情境，为知识体系不清晰类课程提供一套生成课程开发模式；二是同时利用这套模式进行生成课程开发的设计研究，提供了这套模式中技术工具的操作示范，总结课程生成的规则，丰富了课程开发的实践方法。

第三节　讨论与反思

首先，研究的目的有两个：一是通过迭代研究生成课程实例；二是生成课程模式得到修订和完善。本研究是以"网侦"实战课程开发为例探讨生成课程的开发模式，在公安院校也有其他同事在探讨"警务战术""现场执法"等实战课程的开发，也是采取以"草根"的经验满足"草根"的方式，以一线实践者的经验为主要内容进行课程开发。警察在接受学历教育的时候，有成体系的课程教授其现场控制、抓捕行动等，但是随着实践的发展，实际工作中会积累很多经验性的知识，而这些经验性知识构成了生成课程的主要内容。这样的课程本身是前沿的、面向实战的。研究者反思在教学过程也就是课程开发过程中，研究对课程组织者即教师提出了非常高的要求。

其次，研究的创新点具有一定的理论意义与实际意义，不仅仅是把网络时代最新的学习理论应用在一个比较具体的领域，而是经过设计研究的理论构建、检验、发现、总结的生成课程开发模式具有实际意义。它确实解决了一类实践性强、无知识体系、内容日新月异的课程开发的理论问题。研究者需要说明的是：模式中的理念、流程具有推广到其他相似课程开发情境的一般性；支撑模式得以顺利实施的技术工具、活动方法具有应对本研究情境的特殊性，后续研究者可以在本研究的基础上探索更多的技术工具和活动方法。

一、研究问题和不足

研究进行了三轮迭代课程开发，时间持续了三年多，生成课程开发基于的联通主义学习理论也在不断持续发展，还会产生很多复杂、未知的问题。伴随着网络技术的快速发展，本研究使用的课程管理系统 Moodle 也已经新增了更多更好用的功能。这些功能也许可以更快捷、方便地促进生成课程的开发，但研究者还来不及进行教学试用。当然还有些在研究过程中直接暴露出的问题和局限，概括起来主要包含以下几点：

第一，课程生成的规则不够丰富。课程生成的规则对应着课程开发的方法技术，研究者只提出并总结了部分规则，导致课程生成的规则不够丰富与完善。这个问题的解决依赖于后续进行多轮迭代研究，获得更加丰富的资源，从而总结更多的规则。

第二，研究的内外效度。研究者根据自我反思、学生反馈、专家建议以及平台数据，在每轮反馈中修订模式并丰富方法技术。需要说明的是，生成课程开发的模式经过三轮检验修订具有较高的外效度，但课程开发中的部分技术工具、活动方法等不能保证可以在类推的情境中使用，同时因为是从本研究的平台数据获得的，具有较高的内效度。

第三，设计研究范式的问题。设计研究最大的亮点是迭代，但被误解的也是迭代。实践产品的迭代等同于工程领域的迭代，理论产品的迭代可能面临很多风险。因为每轮迭代研究有可能不需要修订，也有可能产生重大修订。这要求在理论构建时必须严格，同时研究者要重视提升理论基础上产生的设计原则和实践纲领，并根据不同的研究旨趣解决现实中的实践或理论问题。

当前很多设计研究往往只重视对初始理论设计的修订，不重视解决现实中的问题，这种修订有可能是没有意义的。关于设计研究的争论还有很多，好像别的领域的研究范式和方法到了教育领域都会面临这样或那样的问题（杨开城，2013）。这就说明学科方法论的匮乏。教育学科要构建适合自己的方法论，需要我们用心、用力地培植。

二、后续研究工作

课程开发是研究社会需求和课程体系之间的逻辑联系的理论，课程开发理论在联通主义时代迎来了新的变革，这就如同行为主义学习理论影响课程开发的目标模式一样。本研究是联通主义学习理论在警察训练这一领域的应用，有了警察实践技能训练时贴近实战的迫切需求，需要采用生成的方式进行课程开发，所以才有了基于实例对课程开发模式的探讨。研究者认为后续的研究工作应该着重在以下几个方面：

第一，将该模式运用到不同课程中，进一步精确和发展该模式。生成课程开发的流程、课程开发时的活动设计也是课程实施的关键步骤，是否合理还需要其他课程生成的检验；其中课程生成的工具需要不断完善。

第二，生成课程开发方法层面做更多探讨，更加丰富规则。随着课程的迭代研究，课程生成的资源越来越丰富，在对课程资源进行提炼反思时产生的课程生成的规则也可以越来越丰富。本研究侧重的是生成课程开发模式研究，在课程生成的规则方面未做过多总结探讨。

第三，后续可以开发课程自动化生成的平台和软件。研究选用的是开源的Moodle平台作为生成课程开发的环境，课程生成提炼的算法、工具、活动等还不能自动化。后续可以开发针对实训课程的自动化生成的平台和软件。

　　第四，伴随着一门课程开发模式的成熟，探讨面向实战类课程体系的开发。在课程开发领域，往往是先有了一门课程的开发模式，才会有针对整个课程体系的开发理论。

附　录

附录 1　访谈提纲

访谈说明："××队长，您好！感谢您接受我们的访谈！我叫××。目前中国人民公安大学新成立了警务实战训练部，注重对警务人员实战技能的培养。针对目前各地电信诈骗、网络犯罪等新型犯罪方式的增多，我们计划开设"网侦实战"课程，想了解您在案件侦破过程中的思路、做法和技巧，目的是总结一线经验进行课程开发。为了便于整理资料，请允许我使用录音笔来记录。如果您在谈话中涉及保密事项，您可以事后告知，非常感谢您的支持。"

一、背景信息

1. 首先您能为我介绍一下您从事刑侦工作的时间以及目前您的主要工作吗？
2. 您从开始参加公安工作到现在，都做过哪些相关工作？

二、共通性问题

请给我们系统介绍一个案件（在受访者进行案件复述时遇到迷惑的地方可以随时追问，以提高访谈效率。重点询问侦办技巧、经验、误判等细节，从失败的经验中吸取教训，寻求真理）。如果在以上复述中，典型工作任务的各阶段没有涉及附表 1-1 中的问题，还可以进行追问。

附表 1-1　核心工作技能调查的引导问题目录表

分析要点	引导问题
工作岗位	执行现场勘查、讯问、缉捕犯罪嫌疑人任务的主要工作岗位有哪些？有哪些专业要求？

分析要点	引导问题
工作任务及对象	各阶段主要工作任务是哪些？各主要工作任务中操作对象分别是什么？（如：指纹、DNA 等）
工作过程	各阶段工作过程是怎样的？关键工作环节是什么？工作的成果是什么？
工作中采用的主要工具	完成工作任务要用到哪些工具和器材？如何使用工具和器材？
工作中采用的主要专业技术方法和工作技能、组织形式	在完成工作任务时曾应用哪些专业技术方法？（如：签订责任状、图侦技侦等）在完成工作任务时有应用哪些专业工作技能或经验？如何组织开展工作？（如：单独工作还是分组工作？工作如何分工？）与其他职业和部门之间有哪些合作及如何分界？员工的哪些能力需要共同发挥作用？
对工作和技术的要求	完成工作任务时必须满足群众提出的哪些要求？社会提出了哪些要求？必须注意哪些法规？完成工作职责应具备的专业知识有哪些？完成工作职责应具备的专业基础知识有哪些？
其　他	与该职业的其他典型工作任务有哪些联系？与该职业的其他岗位的相同任务有何共同点？如何利用网上作战？在讯问阶段是如何突破的？

注：以上所有问题，只是在受访者复述案件时没有复述到才进行追问。

三、综合性问题

您认为该案件侦破的突破口在哪里？对中国人民公安大学开设这个课程有何建议？您是否愿意作为兼职教师参加教官工作？

附录 2　案例开发模板

一、案件串并

（一）案例讲解

【基本案情】

案例一：

某年 7 月 31 日，W 市公安局指挥中心情报员在浏览"N 省 Z 市公安局信息研判平台"上的一则"诈骗案协查"信息时，发现该协查案件的嫌疑人与该市近期发生的几起同类案件作案手段相似，经整理后在 W 市情报信息网上发布了"请关注 Q 市以购药分成为名的诈骗案件"的串并指令，要求全市刑侦部门开展串查辨认工作。

接到指令后，H 刑警大队侦查员立即开展案件梳理和组织受害人辨认工作。通过受害人辨认，成功认定该市 7 月间发生的 3 起以购药分成为名的诈骗案件的嫌疑人与发布指令中的录像截图里的嫌疑人为同一伙犯罪嫌疑人，从而成功破获这 3 起涉案金额达 19200 元的诈骗案。

附图 2-1　嫌疑人截图

案例二：

某年3—4月，T市K县东风镇、幸福镇多次发生白天入室盗窃案，其中一家保险柜被撬，被盗现金2万多元。民警及时在网上发布预警信息，在全区公安信息研判平台上发布串并信息，经串并发现在T市科区，左中、后旗都曾发生过白天农村入室盗窃案件，其中科区被撬保险柜2起，被盗现金20余万元。2009年5月，K县刑警大队将嫌疑人董某、汤某抓获，经网上串并，破获系列入室盗窃案28起，涉案价值30万元。2009年8月，K县刑警大队将涉嫌抢劫、抢夺的嫌疑人陈某等人抓获，破获本地抢劫、抢夺案件10余起。经网上查询发现，陈某等人在X盟及L省D市等地有活动轨迹，民警在全区公安信息研判平台上发布串并信息，通过串并破获X盟科右中旗抢夺案2起。在全国跨区域办案协作平台上发布协查信息，共破获L省Y市、D市，S省Q市等地抢劫案5起。

【主要问题】

如何利用案件串并的方法办理同类案件？

【分析】

案件串并指利用公安信息资源查找和搜索与案件构成要素具有相似特征的同类案件，分析确定其是否系同一人或同一伙人所为的应用方法。案件网上串并目的是分析案情，为决策提供依据、指导破案，为防控提供服务、协调配合。

1. 案件的要素及分类

案件串并依据主要包括时空要素（时间、地点）、人的要素（受害人、嫌疑人）、物的要素（损失物品、作案工具、现场痕迹）、行为要素（作案性质、作案特点）。案前串并指在某类案件发生后，提取串并要素，对案件发案趋势进行预测，实施预警，预防此类案件蔓延。案中串并指随着侦查工作不断深入，有关案件时空、人、物、行为的要素不断丰富，对现有串并案进一步分析基础，确保串并案件准确性和有效性。案后串并指案件侦破后，根据嫌疑人交代情况、携带物品情况、作案手段情况、活动轨迹情况、同伙情况等，对案件时空、人、物、行为的要素进行完善，在原有串并案的基础上，进一步寻找隐藏同类案件的方法。

2. 案件分析工具

利用计算机应用软件进行案件串并。如借助Excel自带的功能或函数，可以实现数据的统计和筛选的功能。目前，各级公安机关建立有大量案件系统，案件串并主要依托本地的业务系统完成。如利用生物痕迹比对系统，实现指掌纹、足迹、DNA 的比对，通过生物痕迹快速达到案件串并的目的。利用公安网搜索引擎，进行案件时空、人、物、行为等的搜索，经常能获得办案线索。

【结论】

过去案件串并需要办案部门间互通电话、人工检索、翻阅案卷，不但费时费力，而且案件串并不及时。特别是跨区域的案件串并工作开展得一直不尽如人意。随着公安信息化建设水平的不断提高，我们看到了解决问题的希望。使用信息研判进行案件网上串并，极大地提高了案件串并工作的效率。我们通过多年的实践，已经总结了一套流程化的操作规范。具体做法是：

1. 通过公安网浏览外地公安机关的已破案件信息，获取可能和本地进行案件串并的信息。

2. 以破案信息中提供的犯罪手段、侵害目标、侵害对象等项目为条件，在本地案件资料库中，通过查询找出类似案件，然后进行研判，从中发现串并线索。

3. 在情报信息网上发布研判串并指令，指导基层办案部门开展案件串并工作。

4. 基层办案部门接到研判串并指令后，梳理本地相关案件信息，然后与破案地进行信息沟通，实现案件串并。

5. 将本地已破案件发布到平台上，方便外地公安机关进行案件串并。

注意浏览周边临近地区公安机关发布的破案信息，一般都会取得不小的收获。通过运用各警用系统、互联网资源搜集信息、线索，对成功侦破案件起到巨人的作用。侦查人员通过在半时工作中的熟练运用，积累了对各网络系统平台、资源的性能的知识，增强了网上作战意识，并在实战中加以灵活运用，最终为侦查破案服务。

（二）思考案例：如何准确地进行串并？

【基本案情】

某年 7 月 20 日，H 市 E 旗刑警大队接到巴镇居民沃某报案，其在巴镇被一自称为农电局张经理的男子用假铜丝骗取人民币 8000 余元。接到报案后，刑警大队立即进行部署，指挥巴镇中队按照被害人沃某描述的犯罪嫌疑人体貌特征在巴镇、伊敏河镇、海拉尔等地区广泛开展走访、布控、摸排工作，于 7 月 27 日在海区将该男子抓获。经查，该男子叫 F 某，47 岁，无业，系 Q 市 Y 县伊龙镇人。经过讯问，他交代了在巴镇利用水泥外缠绕铜丝伪装成铜丝卷进行诈骗的犯罪事实。具有丰富经验的侦查员从其作案手段及表现分析，认定此人并非就做了这一起案件，便加大对其审讯力度，但 F 某拒不承认，一口咬死只做了这一起案件。根据其利用铜线缠绕水泥块冒充铜线圈的独特作案手段，侦查员及时通过支队网上信息研判平台在全市范围开展串并案搜索，很快接到了来自满洲里、牙克石、根河、额尔古纳、西旗、东旗、扎赉诺尔共 7 个地区反馈的信息，称当地发生过作案手法一致的案件。经受害人辨认，对案件逐一进行了核实，破获了涉及 H 市 7 个地区的诈骗案件 7 起，涉案金额达 7 万余元。

【主要问题】

除了根据作案手段进行串并，还可以采取什么方式？

二、情报信息研判

（一）案例讲解

【基本案情】

案例一：

某年 3 月中旬，N 分局情报中心案件监控发现，该区南部区域内拦路抢劫案件突然增多。

3 月 15 日 23 时 30 分许，被害人 J 某与女友 Z 某行至南开区卧福里 879 公交车站附近一无名路时被两名男子拦住，其中一男子用匕首威逼 J 某及女友，并抢走现金 1100 余元。3 月 16 日 2 时 40 分许，被害人 L 某在南开区迎风道迎风里 13 号楼 3 门附近，被两名陌生男子用钝器打伤头部及手部并抢走现金 500 元及手机一部。3 月 18 日 3 时 24 分许，被害人 F 某下班后行至南开区卫津南路红楼大酒店门口时，被两名男子殴打并抢走钱包和手机一部。3 月 19 日 21 时 30 分许，被害人 H 某与同学 L 某行至南开区苍穹道 9 号 T 市职业艺术学院，在学校门前被两名男子持刀抢走钱包与手机。3 月 19 日 22 时 55 分许，被害人 G 某在南开区复康路新秀水街门前，被两名男子用砖头打伤头部，手中的飞利浦电动剃须刀被抢走。

根据这一情况，情报中心立即启动黄色预警措施，确定此类案件为预警目标，并围绕上述 5 起案件展开情报搜集。情报人员逐一回访了被害人，重点了解嫌疑人体貌特征和作案手段，同时对前两个月的抢劫或抢劫未遂案件进行回顾，查找是否还有同类型案件的发生。另外，情报人员还关注了与南开区南部交界的河西、西青两区同类案件的发案情况，以期获取更多线索。

　　围绕搜集到的信息，情报人员经过深入分析，认为上述案件作案手段一致（持刀威胁或钝器殴打），选择的侵害对象近似（夜间行走的单身男子或情侣），被害人描述的嫌疑人体貌特征相像，可以将上述5起案件并案侦查。于是，情报中心立即向发案的王顶堤、八里台、体育中心三个派出所发布拦路抢劫案件预警。上述单位接到预警后立即在重点时段、重点区域内加强了警力，并将刻画的嫌疑人特征传达至每名夜控民警，张网以待嫌疑人。

　　预警发布后，情报中心结合每天的发案情况与接受预警的三个派出所夜间盘查情况对预警进行评估。在接下来的两周内嫌疑人没有出现，不知是嫌疑人发现了警方的布控不敢继续作案了，还是另有原因。情报中心没有放弃，他们将在此预警的4周评估期内继续保持对此类案件的关注。

　　4月上旬，嫌疑人又突然出现，连续作案。4月8日19时40分许，被害人T某在南开区园荫里五和超市附近的楼群内，被一陌生男子以捂嘴、殴打的方式抢劫，T某的项链和眼镜受损，后该嫌疑人逃逸。4月9日0时30分许，在南开区风园北里2号楼下小花园内，被害人M某被一名陌生男子持刀威胁抢走现金300元。4月14日22时45分，被害人L某步行至南开区华苑路与华苑东路交叉口时，被从身后步行过来的两名陌生男子殴打后将包抢走。

　　情报分析人员在搜集上述3起案件相关信息后认定：这3起案件与前面的5起案件系同一伙嫌疑人，且其作案区域向西部偏移。接下来，情报分析人员综合8起案件梳理出了嫌疑人作案轨迹，确定复康路是其作案出入南开区的主要通道。

附图 2-2　嫌疑人作案轨迹

情报中心根据新发现的情况，发布了拦路抢劫的补充预警，增加了华苑派出所为预警接受单位，并明确要求在重点时段内复康路沿线各派出所要增设巡控卡口，对两名男子结伴的要重点盘查。

5月初预警终于取得成效。5月7日，两名嫌疑人在华苑中孚桥附近再次作案，在返回居住地途中，被华苑派出所巡逻民警拦截盘查。民警发现该二人体貌特征与预警信息中的描述相吻合，立即将二人送至刑侦部门审查。经讯问，嫌疑人W某（男，某年10月15日出生，户籍地：H省B市某村28号，现住地：x区某公司宿舍。身份证号：×××，人员编号：×××）与嫌疑人W某（男，某年12月21日出生，户籍地：H省B市某村178号，现住地：X区某公司宿舍。身份证号：×××，人员编号：×××）供述了自某年春节后在复康路沿线楼群、街道拦路抢劫作案10余起的犯罪事实。5月8日，该犯罪情报黄色预警因嫌疑人被抓获归案而被撤销。

【主要问题】

如何利用犯罪情报预警侦破此类系列拦路抢劫案？

【分析】

公安情报信息研判是指公安机关在打击违法犯罪、维护社会治安和服务人民群众过程中对相关信息的收集、加工整理、传递存储、分析研究、整编发布、业绩服务利用的全过程。"金盾工程"的建设，为公安情报研判工作提供了充分的保障。

1. 公安情报研判基本分类

（1）警情研判

警情研判指针对各类接报警情开展的研判工作。依托公安信息网络和信息应用系统，按照维稳、刑侦、治安、交通等公安业务基本分类，及时针对具体警情开展常规研判工作，定时将研判结果发布到网络平台上，让基层各单位对本辖区、周边各类警情一目了然。针对突发警情、重大警情，及时开展规律研判，将研判结果迅速以"预警提示"或研判指令的形式予以发布，必要时通过短信平台、电台发至全体民警，指导落实路上查、点上卡、线上巡、面上清的围追堵截措施，增加防控措施落实的针对性和实效性。

（2）案件研判

案件研判即对刑事、治安行政案件进行跟踪研判，服务现实斗争。研判人员通过及时跟进，主动围绕各种涉案信息进行综合研判，为快速锁定违法犯罪嫌疑人，强化案件的跟踪和串并研判，及时掌握案发规律，指导案件侦防工作。

（3）基础工作研判

基础工作研判即研判基础工作中的薄弱环节，夯实公安基层基础。

（4）公安情报研判工具

目前公安情报研判工具多种多样，主要可以分为综合应用工具、专题应用工具、串并研判工具、网上协作工具等。综合应用工具主要提供综合信息的查询服务，具体包含综合平台、门户网站、搜索引擎等。

专题应用工具主要指为了适应网上实战工作需要而建立的特殊的网上应用工具或应用手段，主要包括号码查询工具、物品查询工具、车辆查询工具、地址查询工具以及法律法规查询工具。

2. 公安情报研判方法

（1）围绕案件进行研判

案件发生后，除按照传统模式开展勘验现场、走访当事人工作外，还要应用信息化手段对案件开展网上侦查工作，这既是传统侦查办案模式的变革，也是信息化条件下现代警务机制的建立。

具体方法：调研监控录像，查询周边地区相同类型的案件，查询列入此类案件的高危地区及其来自该地区的人员在本辖区及周边地区的暂住情况，查询流散在社会上具有同类作案特点的前科劣迹人员。

（2）围绕人员进行研判

人员研判，即通过网上信息查询比对，针对特殊人群进行筛选，及时发现嫌疑，实现主动进攻。每日到旅馆住宿人员中检索本辖区范围内旅馆住宿人员情况，注意发现嫌疑对象。定期到暂住人员、房屋出租户承租人员中检索人员登记、变更情况，注意发现嫌疑对象。组织人员对重点对象进行检查，从户籍地址、关系情况、携带物品等方面发现嫌疑。

每日到本地警务综合平台或有人员预警功能的应用系统中获取预警信息，对其中的网上逃犯、两劳释放人员、行政违法人员、嫌疑调控人员、吸毒人员、高危地区人员进行研判并开展相关工作，同时还需对照本地、本市及周边地区的案件，从中发现嫌疑。上网检索外市、外省抓获的人员中，有无本地人员在外地作案的情况，有无外地人员在本地作案的轨迹，通过以人找案的方式，从中突破一批案件。

（3）围绕物品进行研判

目前，仅有车辆、手机、制式枪械等小部分物品具备类似身份证号码的唯一识别码，绝大多数物品不具备直接精确比对的条件。

（4）围绕信息进行研判

每日到本地警务综合平台或相应系统中查询相关单位上报搜集的信息线索，围绕着维稳、治安、刑侦、交通、队伍、保障等方面内容进行研判。通过检索本辖区公安信息网以及周边地区的公安信息网，发现一些带有动态性、倾向性、发展性的信息，及时调整本辖区的防控对应性措施。通过互联网检索出本辖区以及周边地区有关公安工作的相应信息，及时了解掌控。

【结论】

四级犯罪情报预警法即由情报中心监控全市、各区域和周边地区的发案动态、串并系列案件以及高危人员流入情况，然后根据危害程度，利用多种方式，分别发布蓝、黄、橙、红四级预警情报信息。

犯罪预警情报信息是运用科学的理论和方法，对周边地区已经发生、极有可能蔓延至本地区的犯罪现象进行分析研判，并通过一定方式，及时发布能起到事前防范、事后有利侦查工作开展的预警提示性情报信息。

四级犯罪情报预警法实行的七个步骤：确定预警目标；搜集整理情报；情报分析研判；发布预警信息；选择应对方案；检验预警成效；总结得失经验。

（二）思考案例：如何依发案态势提升预警等级侦破案件？

【基本案情】

某年11月，N分局刑事犯罪情报中心在监控发案形势时发现，该区八里台派出所界内上谷商业街内，连续发生公司、企业被盗案，嫌疑人利用写字楼在节假日管理不严、无人值守之机，采用剪锁手段，盗窃企业、公司内的台式电脑主机、液晶显示器、笔记本电脑、投影仪、数码照相机等物品。通过对作案手段和现场遗留物等研究分析，判定应系一人所为。情报中心立即跟进此系列案件，经回溯前一时间段此地点发案情况，共串并10起发生在上谷商业街的入室盗窃案。经搜集整理后，向八里台派出所发布了黄色预警，要求其采取措施关注此类案件，同时也将此预警信息转发至刑警打击侵财犯罪专业大队，建议其跟进侦破此案。

同年12月至次年1月，在黄色预警评估期间，发生在上谷商业街的盗窃案虽然有所收敛，但仍时有发生，情报中心没有放弃，继续开展相关情报信息搜集工作，以期发现突破性线索。1月，情报中心发现在距上谷商业街2千米左右的另一商业街奥城商业广场也发生此类案件，手段极其类似，不排除系同一嫌疑人所为。情报中心根据搜集到的情况，决定提高预警级别，向涉案派出所及刑侦大队发布橙色预警，要求加大力量对曾发案的公司、企业和物业管理单位逐一进行细致走访。因嫌疑人对两个商业区地形、设施均十分熟悉，且两个商业区均新建不久，情报中心判断嫌疑人应在这两个商业区工作过，因此搜查重点是参与这两个商业区建设的建筑公司、装饰公司以及物业管理部门的职工。同时大量调取上谷商业街、时代奥城商业广场案发时间的监控录像进行分析。

2月4日夜，犯罪嫌疑人再次钻进屋顶管道层进入奥城商业广场 A4 区 6 层北侧一商务有限公司盗窃电脑。经查看监控录像，民警发现一名戴棒球帽的男子多次在案发时段出入，形迹十分可疑。结合 1 月 31 日晚的录像显示，该男子到商场地下停车场搬了一大袋物品，后乘一辆蓝色花冠出租车离开。根据车辆牌号，民警找到了当时的出租车司机。经民警耐心启发，司机回忆出犯罪嫌疑人的体貌特征。

2月14日，民警在技侦部门的协助下将盗窃犯罪嫌疑人 Z 某（男，38 岁，无业，住东丽区）和收赃犯罪嫌疑人 H 某（男，28 岁，河东区人）抓获并收缴部分赃物。

经审理，犯罪嫌疑人 Z 某供认自同年 8 月以来，在上谷商业街、时代奥城商业广场、河西卫津南路写字楼等地，利用曾在奥城商业广场等处参与消防建设、熟悉监控等安保设施安装情况之机盗窃作案 20 余起，涉案总价值 30 余万元。

【主要问题】
试分析该类案件情报研判的方法是什么。

附录 3　每轮活动数据

生成课程开发中，针对不同课程平台模块的操作行为频次，第一轮生成课程总计有 1863 条数据，第二轮生成课程总计有 2220 条数据，附表 3-1、3-2 表格只给出部分数据。第三轮生成课程总计有 393 条数据，附表 3-3 给出了完整数据。本研究针对 Moodle 数据库计算的 SQL 语句如下：

select userid AS '用户 ID'，module AS '模块'，action AS '行为'，COUNT（action）AS '频次' from mdl_log where course=6 GROUP BY userid，action

// （courseid=4 或 2 则对应第一、二轮）

附表 3-1 第一轮用户不同模块的行为频次部分数据

用户 ID	模块	行为	频次
2	Forum	Add	1
2	Forum	Add discussion	3
2	Course	Add mod	2
2	Wiki	Add page	1
2	Role	Assign	1
2	Wiki	Comments	4
2	Forum	Delete discussion	1
2	Course	Delete mod	1
2	Course	Enrol	49
2	Course	Update	3
2	Course	Update mod	2
2	Course	View	127
2	User	View all	10
2	Forum	View discussion	7
2	Forum	View forum	23
3	Calendar	Add	16
3	Course	Add mod	14
3	Wiki	Add page	3
3	User	Change password	1
3	Wiki	Comment	4
3	Wiki	Comments	38
3	Course	Delete mod	1
3	Calendar	Edit	11
3	Wiki	History	13
3	Wiki	Map	2
3	Wiki	Overridelocks	1
3	Chat	Report	2
3	Course	Report live	2

用户 ID	模块	行为	频次
3	Course	Report log	2
3	Course	Report qutline	3
3	Course	Report participation	2
3	Chat	Update	32
3	Course	Update mod	29
3	Forum	Update post	1
3	Blog	View	610
3	User	View All	61
3	Forum	View discussion	19
3	Forum	View forum	43
4	Course	View	2
4	User	View all	6
4	Forum	View forum	2
5	Wiki	Add page	1
5	Wiki	Comments	3
5	Wiki	History	4
5	Forum	Update	1
5	Course	Update mod	1
5	Course	View	45
5	User	View All	1
5	Forum	View discussion	28
5	Forum	View forum	11
94	Forum	Add discussion	1
94	Wiki	Add page	2
94	Forum	Add post	2
94	Wiki	Comment	8
94	Wiki	Comments	38
94	Wiki	Diff	2

用户 ID	模块	行为	频次
94	Wiki	Edit	1
94	Wiki	History	34
94	Wiki	Map	2
94	Chat	Report	7
94	Chat	Talk	5
94	User	Update	1
94	Forum	Update post	1
94	Blog	View	163
94	User	View All	35
94	Forum	View discussion	48
94	Forum	View forum	39
95	Forum	Add discussion	1

附表 3-2　第二轮用户不同模块的行为频次部分数据

用户 ID	模块	行为	频次
142	Forum	Add discussion	4
142	Forum	Add post	8
142	Wiki	Comment	2
142	Wiki	Comments	19
142	Wiki	Edit	17
142	Wiki	History	44
142	Wiki	Map	7
142	Assign	Submit	2
142	Assign	Submit for grading	1
142	Assign	View	177
142	User	View All	7
142	Assign	View confirm submit assignment form	2
142	Forum	View discussion	26
142	Forum	View forum	27

用户 ID	模块	行为	频次
142	Assign	View submit assignment form	4
143	Forum	Add discussion	4
143	Wiki	Add page	1
143	Forum	Add post	3
143	Wiki	Comment	2
143	Wiki	Comments	18
143	Wiki	Edit	5
143	Wiki	History	16
143	Wiki	Map	3
143	Course	Recent	1
143	Assign	Submit	1
143	Assign	Submit for grading	1
143	Forum	Update post	1
143	Assign	View	167
143	User	View all	21
143	Assign	View confirm submit assignment form	1
143	Forum	View discussion	38
143	Forum	View forum	38
143	Assign	View submit assignment form	1
144	Forum	Add discussion	4

附表 3-3 第三轮用户不同模块的行为频次完整数据

用户 ID	模块	行为	频次
2	Course	View	32
2	User	View all	4
2	Forum	View discussion	14
2	Forum	View forum	4
3	Calendar	Add	29
3	Course	Add mod	28

用户 ID	模块	行为	频次
3	Wiki	Add page	2
3	Forum	Add post	1
3	Wiki	Comment	2
3	Wiki	Comments	22
3	Wiki	Edit	6
3	Wiki	History	6
3	Course	Update	43
3	Course	Update mod	42
3	Course	View	613
3	User	View all	6
3	Forum	View discussion	249
3	Forum	View forum	95
288	Forum	Add discussion	1
288	Forum	Add post	3
288	Wiki	Comment	3
288	Wiki	Comments	18
288	Forum	Update post	2
288	Forum	User report	1
288	Course	View	61
288	User	View all	2
288	Forum	View discussion	17
288	Forum	View forum	14
289	Forum	Add discussion	2
289	Wiki	Add page	2
289	Forum	Add post	7
289	Wiki	Comment	22
289	Wiki	Comments	36
289	Wiki	Edit	3

用户 ID	模块	行为	频次
289	Wiki	History	23
289	Wiki	Map	1
289	Forum	Update post	1
289	Course	View	100
289	User	View all	2
289	Forum	View discussion	28
289	Forum	View forum	24
290	Forum	Add post	2
290	Wiki	Comment	1
290	Wiki	Comments	6
290	User	Update	2
290	Blog	View	65
290	User	View all	4
290	Forum	View discussion	10
290	Forum	View forum	28
291	Forum	Add discussion	2
291	Forum	Add post	6
291	Wiki	Comment	4
291	Wiki	Comments	12
291	Wiki	History	1
291	User	Update	1
291	Course	View	47
291	User	View all	5
291	Forum	View discussion	37
291	Forum	View forum	35
292	Forum	Add post	5
292	Wiki	Comment	2
292	Wiki	Comments	9

用户 ID	模块	行为	频次
292	Course	View	48
292	User	View all	2
292	Forum	View discussion	17
292	Forum	View forum	23
293	Forum	Add post	5
293	Wiki	Comment	15
293	Wiki	Comments	37
293	Wiki	History	1
293	Course	Recent	2
293	Forum	Subscribe	1
293	Forum	Unsubscribe	1
293	Course	View	169
293	User	View all	30
293	Forum	View discussion	24
293	Forum	View forum	48
294	Forum	Add discussion	1
294	Wiki	Add page	1
294	Forum	Add post	5
294	Wiki	Comment	5
294	Wiki	Comments	40
294	Wiki	Edit	4
294	Wiki	History	6
294	Wiki	Map	1
294	User	Update	1
294	Forum	Update post	2
294	Course	View	142
294	User	View all	7
294	Forum	View discussion	32

用户ID	模块	行为	频次
294	Forum	View forum	40
295	Forum	Add post	3
295	Wiki	Comments	3
295	Forum	User report	1
295	Course	View	62
295	Forum	View discussion	22
295	Forum	View forum	30
296	Forum	Add discussion	1
296	Forum	Add post	5
296	Wiki	Comment	1
296	Wiki	Comments	13
296	Forum	Delete post	1
296	Wiki	History	4
296	Wiki	Map	4
296	Course	View	101
296	User	View all	3
296	Forum	View discussion	33
296	Forum	View forum	34
297	Forum	Add post	2
297	Wiki	Comments	2
297	Course	View	66
297	Forum	View discussion	38
297	Forum	View forum	30
298	Forum	Add discussion	1
298	Forum	Add post	2
298	Wiki	Edit	7
298	Wiki	History	1
298	Forum	User report	2

用户 ID	模块	行为	频次
298	Course	View	38
298	User	View all	7
298	Forum	View discussion	10
298	Forum	View forum	27
299	Forum	Add discussion	1
299	Forum	Add post	10
299	Wiki	Comment	1
299	Wiki	Comments	7
299	Forum	Update post	2
299	Course	View	204
299	User	View all	1
299	Forum	View discussion	69
299	Forum	View forum	75
300	Forum	Add discussion	2
300	Wiki	Add page	3
300	Forum	Add post	13
300	Wiki	Comment	1
300	Wiki	Comments	4
300	Wiki	Edit	3
300	Wiki	History	10
300	Forum	Update post	4
300	Course	View	135
300	User	View all	3
300	Forum	View discussion	65
300	Forum	View forum	61
301	Forum	Add discussion	1
301	Forum	Add post	21
301	Wiki	Comment	3

用户 ID	模块	行为	频次
301	Wiki	Comments	7
301	Forum	Delete post	2
301	Forum	Update post	1
301	Forum	User report	3
301	Course	View	69
301	User	View all	1
301	Forum	View discussion	67
301	Forum	View forum	44
302	Forum	Add discussion	8
302	Forum	Add post	14
302	Forum	Delete discussion	2
302	Forum	Delete post	1
302	Forum	Update post	4
302	Course	View	121
302	User	View all	4
302	Forum	View discussion	80
302	Forum	View forum	67
303	Forum	Add discussion	3
303	Forum	Add post	9
303	Wiki	Comment	1
303	Wiki	Comments	3
303	Forum	Delete post	1
303	Forum	Update post	7
303	Course	View	68
303	User	View all	9
303	Forum	View discussion	75
303	Forum	View forum	53
304	Forum	Add discussion	1

续表

用户 ID	模块	行为	频次
304	Forum	Add post	7
304	Forum	Delete post	1
304	User	Update	1
304	Forum	User report	1
304	Course	View	41
304	User	View all	1
304	Forum	View discussion	34
304	Forum	View forum	25
305	Forum	Add discussion	1
305	Forum	Add post	9
305	Wiki	Comment	3
305	Wiki	Comments	4
305	Forum	Delete post	1
305	User	Update	2
305	Forum	Update post	2
305	Course	View	75
305	Uscr	View all	1
305	Forum	View discussion	52
305	Forum	View forum	33
306	Forum	Add discussion	1
306	Forum	Add post	9
306	User	Update	2
306	Forum	Update post	2
306	Course	View	37
306	User	View all	18
306	Forum	View discussion	35
306	Forum	View forum	31
307	Forum	Add discussion	6

用户 ID	模块	行为	频次
307	Forum	Add post	14
307	Wiki	Comment	3
307	Wiki	Comments	13
307	Forum	Delete post	2
307	Wiki	History	1
307	Forum	Update post	5
307	Course	View	54
307	User	View all	3
307	Forum	View discussion	84
307	Forum	View forum	64
307	Forum	View forums	3
308	Forum	Add discussion	2
308	Forum	Add post	15
308	Wiki	Comment	11
308	Wiki	Comments	23
308	Wiki	History	1
308	Course	Recent	1
308	Forum	Update post	3
308	Course	View	149
308	User	View all	11
308	Forum	View discussion	104
308	Forum	View forum	71
309	Forum	Add discussion	2
309	Forum	Add post	8
309	Wiki	Comment	4
309	Wiki	Comments	40
309	Wiki	Edit	2
309	Wiki	History	2

续表

用户 ID	模块	行为	频次
309	Wiki	Map	1
309	Forum	Update post	3
309	Course	View	120
309	User	View all	2
309	Forum	View discussion	39
309	Forum	View forum	43
310	Forum	Add discussion	1
310	Forum	Add post	3
310	Course	View	15
310	Forum	View discussion	12
310	Forum	View forum	8
311	Forum	Add discussion	10
311	Wiki	Add page	1
311	Forum	Add post	20
311	Wiki	Comments	4
311	Forum	Delete post	17
311	Wiki	Edit	2
311	Forum	Update post	4
311	Course	View	55
311	User	View all	3
311	Forum	View discussion	59
311	Forum	View forum	53
312	Forum	Add discussion	1
312	Forum	Add post	16
312	Wiki	Comment	1
312	Wiki	Comments	5
312	Course	Recent	1
312	Forum	User report	4

用户 ID	模块	行为	频次
312	Course	View	44
312	User	View all	2
312	Forum	View discussion	59
312	Forum	View forum	45
313	Forum	Add discussion	1
313	Forum	Add post	19
313	Wiki	Comment	2
313	Wiki	Comments	8
313	Forum	Subscribe	1
313	Forum	Update post	3
313	Course	View	56
313	User	View all	1
313	Forum	View discussion	68
313	Forum	View forum	54
314	Forum	Add discussion	1
314	Forum	Add post	7
314	Wiki	Comment	4
314	Wiki	Comments	22
314	Wiki	History	5
314	User	Update	1
314	Course	View	136
314	User	View all	15
314	Forum	View discussion	42
314	Forum	View forum	44
315	Forum	Add discussion	1
315	Forum	Add post	10
315	Wiki	Comment	2
315	Wiki	Comments	22

续表

用户 ID	模块	行为	频次
315	Forum	Delete post	1
315	Wiki	History	2
315	Wiki	Map	1
315	Forum	Update post	2
315	Course	View	145
315	User	View all	6
315	Forum	View discussion	55
315	Forum	View forum	44
316	Forum	Add discussion	2
316	Forum	Add post	5
316	Wiki	Comment	1
316	Wiki	Comments	6
316	Forum	Search	1
316	Forum	Update post	2
316	Course	View	63
316	User	View all	5
316	Forum	View discussion	44
316	Forum	View forum	40
317	Forum	Add discussion	1
317	Forum	Add post	5
317	Wiki	Comment	5
317	Wiki	Comments	24
317	Wiki	History	2
317	Course	View	149
317	Forum	View discussion	42
317	Forum	View forum	55
318	Forum	Add discussion	4
318	Wiki	Add page	2

续表

用户 ID	模块	行为	频次
318	Forum	Add post	9
318	Wiki	Comment	3
318	Wiki	Comments	12
318	Forum	Delete post	1
318	Wiki	Edit	10
318	Wiki	History	1
318	discussion	Mark read	10
318	Course	Recent	1
318	Forum	Update post	4
318	Course	View	183
318	Forum	View discussion	91
318	Forum	View forum	72
319	Forum	Add discussion	1
319	Forum	Add post	3
319	Wiki	Comment	1
319	Wiki	Comments	5
319	Course	View	39
319	User	View all	1
319	Forum	View discussion	14
319	Forum	View forum	13
320	Forum	Add discussion	1
320	Wiki	Add page	1
320	Forum	Add post	3
320	Wiki	Comment	2
320	Wiki	Comments	20
320	Wiki	Edit	1
320	Wiki	History	2
320	Wiki	Map	1

续表

用户 ID	模块	行为	频次
320	Course	View	116
320	User	View all	3
320	Forum	View discussion	28
320	Forum	View forum	46
321	Forum	Add discussion	1
321	Forum	Add post	5
321	Wiki	Comment	1
321	Wiki	Comments	7
321	Forum	Search	6
321	Course	View	131
321	User	View all	5
321	Forum	View discussion	43
321	Forum	View forum	39
322	Wiki	Add page	1
322	Forum	Add post	6
322	Wiki	Comment	1
322	Wiki	Comments	10
322	Wiki	Edit	3
322	Forum	Search	2
322	Forum	Update post	6
322	Course	View	114
322	User	View all	12
322	Forum	View discussion	71
322	Forum	View forum	38
323	Forum	Add discussion	1
323	Forum	Add post	5
323	Wiki	Comment	3
323	Wiki	Comments	10

用户 ID	模块	行为	频次
323	Forum	Delete post	1
323	Course	Recent	1
323	Forum	Update post	5
323	Course	View	54
323	User	View all	4
323	Forum	View discussion	16
323	Forum	View forum	9
324	Forum	Add discussion	3
324	Forum	Add post	9
324	Wiki	Comment	1
324	Wiki	Comments	7
324	Forum	Delete discussion	1
324	Wiki	Edit	2
324	Wiki	History	11
324	discussion	Mark read	1
324	Course	Recent	2
324	Forum	Search	1
324	Forum	Update post	1
324	Course	View	109
324	User	View all	1
324	Forum	View discussion	60
324	Forum	View forum	65

参考文献

一、中文参考文献

[1] 肖学祥，郭梅初.基于信息技术的院校实战化教学条件建设 [J].国防科技，2013，34（03）.

[2] 陈南生，刘莉，盛莉，等.我军特种部队实战化体能训练体制变革的基本思想研究 [J].中国体育科技，2019，55（08）.

[3] 和丽秋.以实战化教学提升学员任职能力研究 [J].湖北警官学院学报，2014，27（06）.

[4] 杨志奎，聂志勇，张志伟，等.核化生医学救援实战化训练探讨 [J].军事医学，2016，40（04）.

[5] 黄勇.虚拟现实技术在我军指挥院校实战化教学中的应用研究 [J].计算机工程与科学，2016，38（s1）.

[6] 卢信允，李湘森.试论教学实战化与武警初级指挥人才培养 [J].高等教育研究学报，2014，37（02）.

[7] 王平，严文萍.警务实战技能教学训练内容体系初探 [J].甘肃政法学院学报，2004（03）.

[8] 谢海军.公安院校实战化教学改革探析 [J].公安教育，2015（11）.

[9] 王强，卢兆民，李明.警务技战术实战化训练的探索与研究 [J].中国人民公安大学学报（自然科学版），2015，21（03）.

[10] 商千里.我国警务实战训练的现状分析及其对策研究 [J].山西师大学报（社会科学版），2009，36（s1）.

[11] 傅新斌.公安院校实战化教学路径探析 [J].公安教育，2015（08）.

[12] 尹伟，姬艳涛.VR虚拟现实教学模式探索：以警务实战训练应用为视角 [J].公安教育，2017（11）.

[13] 孟淼. 对警体教学第二课堂的研究 [J]. 公安大学学报, 1995 (04).

[14] 尹伟. 警体教学最优化探讨 [J]. 公安教育, 1996 (03).

[15] 曲东旭. 警校教育改革探讨中的几点思考 [J]. 公安教育, 1996 (05).

[16] 许金锐. 论警校"1+1"教学模式的内容、特点及其改革依据 [J]. 公安教育, 1998 (02).

[17] 王镭. 公安大学射击教学改革之我见 [J]. 公安大学学报, 1994 (04).

[18] 周桂琴, 沈惠章. 论警校学生创造能力的培养 [J]. 公安教育, 1996 (06).

[19] 侯才, 赵军, 尚德芳. 关于警校教学改革几个问题的探索 [J]. 公安教育, 1997 (03).

[20] 李坚利. 高职教育实训基地建设的探索与实践 [J]. 职业技术教育, 2003, 24 (22).

[21] 李媛媛. 中国编辑出版学专业本科课程设置研究 [D]. 北京: 北京印刷学院, 2009.

[22] 廖哲勋. 课程学 [M]. 武汉: 华中师范大学出版社, 1991.

[23] 王道俊, 王汉澜. 教育学 [M]. 北京: 人民教育出版社, 1989.

[24] 杨开城. 浅论课程开发理论中的角色分析和知识组件 [J]. 教育理论与实践, 2004 (09).

[25] 张晓英, 杨开城. 浅谈教育技术学视野中的课程开发理论 [J]. 电化教育研究, 2008 (07).

[26] 张相学. 学校如何管理课程: 主体论视野下学校课程管理的思考 [D]. 南京: 南京师范大学, 2006.

[27] 王策三. 教学论稿: 第二版 [M]. 北京: 人民教育出版社, 2005.

[28] 钟启泉. 课程论 [M]. 北京: 教育科学出版社, 2007.

[29] 杨开城. 论开发取向对课程的独特理解 [J]. 现代教育技术, 2009 (11).

[30] 陆琦, 周龙军. 高职课程开发的指导思想及原则 [J]. 中国校外教育, 2011 (10).

[31] 张华. 课程与教学论 [M]. 上海: 上海教育出版社, 2000.

[32] 彭远媛, 李红波, 张婷. 基于 Moodle 网络平台的生成课程设计: 以"教学媒体的选择与应用"为例 [J]. 中国教育技术装备, 2010 (03).

[33] 张华. 走向课程理解: 西方课程理论新进展 [J]. 全球教育展望, 2001 (7).

[34] 杨开城. 论课程的易理解性与知识建模技术 [J]. 电化教育研究, 2011 (06).

[35] 姜大源. 关于工作过程系统化课程结构的理论基础 [J]. 职教通讯, 2006 (01).

[36] 李青, 王涛. MOOC: 一种基于连通主义的巨型开放课程模式 [J]. 中国远程教育, 2012 (03).

[37] 何伏刚, 马东明, 孙海民, 等. 探索 MOOC 教学方法在 mLearning 中的运用 [J]. 中国远程教育, 2012 (03).

[38] 王志军. 联通主义学习情境中的教学交互特征与规律研究 [D]. 北京: 北京师范大学, 2014.

[39] 王志军, 陈丽. 联通主义学习理论及其最新进展 [J]. 开放教育研究, 2014 (05).

[40] 赵志群, 杨琳, 辜东莲. 浅论职业教育理论实践一体化课程的发展 [J]. 教育与职业, 2008 (35).

[41] 冯晓英. 远程教育中的专业课程体系开发 [M]. 北京: 国防工业出版社, 2014.

[42] 王竹立. 零存整取结出的果实:《碎片与重构: 互联网思维重塑大教育》自序 [J]. 中小学信息技术教育, 2015 (2).

[43] 王淑英. 学校体育课程体系研究 [D]. 石家庄: 河北师范大学, 2012.

[44] 张相学. 从"课程开发"到"课程理解": 现代西方课程模式的演化轨迹与当代启示 [J]. 辽宁教育研究, 2007 (10).

[45] 徐国庆. 我国职业教育课程的核心价值取向: 基于历史与文化的分析 [J]. 职业技术教育, 2012 (04).

[46] 徐德香. 基于系统论的高职课程结构优化研究 [D]. 杭州: 浙江师范大学, 2011.

[47] 乐晓蓉. 从学科知识到工作知识: 职业教育课程价值取向的转变 [J]. 职教论坛, 2007 (22).

[48] 陶西平. "翻转课堂"与"生成课程"[J]. 中小学管理, 2014 (04).

[49] 范元涛.《生成课程》教育理念探析 [J]. 学理论, 2014 (17).

[50] 伊丽莎白·琼斯, 约翰·尼莫. 生成课程 [M]. 周欣, 卢乐珍, 王滨, 等译. 上海: 华东师范大学出版社, 2004.

[51] 杨开城. 课程开发模式的新构想 [J]. 中国电化教育, 2004 (12).

[52] 施良方. 课程理论：课程的基础、原理与问题 [M]. 北京：教育科学出版社, 1996.

[53] 赵兴龙, 杨开城. 论课程本体 [J]. 中国电化教育, 2006 (12).

[54] 孙双, 张晓英, 杨开城. 基于课程知识建模的企业培训课程开发技术框架 [J]. 现代教育技术, 2010 (03).

[55] 杨开城. 社会角色分析与课程开发 [J]. 北京师范大学学报（社会科学版）, 2007 (05).

[56] 宋立公, 徐磊. 基于 PDCA 模式的高校课程开发 [J]. 开放教育研究, 2007 (01).

[57] 郭炯. 基于角色分析的高等职业教育课程开发方法研究 [D]. 北京：北京师范大学, 2010.

[58] 赵志群. 职业教育学习领域课程及课程开发 [J]. 徐州建筑职业技术学院学报, 2010 (02).

[59] 赵志群. 对高等职业教育培养目标、课程模式和课程开发方法的一些思考 [J]. 武汉职业技术学院学报, 2008 (02).

[60] 李爽. 基于能力的远程教育专业课程计划开发研究 [D]. 北京：北京师范大学, 2006.

[61] 张春玲. 生成性目标的生成机制研究 [D]. 南京：南京师范大学, 2007.

[62] 王冠昱. 生成性课堂教学目标研究 [D]. 呼和浩特：内蒙古师范大学, 2008.

[63] 夏如波. 幼儿园生成课程实施策略的研究 [D]. 上海：华东师范大学, 2006.

[64] 阳燚. 中小学教师教育技术培训中生成课程的研究与实践 [D]. 上海：上海师范大学, 2006.

[65] 郭文革, 沈旭东. MPOC：大规模私有在线课程的设计与运营 [J]. 现代远程教育研究, 2015 (01).

[66] 郭文革. 从一门网络培训课程到"虚拟"教师培训学院：北京大学教育技术能力建设计划（初级）网络培训课程的设计与实施 [J]. 中国电化教育, 2009 (07).

[67] 郭文革. 北京大学"教育技术学基础"混合式教学模式探索 [J]. 电化教育研究, 2009 (08).

[68] 卢宁. 论生成性教学在现代汉语课程中的应用 [J]. 佳木斯教育学院

学报，2012（05）.

[69] 余胜泉，万海鹏，崔京菁. 基于学习元平台的生成性课程设计与实施 [J]. 中国电化教育，2015（06）.

[70] 王海燕. 从预设走向生成的课程本质 [J]. 教学与管理，2008（30）.

[71] 杨现民. 泛在学习环境下的学习资源有序进化研究 [J]. 电化教育研究，2015（01）.

[72] 余辉. 医学知识获取与发现的研究 [D]. 天津：天津大学，2003.

[73] 武法提，黄烨敏. 生成性目标导向下以问题为中心的网络课程设计 [J]. 中国电化教育，2008（03）.

[74] 武法提，黄玲. 行为目标导向下以学科为中心的网络课程设计 [J]. 中国电化教育，2008（08）.

[75] 武法提. 表现性目标导向下以活动为中心的网络课程设计 [J]. 中国电化教育，2008（06）.

[76] 郝明君. 知识与权力 [D]. 重庆：西南大学，2006.

[77] 郭炳，刘怀恩. 高等职业教育课程研究的文献综述 [J]. 中国职业技术教育，2009（36）.

[78] 赵志群. 职业教育工学结合一体化课程开发指南 [M]. 北京：清华大学出版社，2009.

[79] 赵志群，王晓勇. 技师培养模式与课程开发研究 [J]. 职业技术教育，2011（16）.

[80] 赵志群. 我国职业研究概述 [J]. 中国职业技术教育，2012（27）.

[81] 郭炳，祝智庭. 基于角色分析的职业教育课程开发方法研究（一）：课程开发模式研究 [J]. 中国职业技术教育，2011（03）.

[82] 杨开城，孙双. 一项基于知识建模的课程分析个案研究 [J]. 现代教育技术，2010（12）.

[83] 何伏刚，吴益跟. 面向新型犯罪的实训生成课程开发模式研究 [J]. 中国人民公安大学学报（社会科学版），2013（增刊）.

[84] 化柏林，张新民. 从知识抽取相关概念辨析看知识抽取的特点和发展趋势 [J]. 情报科学，2010（2）.

[85] 赵国庆，张璐. 应用概念图诱出专家知识：概念图应用的新领域 [J]. 开放教育研究，2009（02）.

[86] 王坚强，黎爱平. 本科课程体系优化设计方法研究 [J]. 上饶师范学

院学报（自然科学版），2004（06）.

[87] 冯锐，董利亚，杨红美. 运用 CBR 原理设计经验学习工具的研究 [J].
电化教育研究，2011（11）.

[88] 冯锐，董利亚. 案例知识与复杂问题解决 [J]. 远程教育杂志，2012
（03）.

[89] 韦卫星，莫赞，廖一奎. 一种基于神经网络的知识获取方法研究与应
用 [J]. 计算机工程与应用，2004（05）.

[90] 裴江南，王延章，杜云阶. 基于知识模型的应急文本中的事实获取方
法研究 [J]. 情报理论与实践，2011（02）.

[91] 祝智庭，沈德梅. 基于大数据的教育技术研究新范式 [J]. 电化教育
研究，2013（10）.

[92] 何克抗. 大数据面面观 [J]. 电化教育研究，2014（10）.

[93] 魏顺平. 学习分析技术：挖掘大数据时代下教育数据的价值 [J]. 现
代教育技术，2013（02）.

[94] 徐鹏，王以宁，刘艳华，等. 大数据视角分析学习变革：美国《通过
教育数据挖掘和学习分析促进教与学》报告解读及启示 [J]. 远程教育杂志，
2013（06）.

[95] 方滨兴，等. 在线社交网络分析 [M]. 北京：电子工业出版社，2014.

[96] 顾小清，张进良，蔡慧英. 学习分析：正在浮现中的数据技术 [J].
远程教育杂志，2012，30（01）.

[97] 孟玲玲，顾小清，夽泽. 学习分析工具比较研究 [J]. 开放教育研
究，2014，20（04）.

[98] 郭文革，陈丽，陈庚. 互联网基因与新、旧网络教育：从 MOOC 谈起
[J]. 北京大学教育评论，2013，11（04）.

[99] 冀俊茹. 高职院校"实训课程"的兴趣化教学设计 [J]. 科教文汇
（下旬刊），2010（07）.

[100] 何伏刚，郑勤华，陈丽. 基于联通主义的实训生成课程开发模式构
建 [J]. 现代远距离教育，2015（05）.

[101] 马新建，李庆华. 工商管理案例教学与学习方法 [M]. 北京：北京
师范大学出版社，2008.

[102] 李红美，许玮，张剑平. 虚实融合环境下的学习活动及其设计 [J].
中国电化教育，2013（01）.

[103] 李乾. 以活动为中心的网络课程开发和重用研究 [D]. 北京：北京师范大学，2010.

[104] 马志强. Moodle 课程学习活动设计研究现状评述 [J]. 电化教育研究，2010 (10).

[105] 张超. 基于成效教学理论的在线学习活动设计 [D]. 兰州：西北师范大学，2012.

[106] 杨家兴. 在线教学的基本活动和教学法 [J]. 天津电大学报，2006 (03).

[107] 谢幼如，尹睿. 基于网络的协作学习活动形式的质的研究 [J]. 中国电化教育，2006 (01).

[108] 刘洪超，葛文双.《现代教育技术》网络公共课程学习活动设计分析 [J]. 现代远距离教育，2008 (04).

[109] 何伏刚，陈丽. 网络课程学习活动的设计研究 [J]. 开放教育研究，2007 (02).

[110] 孙洪涛. Web2.0 典型工具对远程教学社会性交互的支持能力研究 [D]. 北京：北京师范大学，2013.

[111] 魏顺平. Moodle 平台数据挖掘研究：以一门在线培训课程学习过程分析为例 [J]. 中国远程教育，2011 (01).

[112] 杨南昌. 学习科学视域中的设计研究 [M]. 北京：教育科学出版社，2010.

[113] 杨南昌. 基于设计的研究：正在兴起的学习研究新范式 [J]. 中国电化教育，2007 (05).

[114] 祝智庭. 设计研究作为教育技术的创新研究范式 [J]. 电化教育研究，2008 (10).

[115] 杨开城. DBR 与 DCR 哪个才能架起教育理论与实践之间的桥梁 [J]. 电化教育研究，2013 (12).

[116] 王文静. "基于设计的研究" 在美国的兴起与新发展 [J]. 比较教育研究，2009 (08).

[117] 张伟远，蒋国珍. 人种志在现代远程教育研究中的应用 [J]. 远程教育杂志，2006 (02).

[118] 威廉·维尔斯曼. 教育研究方法导论 [M]. 袁振国，译. 北京：教育科学出版社，1997.

[119] 梁文鑫，余胜泉. 基于设计的研究的过程与特征 [J]. 电化教育研究，2006（07）.

[120] 王陆. 虚拟学习社区的社会网络分析 [J]. 中国电化教育，2009（02）.

[121] 乔治·西蒙斯. 网络时代的知识和学习：走向联通 [M]. 祝智庭，顾小清，译. 上海：华东师范大学出版社，2009.

[122] 杨敏，卢成林. 社会性软件在网络学习中的应用 [J]. 现代远程教育研究，2008（03）.

[123] 姜大源. 学科体系的解构与行动体系的重构：职业教育课程内容序化的教育学解读 [J]. 中国职业技术教育，2006（7）.

[124] 徐国庆. 从工作组织到课程组织：职业教育课程设计的组织观 [J]. 教育科学，2008（6）.

[125] 郭文革. 引领式网络课程：理念及设计 [J]. 江苏广播电视大学学报，2012（03）.

[126] 郭文革. 网络课程类别分析：基于互联网教育传播模型的分析视角 [J]. 远程教育杂志，2014（05）.

[127] 王文静. 基于设计的研究：教育研究范式的创新 [J]. 教育理论与实践，2010，30（22）.

[128] 张伟远，段承贵. 网络教学平台发展的全球合作和共建共享：2012 国际 Moodle 大会综述 [J]. 中国远程教育，2012（10）.

[129] 张伟远，段承贵，封晨. 香港大学"互联网+"继续教育系统模式的实践思考 [J]. 现代远程教育研究，2016（01）.

[130] 焦建利. 基于设计的研究：教育技术学研究的新取向 [J]. 现代教育技术，2008（05）.

[131] 王莹，庄秀丽. 网络学习中的标签应用问题及策略 [J]. 现代远程教育研究，2011（03）.

[132] 何伏刚. 个人学习网络技术及教育应用研究 [J]. 中国远程教育，2011（07）.

[133] 陈丽，林世员，郑勤华. "互联网+"时代中国远程教育的机遇和挑战 [J]. 现代远程教育研究，2016（01）.

[134] 何伏刚，陈丽，朱群. "互联网+"环境下实训生成课程开发模式的设计研究 [J]. 中国远程教育，2019（09）.

[135] 戴心来，王丽红，崔春阳，等．基于学习分析的虚拟学习社区社会性交互研究［J］. 电化教育研究，2015（12）.

[136] 胡勇，赵凤梅．虚拟学习社区中的核心：边缘结构分析［J］. 中国电化教育，2011（03）.

[137] 何伏刚．基于活动的网络课程设计与开发的实践研究：以《远程教育学基础》为例［D］. 北京：北京师范大学，2006.

[138] 王文霞．关于教师信息化教学资源观的研究［D］. 兰州：西北师范大学，2007.

[139] 杨开城．教学设计技术：教师的核心专业技术［J］. 电化教育研究，2012（08）.

[140] 王丽红，戴心来，乔诗淇．开源工具支持的社会网络分析研究：SNAPP 介绍与案例研究［J］. 中国教育信息化，2015（01）.

二、英文参考文献

[1] AHIR K, GOVANI K, GAJERA R. et al. Application on Virtual Reality for Enhanced Education Learning, Military Training and Sports［J］. Augmented Human Research, 2020, 5 (7).

[2] CHARMAN S. Training and Education in Policing［M］//Police Socialisation, Identity and Culture. London：Palgrave Macmillan, 2017.

[3] HABERFELD M, CLARKE C A, SHEEHAN D L. Police organization and training：Innovations in research and practice［M］. New York：Springer - Verlag, 2013.

[4] NIEUWENHUYS A, OUDEJANS R R D. Training with anxiety：short and long-term effects on police officers' shooting behavior under pressure［J］. Cogn Process, 2011 (12).

[5] MESSINA P. Practical Combat Training［J］. Sheriff Magazine, 2016, 68 (1).

[6] JONES E, NIMMO J. Emergent curriculum［M］. Washington：NAEYC, 1994.

[7] SIEMENS G. Connectivism：A learning theory for the digital age［J］. International Journal of Instructional Technology and Distance Learning, 2005, 2 (1).

[8] George Siemens. Connectivism：Learning As Network-Creation［EB/OL］. (2005-08-10)［2023-07-17］. http：//masters. donntu. ru/2010/fknt/lozovoi/library/article4. htm.

[9] MCAULEY A, STEWART B, SIEMENS G, et al. The MOOC model for digital practice [J]. SSHRC Knowledge Synthesis Grant on the Digital Economy, 2010 (5).

[10] KOP R, CARROLL F. Cloud Computing and Creativity: Learning on a Massive Open Online Course [J/OL]. (2011-11-20) [2023-07-17]. https://old. eurodl. org/? p=special&sp=articles&inum=2&article=457.

[11] SIEMENS G. Orientation: Sensemaking and Wayfinding in Complex Distributed Online Information Environments [D]. Scotland: University of Aberdeen, 2011.

[12] COWAN P, NEIL P, WINTER E. A Connectivist Perspective of the Transition from Face-to-Face to Online Teaching in Higher Education [J]. International Journal of Emerging Technologies in Learning, 2013, 8 (1).

[13] WILLIAMS P E. Roles and competencies for distance education programs in higher education institutions [J]. The American Journal of Distance Education, 2003, 17 (1).

[14] ALLY M, COLDEWAY D O. Establishing Competencies and Curricula for the Distance Education Expert at the Master [J]. Journal of Distance Education, 1999, 14 (1).

[15] SEITZ H J. Parent-teacher collaborations in emergent curriculum development in two early childhood classrooms [D]. Tucson: University of Arizona, 2002.

[16] KASHIN D L. Reaching the Top of the Mountain: The Impact of Emergent Curriculum on the Practice and Self-image of Early Childhood Educators [M]. Chisinau: LAP Lambert Academic Publishing, 2007.

[17] SEITZ H. The plan: Building on children's interests [J]. Young Children, 2006, 61 (2).

[18] WILLIAMS R, KAROUSOU R, MACKNESS J. Emergent learning and learning ecologies in Web 2. 0 [J]. The International Review of Research in Open and Distributed Learning, 2011, 12 (3).

[19] JONASSEN D H, TESSMER M, HANNUM W H. Task analysis methods for instructional design [M]. London: Routledge, 1998.

[20] CAIRO O. Kamet: A comprehensive methodology for knowledge acquisition from multiple knowledge sources [J]. Expert Systems with Applications, 1998, 14 (1-2).

[21] STUDER R, BENJAMINS V R, FENSEL D. Knowledge engineering: Principles and methods [J]. Knowledge Engineering, 1998, 25 (1-2).

[22] GENNARI J H, MUSEN M A, FERGERSON R W, et al. The evolution of Protégé: an environment for knowledge-based systems development [J]. International Journal of Human-Computer Studies, 2003, 58 (1).

[23] HUBER G P. Organizational learning: The contributing processes and the literatures [J]. Organization Science, 1991.

[24] YLI-RENKO H, AUTIO E, SAPIENZA H J. Social capital, knowledge acquisition, and knowledge exploitation in young technology - based firms [J]. Strategic Management Journal, 2001, 22 (6-7).

[25] GIL Y. Interactive knowledge capture in the new millennium: how the Semantic Web changed everything [J]. The Knowledge Engineering Review, 2011, 26 (Special Issue 01).

[26] COFFEY J W, HOFFMAN R R, CAÑAS A J, et al. A concept map-based knowledge modeling approach to expert knowledge sharing [J]. Proceedings of IKS, 2002.

[27] MAUFEFETTE-LEENDERS L, ERSKINE J, LEENDERS M. Learning with cases [M]. Ontario: Richard Ivey School of Business, The University of Western Ontario, 1999.

[28] HE T T, LI F. Semantic Knowledge Acquisition from Blogs with Tag-Topic Model [J]. China Communications, 2012 (03).

[29] LI Y, WEI Z, LIU Y. Strategic Orientations, Knowledge Acquisition, and Firm Performance: The Perspective of the Vendor in Cross-Border Outsourcing [J]. Journal of Management Studies, 2010, 47 (8).

[30] COLLIVER J A. Effectiveness of problem - based learning curricula: research and theory [J]. Academic Medicine, 2000, 75 (3).

[31] BARKER K, BLYTHE J, BORCHARDT G, et al. A knowledge acquisition tool for course of action analysis [C]. Acapulco: Machine Learning Publications, 2003.

[32] ZHENG Y L, HE Q Y, QIAN P, et al. Construction of the Ontology-Based Agricultural Knowledge Management System [J]. Journal of Integrative Agriculture, 2012, 11 (5).

[33] BIENKOWSKI M, FENG M, MEANS B. Enhancing Teaching and Learning Through Educational Data Mining and Learning Analytics: An Issue Brief [R]. Washington: Office of Educational Technology U. S. Department of Education, 2012.

[34] HUISMAN M, VAN DUIJN M A. Software for social network analysis [J]. Models and methods in social network analysis, 2005.

[35] NAQVI R. Data Mining in Educational Settings [J]. Pakistan Journal of Engineering, Technology & Science, 2015, 4 (2).

[36] BAKER R S, YACEF K. The state of educational data mining in 2009: A review and future visions [J]. JEDM-Journal of Educational Data Mining, 2009, 1 (1).

[37] SIN K, MUTHU L. Application of big data in education data mining and learning analytics—A lterature review [J]. ICTACT Journal on Soft Computing, 2015, 5 (4).

[38] ROMERO C, VENTURA S. Educational data mining: A survey from 1995 to 2005 [J]. Expert Systems with Applications, 2007, 33 (1).

[39] FERGUSON R. The construction of shared knowledge through asynchronous dialogue [D]. Milton Keynes: The Open University, 2009.

[40] ROMERO C, VENTURA S. Educational data mining: a review of the state of the art [J]. Systems, Man and Cybernetics, Part C: Applications and Reviews, IEEE Transactions on, 2010, 40 (6).

[41] ALI A, FELERMINO M, NG S. Moodle Data Retrieval for Educational Data Mining [J]. International Journal of Scientific Engineering and Technology, 2015, 4 (11).

[42] PEDRAZA-PEREZ R, ROMERO C, VENTURA S. A Java desktop tool for mining Moodle data [C]. Pittsburgh: Proceedings of the 3rd Conference on Educational Data Mining, 2011.

[43] ROMERO C, CASTRO C, VENTURA S. A Moodle Block for Selecting, Visualizing and Mining Students' Usage Data [C]. Memphis: EDM, 2013.

[44] KATHLEEN DUNAWAY M. Connectivism: Learning theory and pedagogical practice for networked information landscapes [J]. Reference Services Review, 2011, 39 (4).

[45] CORMIER D. Rhizomatic education: Community as curriculum [J]. Inno-

vate: Journal of online education, 2008, 4 (5).

[46] ALDAHDOUH A A, OSÓRIO A J, CAIRES S. Understanding knowledge network, learning and connectivism [J]. Instructional Technology, 2015.

[47] WYATT J C, SULLIVAN F. ABC of health informatics - Keeping up: learning in the workplace [J]. British Medical Journal, 2005, 331 (7525).

[48] LYNN JR L E. Teaching and learning with cases: A guidebook [M]. Virginia: CQ Press, 1999.

[49] GRAF D. A model for instructional design case materials [J]. Educational Technology Research and Development, 1991, 39 (2).

[50] MERSETH K K. Cases and case methods in teacher education [J]. Handbook of Research on Teacher Education, 1996, 2.

[51] NOVAK J D, GOWIN D B. Learning how to learn [M]. Oregon: Cambridge University press, 1984.

[52] ANDERSON T, SHATTUCK J. Design - based research a decade of progress in education research? [J]. Educational Researcher, 2012, 41 (1): 16-25.

[53] EASTERDAY M, REES LEWIS D, GERBER E. Design-Based research process: Problems, phases, and applications [C]. Boulder: Proc of International Conference of Learning Sciences, 2014.

[54] SIEMENS G. Knowing knowledge [M]. Morrisville: Lulu. com, 2006.

[55] CASEY G, EVANS T. Designing for learning: Online social networks as a classroom environment [J]. The International Review of Research in Open and Distributed Learning, 2011, 12 (7).

[56] WANG F, HANNAFIN M J. Design-based research and technology-enhanced learning environments [J]. Educational Technology Research and Development, 2005, 53 (4).

[57] SHAVELSON R J, PHILLIPS D C, TOWNE L, et al. On the science of education design studies [J]. Educational Researcher, 2003, 32 (1).